# 一案一制 守万

# 律师办案笔记

One Case
Infinite Insights

Lawyer's Case Notes

上海汉盛律师事务所 编

法律出版社 | LAW PRESS
北京

**图书在版编目（CIP）数据**

守一制万：律师办案笔记 / 上海汉盛律师事务所编.
北京：法律出版社，2025. -- ISBN 978-7-5197-9895-6

Ⅰ. D926.5

中国国家版本馆CIP数据核字第2025012LN7号

**守一制万：律师办案笔记**
**SHOUYI ZHIWAN：LÜSHI BANAN BIJI**

上海汉盛律师事务所 编

策划编辑 张 颖
责任编辑 张 颖
装帧设计 贾丹丹

**出版发行** 法律出版社
**编辑统筹** 法律应用出版分社
**责任校对** 王语童
**责任印制** 刘晓伟
**经　　销** 新华书店

**开本** 710毫米×1000毫米 1/16
**印张** 22.25 **字数** 374千
**版本** 2025年1月第1版
**印次** 2025年1月第1次印刷
**印刷** 三河市兴达印务有限公司

地址：北京市丰台区莲花池西里7号（100073）
网址：www.lawpress.com.cn
投稿邮箱：info@lawpress.com.cn
举报盗版邮箱：jbwq@lawpress.com.cn

销售电话：010-83938349
客服电话：010-83938350
咨询电话：010-63939796

**书号**：ISBN 978-7-5197-9895-6
**定价**：118.00元

凡购买本社图书，如有印装错误，我社负责退换。电话：010-83938349

作 者 简 介

**律所概况：**上海汉盛律师事务所成立于1996年，总部位于上海，先后在国内北京、深圳、长沙等28座城市开设分所，并已和美国、欧洲等国家和地区的律师服务机构建立了密切的合作关系。汉盛先后获得全国公共法律服务先进工作集体、上海市文明单位、上海市优秀律师事务所等荣誉称号。

**人才实力：**汉盛拥有员工一千三百多名，其中执业律师一千多名，众多律师拥有硕士学位和博士学位。一直以来，汉盛律师用勤勉的工作态度、国际化的视野、一流的专业水准，及时响应全球客户的多元法律及商业需求，为各类重大、复杂项目和案件提供专业解决方案，获得了行业和客户的广泛认可和关注。

**业务领域：**29年的专业和历史沉淀，汉盛已在知识产权、证券与资本市场、银行与金融、建筑工程与房地产、刑事辩护、国际贸易、兼并收购、公司治理与合规经营、跨境投融资、网络安全及大数据保护、能源与环境保护、破产与清算、争议解决、海事海商、劳动人事、基金、税务、关税与财富规划等诸多业务领域获得行业竞争优势，拥有极其丰富的法律服务经验。

# Contents | 目录

## 金融证券与公司治理

## 刑事诉讼与知识产权



## 合同纠纷与建设工程

## 争议解决

# 金融证券与公司治理

# UCP600下信用证通知行表面审核义务的司法裁量原则

李玉玲　朱以林◎

## 律师办案笔记

1. **大量调查还原案件真相，奠定胜诉事实基础**

在案件调查过程中，为还原案件真实情况，代理律师共申请了近10张调查令，分别向海关、货代公司、招商银行、中国出口信用保险公司、国家税务总局等机构就案涉货物价值、原告是否要求赔付、信用证内容变更等事项进行调查，经调查，发现本案中存在多方主体关系蹊跷甚至不具有相关交易资格、交易价格畸高及原告在遭到拒付后怠于采取措施减损等问题，最终大量的事实及背景调查为本案的最终胜诉奠定了坚实的基础，维护了当事人的合法权益。

2. **研究行业惯例，专家证人助力**

本案在认定客户作为通知行是否完全且无瑕疵地履行了通知义务时，需对银行在履行通知义务时的惯常通知方式和语言表达习惯进行深入调查和研究。代理律师通过专家证人的引入、对银行报文的合理解读，认为通知行以加密的环球银行金融电信协会（SWIFT）电文向开证行求证属于合理有效的审核方式，同时根据通知行通知电文的发送背景和目的，认为法院应当合理判断通知行已经履行了审核信用证表面真实性的义务。

## 案例信息

**原告：**脉织控股集团有限公司（以下简称脉织控股）

**被告：**某大型A股上市商业银行（通知行，以下简称大型商业银行）

**一审案号：**（2017）沪01民初227号

**二审案号：**（2017）沪民终408号

## 基本案情

美国某银行作为开证行，向大型商业银行开出一份不可撤销跟单信用证，脉织控股为受益人。

2016年2月，脉织控股与大型商业银行收到通过邮件发送的信用证修改件（amendment）。大型商业银行为核实修改件的真实性，通过SWIFT电文向开证行询问确认。开证行回复确认了两份信用证的真实性，并要求大型商业银行尽快将修改内容通知受益人脉织控股。大型商业银行在接到开证行确认后，向脉织控股通知了信用证的修改内容。脉织控股根据修改后的信用证办理货物出口运输手续，并委托交单行提交单据，请求开证行付款。开证行以单证不符为由拒绝支付信用证款项，并声明未曾对信用证进行过任何修改。由于信用证被拒付，脉织控股的货物滞留在目的港，无法办理退运或转港手续。

随后，脉织控股因货款损失，以大型商业银行作为通知行未尽到审慎审核义务，存在过错为由向法院提起诉讼，要求大型商业银行承担因错误通知给脉织控股造成的损失，包括货值损失、利息损失、处理货物时发生的费用，总金额逾人民币 500 万元。

大型商业银行委托李玉玲、朱以林律师代理应诉。

两位律师结合案件情况提出如下答辩意见：开证行已经完全且无瑕疵地履行了通知义务。

1. 根据本案应适用的《ICC 跟单信用证统一惯例（2007 年修订本）》（UCP600）第 9 条第 2 款的规定，通知行在通知时若确信信用证或修改的表面真实性，而且其通知准确地反映了其收到的信用证或修改的条款（原文为“it has satisfied itself as to the apparent authenticity of the credit or amendment and that the advice accurately reflects the terms and conditions of the credit or amendments”），则该通知无瑕疵。UCP600 使用了“其确信”（原文为“it has satisfied itself”）的标准。也就是说，通知行是否尽职地履行了通知义务，不能以信用证修改件表面真实性的客观事实来衡量和认定，而应该以通知行主观自我认为信用证修改件表面真实性的理由是否合理为标准。在本案中，被告大型商业银行完全有理由认为其通知的信用证修改件表面真实，依据如下：

（1）在 2016 年 2 月 18 日大型商业银行收到信开信用证修改件之前，大型商业银行相关工作人员多次接到原告催促电话，称原告已经从其他途径收到了信开信用证修改件，询问被告是否也已经收到，如果收到，请尽快通知原告。

（2）在这样的背景下，经原告多次催促，也考虑到原告的业务需求，被告在未收到信用证修改件的情况下，于 2016 年 2 月 17 日向开证行以 SWIFT 电文的方式询问，告知开证行其尚未收到开证行开出的信用证修改件。但开证行并未对该询问函进行答复。

（3）2016 年 2 月 18 日，被告收到了以开证行名义寄送的信开信用证修改件，原告知晓了此事，并致电开证行，要求开证行无须核实，立即将该信开信用证修改件通知原告，以便原告发货。虽然原告有此要求，但是出于谨慎考虑，被告仍然按照操作惯例及流程以 SWIFT 电文的方式向开证行进行了询问。在 2016 年 2 月 19 日开证行以加押电文方式确认信用证修改件真实性的情况下，才将该信用证修改件通知给了原告。

在此背景下，被告完全有合理、充分的理由相信其收到的信用证修改件表面真实，任何信用证从业人员或一般人在此背景情况下亦会确信该信用证修改件表面真实。

2. 退一步讲，即便以信用证修改件表面真实性的客观事实来衡量和认定，被告大型商业银行亦不应承担任何责任。具体分析如下。

首先，被告在确认信开信用证修改件真实性的过程中，其操作符合惯例，谨慎合理，理由如下：（1）被告以 SWIFT 电文的格式向开证行询问，这也是被告唯一能做的核实其收到的信开信用证修改件真实性的可靠方法，被告不可能通过其他更可靠的方式进行核实，因为其他方式均有可能是虚假信息，只有源于开证行的确认才是最可靠的。（2）被告的询问明确而具体，即该询问是针对 2016 年 2 月 1 日签发并"通过信件的方式收到"的"修改件 MT707"（MT707 是信用证修改所采用的一种格式，为银行所公知），询问的用词及描述准确不含糊，且明确要求开证行确认该修改件的真实性。

其次，开证行的答复亦明确而具体，具体表现如下：（1）开证行明确针对被告 2016 年 2 月 18 日的询问进行了答复，确认了被告询问的修改件的真实性。（2）开证行作为专业银行，对于被告询问的 MT707，应知道其是信用证的修改件，若确实没有通过信件的方式发出过修改件，此时应该具有高度敏感性，第一时间否认其曾经签发过日期为 2016 年 2 月 1 日、通过信件发给大型商业银行的修改件，但开证行在答复中非常明确地对两份信用证的真实性进行了确认。

最后，虽然在争议发生后开证行对于其2016年2月19日的答复函作出否认，认为该答复函并未确认信开信用证修改件的真实性，而仅仅是对信用证真实性的确认，但该否认效力不强，并不能据此认定被告没有尽到通知义务，理由如下：（1）对于开证行2016年1月8日通过SWIFT电文开具的信用证，其真实性无须证实，因此被告没有询问其收到的电文信用证真实性的必要，被告只会对收到的非电文文件要求进行电文确认。（2）被告已经于2016年2月17日向开证行询问，称被告尚未收到开证行发送的信用证修改件，此时开证行应当了解到自己曾经发送过信用证修改件；若开证行并未邮寄过信用证修改件，开证行应该明确进行澄清，而非对大型商业银行询问的信用证修改件真实性进行确认。（3）信用证修改件属于信用证不可分割的一部分，可以在上下文汇总中被省略而不影响理解。（4）开证行在答复中确认了“L/C’s”的真实性。由于在本案中存在明确的上下文，此处的“L/C’s”（无论是表示所属省略了修改件，还是表示复数表达两份修改件，抑或语法使用的不规范），应当被理解为对信用证修改件的真实性的确认，而不能机械地认为是对信用证本身的确认。为此，被告咨询了翻译界的专家——复旦大学英语教授丁骏及上海外事翻译协会相关人员，得到的答复均为：此处有具体的上下文语境，需要理解为对信用证修改件真实性的确认。（5）作为专业的议付行的招商银行对于开证行的答复也同样应理解为对信用证修改件的答复。2016年4月13日招商银行在同开证行的沟通中，引用被告的询问及开证行的答复，这说明作为专业议付行的招商银行同被告的理解一致。

因此，确认通知行是否履行了通知义务，应当看通知行“其确信”信用证修改件“表面真实性”（原文为“the apparent authenticity”）所依据的理由是否合理。而大量证据已经证明被告完全有合理且充分的理由相信其收到的信用证修改件表面真实，即便以信用证修改件表面真实性的客观事实来衡量和认定，对于经开证行以电文明确确认过真实性的信用证修改件，其表面真实性已经得到印证，被告大型商业银行亦不应承担任何责任。

在此情况下，若对通知行赋予更加严格的责任，不仅不符合正常的沟通交流习惯及行业的操作常规，而且变相修改了UCP600规定的“其确信”“表面真实性”标准，将通知行主观认定的标准变更为通知行需要对文件的实质真实性负责，这无疑是对UCP600删除《ICC跟单信用证统一惯例（1993年修订本）》（UCP500）第9条规定的通知行“合理审慎”义务这一初衷的否定，对于仅仅收取20美元信用证通知通信费的通知行来说也是不公平的。

综上所述，作为通知行的被告，“其确信信用证或修改的表面真实性，而且其通知准确地反映了其收到的信用证或修改的条款”时，其通知义务已经完全得到履行，不存在任何瑕疵，亦不应该对原告遭受的任何损失承担责任。

最终该案件于2017年在上海市第一中级人民法院一审，并于2018年在上海市高级人民法院二审，大型商业银行作为一审被告及二审被上诉人获得一审、二审全面胜诉。

## ▷▷ 争议焦点

本案的争议焦点在于：大型商业银行作为通知行在履行通知义务时是否符合UCP600要求的合理审慎标准。具体为，被告作为通知行，对案涉信用证修改件的确认是否尽到一个理性银行信用证业务人员运用其专业知识及普通常识能够尽到的注意和谨慎义务，以及如何解释被告向开证行确认案涉信用证修改时使用的SWIFT电文的含义。

## ▶▶ 案件解析

本案为涉及国际贸易领域的信用证议付纠纷，在确定案件争议焦点问题“大型商业银行是否已经完全且无瑕疵地履行通知义务”时，应适用UCP600进行审理。相较UCP500，UCP600就信用证通知不再使用“合理审慎”的表述，而是使用了“其确信”标准。根据UCP600第9条的规定，通知行在通知时，若“其确信信用证或修改的表面真实性，而且其通知准确地反映了其收到的信用证或修改的条款”，则通知无瑕疵。该条的初衷是减轻通知行的责任，从而促进国际银行业的发展，否则，对于仅仅收取20美元手续费的通知行来说，若需要承担严格的审查义务，那么将不会有任何一家银行愿意进行此项业务。也就是说，通知行是否尽职地履行了通知义务，不能以信用证修改件表面真实性的客观事实来衡量和认定，而应该以通知行主观认为信用证修改件表面真实性的理由是否合理为标准来衡量。进一步地，若通知行的审核方式符合国际银行实务惯例，达到以一个理性银行信用证业务人员运用其专业知识及普通常识能够尽到的注意和谨慎义务，则可以认为该通知行尽到了审慎义务，通知无瑕疵。

SWIFT电文系统是国际银行间数据交换的标准语言，也是电开信用证的主要方式。本案中，被告以加密SWIFT电文多次向开证行求证信用证及修改件的真实性，并以开证行回复的加密电文作为审核表面真实性的依据，符合行业管理要求，属于合理有效的审核方式，满足UCP600第9条对通知行的要求。

在被告尽到通知义务的事实已被证明的基础上，本案另一主要争议问题是SWIFT电文内容的含义，被告向开证行发送的电文中，“L/C’s”究竟是指信用证还是信用证的修改件。“L/C”是信用证的缩写，但在系争 SWIFT 电文中，“L/C”有时也指信用证的修改件。另外，“L/C’s”中的“’s”有时表示所属关系，有时表示复数。该争议进一步引申出，当 SWIFT 电文传输省略语内容有歧义时，应当如何理解电文内容。笔者认为，应当以通知行视角为出发点，结合发文目的和背景作合理解释。通过同一信用证业务中的其他银行对同一电文的理解，可以横向比较通知行的理解是否合理。本案中，被告已将信用证通知原告，并明确要求开证行确认信用证修改件的真实性，而开证行在回复内容中对信用证有无修改、是否邮寄过信用证修改件均未作出否定表示，而是确认两份“L/C’s”的真实性并请被告尽快将两份“L/C’s”通知受益人。在此情况下，被告有理由相信开证行的回复电文确认了信用证修改件的真实性。被告的通知并无瑕疵，完全尽到了以一个理性银行信用证业务人员运用其专业知识及普通常识能够尽到的注意和谨慎义务。

随着“一带一路”倡议持续推进以及我国对外开放步伐不断加快，作为跨境交易支付重要手段的国际信用证业务，将伴随跨境交易规模的扩大而增多。UCP600 要求通知行“确信表面真实性”，因此通知行仍负有一定的审核责任，但应以一个理性银行信用证业务人员运用其专业知识及普通常识能够尽到的注意和谨慎义务为参考，不宜过分苛责。

## 相关法条

**《最高人民法院关于审理涉外民商事案件适用国际条约和国际惯例若干问题的解释》（法释〔2023〕15 号）**

**第一条** 人民法院审理《中华人民共和国海商法》、《中华人民共和国票据法》、《中华人民共和国民用航空法》、《中华人民共和国海上交通安全法》

调整的涉外民商事案件，涉及适用国际条约的，分别按照《中华人民共和国海商法》第二百六十八条、《中华人民共和国票据法》第九十五条、《中华人民共和国民用航空法》第一百八十四条、《中华人民共和国海上交通安全法》第一百二十一条的规定予以适用。

人民法院审理上述法律调整范围之外的其他涉外民商事案件，涉及适用国际条约的，参照上述法律的规定。国际条约与中华人民共和国法律有不同规定的，适用国际条约的规定，但中华人民共和国声明保留的条款除外。

**《ICC 跟单信用证统一惯例（2007 年修订本）》（UCP600)**

**第九条** 信用证及其修改的通知

a．信用证及其任何修改可以经由通知行通知给受益人。非保兑行的通知行通知信用证及修改时不承担承付或议付的责任。

b．通知行通知信用证或修改的行为表示其已确信信用证或修改的表面真实性，而且其通知准确地反映了其收到的信用证或修改的条款。

……

**自我思考**

# 异议股东股份法定回购制度实务研究

## ——暨有限责任公司股权法定强制回购的依据、前置程序、回购价格及利息支付问题探讨

洪　瑜◎

### 律师办案笔记

1. **注意法学理论知识，梳理复杂诉讼程序**

案件当事人众多，标的额近8800万元，系上海市第一例上市公司员工持股平台发生的股权法定回购诉讼案件。案件诉讼审理阶段长达5年，先后经历法院一审、二审、重审一审、重审二审、再审立案审查。股份法定回购诉讼案件中，争议焦点主要围绕“公司回购异议股东股份应以2016年股东会决议为依据，还是应以2017年股东会决议为依据”“协商回购是否为诉讼回购前置程序”“股权回购价格如何合理确定”“公司是否需要支付回购价款对应的利息”。在事实无争议的情况下法律理解与适用分歧巨大，且引发了股东会决议不成立的关联诉讼案件，该案件同样经历了一审、二审、再审立案审查。对于法律未明确规定或规定比较模糊的问题，代理律师深入研究国内外公司法、法学基础原理，检索大量司法判例，提交给法庭作为参考资料。

2. **创新办案思路，归纳争议焦点**

关于异议股东请求公司回购股份之诉前置程序问题。由于我国《公司法》针对该问题的处理规定不明确，实践中法院针对类案的裁判标准亦不统一，代理律师遂查阅了大量国内外法学专著、最高人民法院编著

的相关法律及司法解释的理解与适用，尝试通过公司法原理证明异议股东与公司先予协商是提起公司回购股权之诉的法定要件之一。

关于公司是否应向异议股东支付利息的问题。代理律师尝试通过研究民法领域形成权理论以及民事诉讼法中形成诉权的理论，从异议股东股份回购请求权系形成诉权的角度进行分析，论证异议股东享有形成诉权即股份回购请求权，且该权利自形成判决确定时才发生效力。公司回购义务形成时间为判决生效时（无论回购的定价基准日为何时），而不是股东会决议作出之日或异议股东要求公司回购之日或异议股东向法院起诉之日。同时与异议股东股份回购请求权对应的形成判决的效力不应溯及既往。

关于股权回购价格如何确定的问题。重审二审阶段法庭曾提出由当事人申请，法院从最高人民法院的资产评估专家库中通过摇号指定一名有股权价值评估专门知识的人，对公司的股权价值出具专家个人意见并据此作为确定合理价格的依据的建议。随后代理律师立即建议公司先自行委托权威第三方评估机构评估异议股东所持公司股份的对应价值，并向法院递交资产评估申请书，针对法院指定一名专家出具的专家个人意见提出异议，同时申请法院委托评估机构进行司法评估。经过沟通，法院采纳了代理律师的意见。最终根据法院委托评估机构出具的报告，公司需向8名异议股东支付的回购价款及利息相较于一审判决结果减少了5000万元以上。

## 案例信息

**请求公司收购股份纠纷案件原告：** 李某、刘某、孙某、张某、周某、华某、王某、蔡某（8名异议股东）

**请求公司收购股份纠纷案件被告：** 上市公司持股平台上海前航投资有限公司

**衍生股东会决议纠纷案件原告：**严某

**衍生股东会决议纠纷案件被告：**上市公司持股平台上海前航投资有限公司

**案号：**

原审一审：

（2017）沪0114民初15551号、
（2018）沪0114民初636号、
（2018）沪0114民初638号、
（2018）沪0114民初640号、
（2018）沪0114民初646号、
（2018）沪0114民初647号、
（2018）沪0114民初654号、
（2018）沪0114民初1836号

重审一审：

（2019）沪0114民初13419号、
（2019）沪0114民初13452号、
（2019）沪0114民初13453号、
（2019）沪0114民初13454号、
（2019）沪0114民初13455号、
（2019）沪0114民初13456号、
（2019）沪0114民初13457号、
（2019）沪0114民初13458号

重审二审：

（2021）沪02民终2452号、
（2021）沪02民终2453号、
（2021）沪02民终2454号、
（2021）沪02民终2455号、
（2021）沪02民终2456号、
（2021）沪02民终2457号、
（2021）沪02民终2458号、
（2021）沪02民终2459号

再审：

（2022）沪民申338号、
（2022）沪民申339号、
（2022）沪民申340号、
（2022）沪民申341号、
（2022）沪民申361号、
（2022）沪民申437号、
（2022）沪民申438号、
（2022）沪民申439号

衍生的股东会决议不成立案件案号：

（2021）沪0114民初5867号、
（2021）沪02民终7152号
（2021）沪民申1958号

## 基本案情

### （一）异议股东请求回购股份之诉

上海前航投资有限公司（以下简称前航公司）系上市公司安科瑞电气股份有限公司（以下简称安科瑞）的员工激励持股平台，无其他经营内容。2016年7月12日，前航公司召开股东会，就修改公司住所地、变更股东会定期会议召开时间、延长公司经营期限、新增职工股东定义、限制职工股东转让股权以及限定职工股权转让价格作出决议（以下简称2016年股东会）。在2016年股东会决议中投反对票的有李某、刘某、孙某、张某、周某5人，其中李某、刘某、孙某、张某4名异议股东起诉至上海市嘉定区人民法院（以下简称嘉定法院）要求确认2016年股东会决议内容全部无效。经过一审法院审理[1]（案号：2016沪0114民初11072号），判决认定2016年股东会中关于修改公司住所地、变更股东会定期会议召开时间以及延长公司经营期限的决议有效，除此之外的决议内容无效。一审判决后，前航公司不服，就一审判决的决议无效部分内容向上海市第二中级人民法院（以下简称二中院）提起上诉，李某、刘某、孙某、张某4名异议股东均未提起上诉。上诉期满后，前航公司意欲就各方均未上诉且被一审法院认定有效的部分决议内容组织补签以满足公司工商变更登记的需要，遂于2017年6月26日组织38名股东配合签署形式上的“股东会决议”（以下简称2017年股东会）。然而在2017年股东会上，包括前述4名股东在内的共计8名股东李某、刘某、孙某、张

〔1〕 参见上海市嘉定区人民法院民事判决书，（2016）沪0114民初11702号。

某、周某、华某、王某、蔡某签字表示反对（以下简称8名异议股东），其中3名股东华某、王某、蔡某在明知所谓的2017年股东会系补签2016年股东会决议有效部分内容的情况下，作出了与其在2016年股东会中相反的意思表示。2017年9月20日二审法院作出终审判决维持原判，至此，2016年股东会决议一部分有效，一部分无效。2017年8月前后，8名异议股东分别向一审法院起诉，以2017年股东会决议为前航公司法定回购异议股东股份之依据，要求前航公司按照2017年12月29日安科瑞股票每股收盘价为单价计算回购价格。

（二）延伸案件之股东会决议不成立之诉

前述股权回购案件争议期间，前航公司8名异议股东之外的股东严某认为，在2017年6月26日当天并未召开股东会，仅是为了工商备案需要由股东补签2016年股东会决议，且得知张某、李某等异议股东在庭审过程中也均认可前述事实。严某还提出，若以2017年股东会作为前航公司回购异议股东股权的依据，法院很可能以此认定回购价格需以2017年的安科瑞股票每股收盘价为计算依据，如此将会损害其作为留守股东的利益，严某遂于2021年1月以前航公司为被告向法院提起诉讼，请求法院确认前航公司于2017年6月26日作出的关于延长公司营业期限等事项的股东会决议不成立。

## 争议焦点

（一）异议股东请求回购股份之诉争议焦点

异议股东请求回购股份之诉程序历经5年，先后经历法院一审、二审、重审一审、重审二审、再审立案审查，争议焦点繁多，主要围绕：①公司回购异议股东股份应以2016年股东会决议为依据，还是应以2017年股东会决议为依据（两次股东会就同一议题作出表决，结果均为通过但异议股东前后表决情况不一致）；②协商回购是否为诉讼回购前置程序；③股权回购价格如何合理确定；④公司是否需要支付回购价款对应的利息（异议股东回购请求权是什么性质，系请求权、一般形成权还是形成诉权？）。

### （二）股东会决议不成立之诉争议焦点

股东会决议不成立之诉案件争议焦点为“2017年股东会是否符合无须召开的例外情形”。值得关注的是，案件中争议双方对股东会有关的案件事实均无争议，但对法条的理解与适用存在巨大分歧，即最高人民法院《关于适用〈中华人民共和国公司法〉若干问题的规定（四）》（以下简称《公司法司法解释四》）第5条以及2018年《公司法》第37条[1]第2款规定的可以不召开股东会会议的情形中“以书面形式一致表示同意”的对象是《公司法》第37条第1款所列举的11项事项（各股东对第37条第1款所列明的11项会议审议内容全部投赞成票可以不召开股东会会议），还是针对是否召开股东会会议这一行为一致表示同意（各股东同意以签字形式进行表决而无论表决情况如何的程序性同意）。

## ▶▶ 案件解析

### （一）有限责任公司股权法定强制回购之依据

当一审法院认定涉案股东会决议部分有效部分无效而又仅有公司一方就

---

〔1〕 现为《公司法》第59条。

确认无效的部分提起上诉时，上诉期间公司无法仅凭一份部分有效的决议文件办理工商变更登记，公司注册地市场监督管理部门会认为该份股东会决议有瑕疵，公司应当单独提供一份仅有被法院确认有效部分的股东会决议作为工商变更登记文件。此时公司只能要求全体股东对就法院认定的决议有效部分进行补签，即复刻原本有效决议事项的表决以形成工商版本股东会决议，但在实施补签行为时仍然会有个别股东为促成2013年《公司法》第74条[1]第1款规定的异议股东行使回购请求权的条件而不顾之前已经作出的"投赞成票"的意思表示，进而在补签文件中"投反对票"。此时为复刻而存在的工商版本股东会决议是否成立并有效？异议股东请求公司回购其股份是以判决确定的部分有效的股东会决议为依据还是应以工商版本股东会决议为依据？代理律师尝试结合相关法律基础理论就前述问题展开分析讨论。

1．股东会决议有效成立系异议股东能够请求公司回购其股份的前提

根据2018年《公司法》第74条第2款之表述，异议股东请求公司强制回购其股份的时间起点应为异议事项所涉股东会决议"通过"之时。"通过"意味着相关股东会决议需合法有效，而股东会决议有效的前提是股东会决议本身成立，即股东会已按照相关规定召集、召开并形成有效表决。如果股东会决议违反《公司法司法解释四》第5条的规定，则此时无须涉及股东会决议有效的问题。在决议根本不成立的情况下，异议股东亦无法依据所谓的股东会决议请求公司回购其股份。

2017年之前，我国《公司法》未就"决议不成立"进行单独规定，"决议不成立"的情形仅在国外立法与我国理论界存在，法院对于这种情形一般认定为"决议无效"[2]。2017年《公司法司法解释四》将股东会决议不成

---

〔1〕 现为《公司法》第89条。

〔2〕 赵心泽：《股东会决议效力的判断标准与判断原则》，载《政法论坛》2016年第1期。

立之诉正式纳入法律规定体系之中，采取了理论界现行的股东决议“三分法说”。“三分法说”将公司股东会决议的状态划分为不成立、无效与可撤销三类，系对法律行为的生效需以法律行为的成立为前提这一事实判断的回应。司法实践中亦有法院指出：在诉争股东会决议未成立的情况下，该股东会决议当然地不具有法律效力。〔1〕

2．股东会决议成立的法定判断标准

（1）股东会议需合法合规召开且不存在无须召开的例外情况

根据《公司法司法解释四》第5条的规定，除2013年《公司法》第37条第2款规定的例外情形，决议事项所涉会议需实际召开。首先，召开的前置程序为股东会召集程序，召集程序是决议诞生的起点，一般由《公司法》或章程规定的顺位主体在会议召开数日前向全体与会股东发出会议通知，通知应载明会议地点、时间、主题等信息，且通知的发出应保证股东能够收到并知悉。〔2〕其次，召集程序合法合规后进入股东会召开阶段，即股东需要在同一时间出席股东会并在会上发言、讨论、质询、投票、签字及行使其他股东权利。因此，若股东会的召集程序或召开阶段存在瑕疵，则股东会决议不成立。

需要注意的是，2018年《公司法》第37条第2款规定了可以不召开股东会会议的例外情形，根据条文表述可知，“对前款所列事项股东以书面形式一致表示同意的”中的“一致表示同意”是指全体股东须对第37条第1款所列11项会议审议内容全部投赞成票才可以不召开股东会会议，即在就会议内容都无异议的时候，省略股东会中的发言、讨论、质询、投票程序，直接根

〔1〕 参见上海市嘉定区人民法院民事判决书，（2018）沪0114民初1331号。

〔2〕 参见牛宁宁：《股东会决议不成立制度研究》，东北财经大学2021年硕士学位论文，第34页。

据商事效率原则作出决定，并让全体股东在文件上签名投赞成票。但实践中有的法院会作出不同解释，在上述股东会决议不成立之诉中，二中院认为，2018 年《公司法》第 37 条第 2 款中的"一致表示同意"应理解为全体股东同意以书面形式审议决议内容并签字盖章，即全体股东的意见以书面形式得以发表，一致同意不再召开股东会会议，股东会决议的程序性要求才得以免去。

对 2013 年《公司法》第 37 条理解上的争议，江苏省高级人民法院在 2014 年的判决中就指出："根据《中华人民共和国公司法》第 37 条第 2 款的规定，只有在股东对股东会所议事项以书面形式一致表示同意的情形下，才可以不召开股东会会议，直接作出决定，并由全体股东在决定文件上签名、盖章。进而言之，只要股东之间对股东会所议事项存在争议，就必须依法召开股东会。"〔1〕最高人民法院在（2020）最高法民申 6603 号、（2017）最高法民申 1027 号 、（2017）最高法民申 2872 号、（2016）最高法民终 202 号等案件中均表达了只有股东对股东会所议事项需表示一致同意（100% 赞成票）时，才可以不召开股东会会议的观点，并清晰地作出过如下阐述："当公司全体股东就放弃这一机会（出席股东会，并在会上发言、讨论、质询以及投票）达成合意，并就股东会的议案明确表示了一致的意见时可以不召开股东会直接作出决定。"〔2〕最后，上海市高级人民法院（以下简称上海高院）在上述股东会决议不成立之诉中作出了与最高人民法院同样的回应，纠正了一审、二审中法官对 2013 年《公司法》第 37 条第 2 款的理解与适用错误，上海高院认为："该条款中的'一致表示同意'应理解为一致同意决议事项，不应解释为全体股东签字就表明一致同意不召开股东会会议直接作出决定。

---

〔1〕 江苏省高级人民法院民事判决书，（2014）苏商终字第 00360 号。

〔2〕 杜万华主编，最高人民法院民事审判第二庭编著：《最高人民法院公司法司法解释（四）理解与适用》，人民法院出版社 2017 年版，第 134－135 页。

决议中有股东签字反对决议事项的，就不满足该条款适用的条件。”

综上，股东会决议如要成立必须召开股东会，不召开股东会直接作出决定的前提条件有两个：一是全体股东书面同意放弃召开股东会的机会；二是全体股东就股东会的议案内容明确表示了一致的投票意见，即只能是一致赞成。

（2）会议需有集体的意思表示并产生一定的法律效果

《民法典》第134条及最高人民法院在《中华人民共和国民法典总则编理解与适用》一书〔1〕中均明确决议行为是民事法律行为。最高人民法院民事审判第二庭在解读《公司法司法解释四》第5条之兜底条款时认为：在法律行为理论的支配下，股东会、股东大会或者董事会决议的成立，类推适用法律行为的成立的法理。〔2〕既然决议行为是民事法律行为，那么股东会决议的成立需符合民事法律行为成立的构成要件。法律行为的一般成立要件只有一个：意思表示或者意思表示的集合。〔3〕根据《公司法司法解释四》第5条第2项、第3项、第4项的规定，决议的成立需股东作出表决且表决人数和比例均需达到法定及章程约定的标准，表决即为股东的意思表示，股东会决议系法律拟制的、集体的、抽象的意思表示。

《民法典》第133条规定：民事法律行为是民事主体通过意思表示设立、变更、终止民事法律关系的行为。根据该规定，意思表示需要产生“设立、变更、终止民事法律关系”的相应法律效果，即有效果意思。所谓效果意思，是指意思表示人欲使其表示内容引起法律上效力的内在意思要素，是当事人所追

---

〔1〕参见最高人民法院民法典贯彻实施工作领导小组主编：《中华人民共和国民法典总则编理解与适用》（下），人民法院出版社2020年版，第690页。

〔2〕参见杜万华主编，最高人民法院民事审判第二庭编著：《最高人民法院公司法司法解释（四）理解与适用》，人民法院出版社2017年版，第137页。

〔3〕参见杨代雄：《法律行为论》，北京大学出版社2021年版，第357页。

求的对其产生法律拘束力的意图。〔1〕具体到股东会决议中，股东的集体表决需有引起决议内容产生法律上效力的内在意思要素，并对无论是投赞成票还是反对票的股东产生拘束力，否则决议不成立。对此，最高人民法院认为：“……公司决议作为民事法律行为的一种，需满足民事法律行为的成立要件……股东会、股东大会或董事会决议须以发生一定的法律效果为目的而作出。民事主体在社会生活中从事各种各样的活动，但并非任何行为都是民事法律行为。只有以设立、变更、终止民事法律关系为目的的行为才是民事法律行为……其他足以认定未能形成意思表示或者不具备意思表示这一要件的情形，亦应认定为决议不成立。”〔2〕

3．为满足工商变更登记需要而补签股东会决议系事实行为

回到前述股份回购案件，前航公司2016年7月12日关于修改公司住所地、延长公司经营期限等议题的股东会决议作出后，张某等人向法院起诉请求确认该股东会决议全部内容无效，法院于2017年5月25日作出（2016）沪0114民初11702号判决，确认关于修改公司住所地、变更股东会定期会议召开时间、延长公司营业期限的决议内容有效。一审判决作出后，原告张某等人未上诉，被告前航公司对判决无效的内容提起上诉，即前航公司对营业期限延长等有效的部分内容未上诉。二审法院于2017年9月20日作出（2017）沪02民终8813号判决，维持了一审判决。在上诉期满后的二审审理过程中，前航公司意欲就产生变更的公司住所地、公司经营期限完成工商变更登记，遂组织38名股东配合签署形式上的“股东会决议文件”，具体的会签过程为

〔1〕参见最高人民法院民法典贯彻实施工作领导小组主编：《中华人民共和国民法典总则编理解与适用》（下），人民法院出版社2020年版，第686页。

〔2〕杜万华主编，最高人民法院民事审判第二庭编著：《最高人民法院公司法司法解释（四）理解与适用》，人民法院出版社2017年版，第137页。

38名股东分批到不同的会议室在《前航公司股东会决议》的签字页签字，前航公司没有发出正式的股东会通知也没有股东发言、讨论、质询、投票、签字的过程，各股东签字时，前航公司工作人员均告知该次签字仅是为了工商变更的需要，需对2016年股东会决议有效部分进行形式上的完成。因此，前航公司2017年6月26日工商登记需要版本的股东会议缺乏会议召集、召开的程序，没有会议通知，更没有股东发言、讨论、质询、投票环节，各股东参加签字会的时候并未意识到该次签字会是重新就新的议题召开的股东会。股东集体的目的意思在于再次确认2016年股东会中被法院认定有效部分的决议内容，并非针对公司住所地变更、经营期限的延长与否进行新一轮表决，股东集体的效果意思在于对2016年股东会决议中关于延长公司经营期限等内容投赞成票的股东以及反对票的股东产生拘束力。

综上，根据股东会决议成立的判断标准，代理律师认为因满足工商变更登记/备案形式要求而组织公司股东对业已产生法律效力的股东会决议相同内容的补签行为不可能存在股东会召集、召开程序，亦无法产生设立、变更、终止民事法律关系的后果，其仅为事实行为，不构成民事法律行为。

4．“引起工商变更登记的依据丧失”不能成为决议成立与否的判断标准

尽管代理律师充分向法院阐明为满足工商变更登记需要而补签的股东会决议系事实行为，应当被认定为不成立，但法院似乎更在意工商变更登记的依据丧失的问题，遂在股东会决议不成立之诉的二审中以此为理由判决2017年股东会决议成立。对此代理律师持有异议。

（1）股东会决议效力的司法判断应首先立足于决议行为产生的内部法律效力

首先，我国商事登记采取登记对抗主义，即工商登记备案只是在公示后产生了对抗第三人的效力，而对商事主体公司的内部股东来说，登记备案事

项本质属于公司自治的范畴，对于内部事项的约定或决议在各方股东意思表示确定之时即产生了法律效力，并对各方股东形成法律拘束力。商事主体关于登记事项的约定不以商事登记为生效要件，因而商事主体内部股东不得以应登记事项未登记或错误登记为由主张约定未生效或已生效。其次，工商变更登记的依据本身更属于公司自治范畴，若采取二审法院认为的“如涉案决议不成立，则会引起工商变更登记的依据丧失等问题”，则属变相抑制公司意思自治，从而认为工商变更登记事项所依据的股东会决议不可撤销、不可更改、不可确认其本身不成立。

（2）当决议仅涉及内部法律关系时司法不应主动考虑其对外部法律关系产生的影响

股东会决议在未涉及公司及公司股东以外的第三人利益即未与第三人产生外部争议时，应以公司股东会决议的事实情况为准，法院不能主动处分未进入诉讼的不特定第三人的利益。此外，当公司决议确实涉及外部善意相对人时，基于信赖利益保护的原则，公司据此决议与善意相对人形成的民事法律关系不因决议不成立而无效。〔1〕实践中有法院直接认为：“虽然决议被认定为不成立，但双方当事人意思表示明确，符合诚信原则，因此公司与相对人的法律关系不受影响，即决议不成立不具有外部法律效力。”〔2〕因此，即便司法干预确认股东会决议不成立可能会给工商登记对抗效力带来损害，法院应也立足于决议涉及的内部法律关系进行效力判断，而在不会侵害任何第三人利益，不会造成其他经营决策的相应联动变化或连锁反应，也不会损害股东利益或债权人利益的情况下更应该坚持股东会决议的事实情况。

〔1〕 参见刘思文：《论公司决议不成立的外部法律效力》，辽宁大学2022年硕士学位论文，第25页。

〔2〕 四川省高级人民法院民事判决书，（2020）川民终306号。

（3）行政部门工商变更登记所依据的股东会决议被认定不成立后仍然可依申请进行更正

工商登记的对抗效力应让位于司法判决的效力，2018 年《公司法》第 22 条第 4 款[1]规定："公司根据股东会或者股东大会、董事会决议已办理变更登记的，人民法院宣告该决议无效或者撤销该决议后，公司应当向公司登记机关申请撤销变更登记。"在股东会决议本身并未召开的情况下，并不会引起工商变更登记的依据丧失，反之，公司完全可依据生效判决向工商行政部门申请撤销变更登记，即生效判决为工商变更登记提供了确定的依据。需强调的是，当股东会决议事项仅为工商备案事项时，仅须根据改判结果进行备案更正或重新备案即可。备案并不创设权利或主体资格，只是对既成事实的信息存案留档以备查考，仅为留档证明之需，系事实行为而非法律行为，此外备案不具有对抗效力。就备案主体而言，其依照法律规定向有关部门报告，起告知作用，系履行其法律义务的行为；就接受备案方而言，备案即保存有关资料，具有存档作用。如市场主体备案事项发生变更或须更正，仅须由市场主体向登记机关备案或更正即可。

综上，代理律师认为在 2018 年《公司法》第 22 条第 4 款已经提供了解决之道和法律救济途径的情况下，司法机关不能仅因工商登记备案问题而直接将工商变更登记的依据丧失作为判断股东会成立的标准。

5．应将异议股东意思表示形成在先的真实表决作为股份法定强制回购的依据

值得思考的是，股东会决议不成立之诉的再审立案审查阶段中，尽管上海高院纠正了一审、二审法官对 2018 年《公司法》第 37 条第 2 款的理解与

〔1〕 现为《公司法》第 28 条。

适用错误，但上海高院提出了一种更加新颖的裁判观点，从而认定2017年股东会决议即工商版本的股东会决议成立。上海高院认为："2017年决议并非一次新的股东会决议，而只是为了办理工商登记补签形成。该次决议的事项包含在2016年股东会决议的事项中，应视两次会议是一个整体，不宜对2017年的决议形成形式如一次新的股东会一样的要求。从立法目的来看，法律要求股东会实际召开的主要目的在于保证股东出席股东会并在会上发言、讨论、质询以及投票的权利。本案中，2017年6月26日系争的股东会决议事项在2016年7月12日已经召开股东会进行了讨论，各股东已经充分沟通、磋商，对决议的后果应有充分的理解和判断。2017年决议也经过了全体股东的表决，赞成票数符合比例要求。故2017年股东会会议未实际召开并不损害股东的上述权利，不构成该份决议不成立的理由。"

上海高院的裁判观点将2017年股东的集体补签行为解释为有意思表示的法律行为，同时似乎更看重股东集体意思表示前后的一致性，而忽略了个体异议股东在整体决议中前后矛盾的意思表示。此外，"视两次会议是一个整体"的观点似乎会为实践中个别异议股东为触发股份法定强制回购的条件而滥用股东权利打开方便之门，即引导股东利用工商变更登记需要补签股东会决议的机会在补签过程中作出表示反对的行为（如签字反对）。因此代理律师认为，在异议股东请求回购股份之诉中若法院以整体会议作为判断回购的依据，更应着重审查异议股东是否构成民事权利的滥用以及其个体意思表示的真实性合法性，同时应以异议股东意思表示形成在先的真实表决为股权法定强制回购的依据。

（1）为满足个人不正当成就异议股东回购请求权之目的，构成滥用民事权利

根据《民法典》第132条及最高人民法院《关于适用〈中华人民共和国

民法典〉总则编若干问题的解释》第 3 条之规定，权利行使如在目的、时间、方式上不合常理或造成当事人利益失衡则构成滥用民事权利，不应发生相应的法律效力。在异议股东请求回购股份之诉中有 3 名股东在 2016 年股东会决议中投赞成票，但为不正当成就其对公司的股份回购请求权之目的，利用补签 2016 年公司股东会决议的机会，在以 2016 年股东会为一个整体的 2017 年股东会上投反对票，意图架空 2013 年《公司法》第 74 条异议股东股份回购请求权之规定，构成滥用民事权利。同时如果允许某一股东在前后两次股东会中作出不一致的投票，两次投票结果将可能完全不同，从而将导致公司的经营期限处于不安定状态中，进而损害公司经营的安定性，同时也可能严重损害公司其他意欲留守股东的利益，即导致各股东之间以及异议股东与公司之间利益失衡。

（2）当异议股东自相矛盾的行为构成对诚信原则的违反时，其权利的行使不应被允许

民法理论认为："若对方已就表意人的持续行为形成值得保护的信赖，表意人辜负该信赖之反常行为即可构成自相矛盾，而违反诚信原则。"〔1〕案件中 3 名股东在 2016 年股东会决议中的意思表示（投赞成票）已让公司予以充分信赖并形成值得保护的信赖利益[公司的经营期限已自法院作出(2016)沪 0114 民初 11072 号判决生效之日起予以延长]，公司依据该信赖并为满足工商登记进而在 2017 年 6 月 26 日组织补签。因此在"视两次会议是一个整体"的情况下基于股东 2016 年在先的意思表示公司已经形成信赖利益。

国内外司法实践及民法理论均认为"自相矛盾的行为"构成对诚信原则的违反，权利人权利的行使不应被允许。如德国司法实践及学者均认为"违反

〔1〕 朱庆育：《民法总论》（第 2 版），北京大学出版社 2016 年版，第 220 页。

诚实信用的权利行使是不被允许的……若权利人与其之前的行为相矛盾，则权利行使不被允许（禁止反言）”〔1〕“如果权利人因行使权利而与先前的行为相抵触，则权利人也违反了不得以不允许的方式行使权利的禁令”〔2〕“诚信原则的判断标准，可归纳为禁止反言原则……当事人不得为前后不一致之行为”〔3〕。我国学者也认为“矛盾行为”属于“不能容许的权利行使”〔4〕。因此3名股东出尔反尔的矛盾行为使其不能依据2017年股东会决议行使异议股东回购请求权。遗憾的是，二审法院似乎忽略了这一重要的民法理论，仍然同意以2017年股东会决议作为8名异议股东行使回购请求权的依据。

综上，异议股东请求公司回购其股份是以司法判决确定的部分有效的股东会决议为依据还是应以工商版本股东会决议为依据，应当首先判断两个股东会决议是否成立并有效，若“视两次会议是一个整体”，则应立足于异议股东个体的意思表示，以股东个体意思表示形成在先的真实表决为公司依法回购其股权的依据。

### （二）协商回购是否为诉讼回购前置程序

关于异议股东请求公司回购股份之诉前置程序问题，我国2018年《公司法》第74条仅原则性地规定了“股东与公司不能达成股权收购协议的”“股东……要求公司收购其股权”，并没有明确股东行使回购请求权或公司收购股东股权的具体步骤，因此实践中产生了异议股东在向法院提起诉讼请求公司回购其股权（以下简称诉讼回购）前是否应当在法律规定期间内先行与公司就收

〔1〕［德］汉斯·布洛克斯、［德］沃尔夫·迪特里希·瓦尔克：《德国民法总论》（第41版），张艳译，中国人民大学出版社2019年版，第302页。

〔2〕［德］迪尔克·罗歇尔德斯：《德国债法总论》，沈小军、张金海译，中国人民大学出版社2014年版，第34页。

〔3〕陈聪富：《民法总则》，台北，元照出版有限公司2016年版，第435页。

〔4〕朱庆育：《民法总论》（第2版），北京大学出版社2016年版，第524页。

购其股权进行协商以达成股权收购协议（以下简称协商回购）的争议。

代理律师尝试从我国各级法院作出的不同判决入手，分析具体案件中法官对于前述法律条文中程序性规定部分的不同理解，并从比较法及理论分析的角度研究其他国家和地区当前对该制度的最新程序性规定，以探讨异议股东与公司协商回购作为诉讼回购的前置程序的必要性。代理律师尝试通过公司法原理证明异议股东与公司先予协商是提起公司收购股权之诉的法定要件之一。

1. 从域外相关规定之立法本意探究协商程序前置的必要性

（1）域外关于异议股东股份回购请求权行使程序之规定

为了确保股东能够在对公司决议产生异议时积极有效的行使股份回购请求权，许多国家或地区在其公司法或类似法规中作出了详细的程序性规定，以引导公司及异议股东严格按照法定程序执行回购股份事宜。

具体而言，各国和各地区异议股东在确定股份回购价格前需要进行的行使回购请求权的主要程序可归纳为：①公司于股东会召开前先行将表决的议题、股东权利及程序告知股东；②股东在收到通知后，在股东会召开前，提前向公司告知异议；③股东出席股东会并作出反对表决；④在该决议获得股东会表决通过后，股东书面向公司提出股份回购请求并在公司寄存股份。

而当异议股东正式向公司提出股份回购请求后，对于回购价格应当通过何种方式及程序确定，不同国家和地区的法律规定中存在如下差异：

①大部分国家或地区在公司收购异议股东股权的相关法律条文中已明确规定：股东或公司在提起诉讼前必须先行就收购价格进行协商。

我国台湾地区“公司法”第187条第1款、第2款规定，“前条之请求，应自第一百八十五条决议日起二十日内，提出记载股份种类及数额之书面为之。股东与公司间协议决定股份价格者，公司应自决议日起九十日内支付价款，自第一百八十五条决议日起六十日内未达协议者，股东应於此期间经过後三十日内，声请法院为价格之裁定”。该条第 1 款明确了自公司涉及特定事项的股东会决议作出后，股东应当首先向公司提出书面的回购请求，第 2 款后半句“自……起六十日内未达协议者，股东应……”的表述与我国 2018 年《公司法》第 74 条的相关表述类似，规定了股东向法院提出诉请的期限，但不同之处在于上述第 2 款在前半句中已对后半句中的“协议”作出定义，该“协议”即为“股东与公司间协议决定股份价格”，除此之外，我国台湾地区“公司法”中涉及异议股东股份回购请求权事宜的相关条款中并无其他条款赋予股东诉请法院的权利，因此协商回购在我国台湾地区已被明确为诉讼回购的前置性程序。

相类似的表述方式也出现在日本《公司法》条文中，日本《公司法》第 117 条第 1 款、第 2 款分别规定，在股东作出回购请求后，如果公司与股东之间就股票价格达成协议，公司应当……关于股票价格的决定，在效力发生之日起 30 日内未达成协议的，股东或者股份公司可以在该期限届满之日起 30 日内向法院申请确定价格。较之我国台湾地区的相关规定，日本更为具体地将达成协议及未达成协议的后果分别作出规定，将未达成协议作为股东提出回购请求后诉请法院的唯一前提条件。

此外，韩国和美国部分州的立法表述更为明显，直接将确定股票回购价格的义务在条款的程序性规定中首先分配给了公司和股东而非法院。韩国《商法》第 374–2 条规定：“（1）在反对第 374 条规定的决议事项的股东于股东大会召开之前书面通知公司其反对决议之意的情形下，自股东大会的决议日期起 20 日之内凭记载股份的种类及数量的书面文件，可以请求公司收买自己所持有的股份。（2）公司应自接受第 1 款请求之日起两个月内收买该股份。（3）第 2 款中的股份的收买价格，应由股东与公司协商决定。（4）接到第

1 款规定的请求之日起三十日内根据第 3 款的规定没有达成合意时，公司或请求收购股份的股东，可以向法院提出确定收购价额的请求。”美国《标准商事公司法》（Model Business Corporation Act）[1] 在第 13.24 条至第 13.26 条中对异议股东与公司间的价格协商程序作出了非常详细的规定，明确异议股东选择行使评估权后须向公司提交支付申请，同时寄存股份或交还股份凭证，随后公司向异议股东发出支付要约，同时向股东提供公司的相关财务信息。如果异议股东收到公司支付的回购价款后再次提出异议，且公司认为无法满足股东对于股份回购价格的要求时，公司应在收到付款要求后的 60 天内启动诉讼，此时才能请求法院确定股份的公允价值和应计利息。

②少部分地区立法规定：股东触发回购条件并提出回购请求后，由法院直接确定异议股东回购价格。

与美国《标准商事公司法》这一公司法范本规定不同的是，美国特拉华州《公司法》并未设置异议股东与公司协商回购价格的环节，而是在股东按照规定获得股份估价资格的情况下，股东或公司即可诉请法院确定股份回购价格。美国特拉华州《公司法》第 262 条（a）款规定，持有股票的本州公司的任何股东，在合并或合并生效之日持续持有股票，且已遵守本节（d）款规定，未对合并或合并投赞成票或书面同意的人员，有权获得衡平法院对本节所述情况下股东股票公允价值的评估。同时，第 262 条（e）款进一步规定，在合并生效日后的 120 天内，存续的或由此产生的公司或任何遵守本节（a）款和（d）款规定并有权享有评估权的股东，可向衡平法院提交请求书，要求确定所有此类股东的股票价值，从而启动评估程序。

---

〔1〕 一部由全美律师协会商法部的公司法委员会负责起草和修订，可供各州立法机构自由选择使用的公司范本。参见沈四宝编译：《最新美国标准公司法》（2006 最新版），法律出版社 2006 年版。

由此可见，上述代表性国家和地区的规定明确将异议股东与公司就回购股份事项进行协商这一程序置于回购价格确定机制的首位，要求在法律规定的时间期限内，由异议股东先行与公司协商确定股份回购的价格，在实在无法达成一致的情况下才能够诉诸法院。对于未采用协商程序确定股权回购价格的规定，亦明确了股东在向公司正式提出回购请求且符合特定条件的情况下，异议股东及公司有权直接向法院请求确定股权价格。

（2）域外相关规定之立法本意

①异议股东股份回购请求权的性质决定了异议股东必须就其回购要求先行向公司明示并由此作为协商回购程序的开端。

日本《公司法》第116条第5款、第6款规定："股份回购请求应当在……内提出，且请求中应当附有……提出股份回购请求的股东，可以取得股份有限公司同意的情形为限，撤回该股份请求。"〔1〕第785条规定，"提出股份回购请求的股东，非在消灭股份有限公司先前的同意后，不得撤回其股份回购请求"〔2〕。由前述规定可知，异议股东股份回购请求权是一项由股东选择行使，并且一旦选择非经与公司协商及得到公司同意就不可随意撤回的权利，体现出日本以股东书面选择行使回购权作为股东与公司开展正式法定协商程序的开端。再者，根据美国律师协会在修订《标准商事公司法》时对该范本作出的官方解释可知，评估权（异议股东股份回购请求权）被认为是股东的一项"选择—加入"（"opt-in"）的救济手段，〔3〕即只有当股东决定行使评估权，才能够真正适用这项权利。因此，就需要股东向公司作出明确

〔1〕 吴建斌编译：《日本公司法》，法律出版社2017年版，第53页。

〔2〕 吴建斌编译：《日本公司法》，法律出版社2017年版，第399页。

〔3〕 See Corporate Laws Committee, *Model Business Company Act* (2016 *Revision*), ABA, 2017, p.318。

的意思表示来告知公司其提出了要求公司回购股份的申请，并在该申请中载明股份的种类及数量以示其决定是谨慎且正式的，避免股东将评估权作为一种投机行为，一面请求公司回购股份，一面在公开市场上寻找股份的购买者，通过比较两者的价格差异再来选择是通过回购或是对外转让的方式清理其股权。[1]因此，异议股东对公司的该种明示选择只能由异议股东以书面通知的方式告知公司，把此作为股东及公司对于协商回购的第一步。同时，美国大部分州[2]的法律还规定只有当公司认为实在无法满足股东提出的回购价格时，公司才能作为请求法院确定回购价格的主体，[3]亦说明法院介入前，股东必须已经先行与公司就价格进行过一轮或几轮协商，在公司无法同意股东提出的回购价的情形下，最终法律才赋予司法介入的权利。

另外，由于在要求异议股东向公司明确提出书面回购请求前法律还另外设置了前文中所列明的其他步骤，通过这些步骤对该项请求权的提出进行了程序上的明确限制，由此在公司全体股东中限定了具备请求资格的股东（以下简称适格股东）的范围，并由适格股东通过书面明示的方式行使该项权利并就回购价格事宜与公司进行磋商，因此司法介入针对的仅是回购价格的最终确定，而非针对股东是否有权向公司提出回购请求。但在我国的司法实践中，通过最高人民法院审理的袁某与长江置业（湖南）发展有限公司请求公司收购股份纠纷案[4]可知，就目前我国立法而言，相关条款中的程序性规定过于简单，因此法院的判决不只是针对回购股份对应的价格，还包括在确定股

---

〔1〕参见罗轶：《异议股东股份回购请求权行使疑难问题研究》，复旦大学2013年硕士学位论文，第20页。

〔2〕参见谭津龙：《公司法体系中的异议股东评估权制度》，法律出版社2015年版，第85页。

〔3〕See Corporate Laws Committee, *Model Business Company Act* (2016 *Revision*), ABA, 2017, p.324。

〔4〕参见最高人民法院民事裁定书，(2015)民申字第2154号。

权回购价格前，股东是否有权请求公司回购股权的问题。因此，在我国产生了诸多关于该项权利行权程序的争论。

②他国和地区立法旨在鼓励公司与异议股东间的沟通，减轻双方的费用和成本，提高回购程序的效率。

通过将我国与他国和地区就异议股东股份回购请求权的规定相比较，不难发现我国《公司法》仅规定了在股东会决议通过后，对该项决议投反对票的股东有权与公司就回购股权的价格进行协商，并未设定股东会召开前公司与股东就股东会议题的沟通程序。而他国或地区之所以规定了股东会召开前公司与股东的一系列沟通程序，是因为其目的分别在于：首先，为了使股东了解到这项权利的存在、在何种情况下享有这项权利及如何行使这项权利，以及避免实践中股东因不知晓股东会召开的事实或不知晓该项权利从而错过行使这一权利或超出行使该权利的法定期限的可能性。公司在股东会召开前应当履行将股东会表决议题、异议股东股份回购请求权及具体行权程序向公司股东通知的义务。其次，规定股东提前向公司告知异议这一程序的意义在于能够事先让公司了解公司全体股东对于该项决议所持的态度，并在有较多股东持有异议的情况下重新衡量该经营决策，使公司的决策符合大多数股东对于公司经营走向的考量，从而让公司决策能够尽快得到通过并实施。最后，股东提前向公司告知异议也有利于公司提前对于回购异议股东的股份所需支付的金额作出准备。〔1〕

由此可见，这些前序协商程序的设置体现了相关人员对异议股东与公司间协商制度的重视。同时，美国律师协会对《标准商事公司法》的官方解释也指出，立足于交易效率原则，协商程序的设置有利于迅速实现异议股东

〔1〕 参见［韩］李哲松：《韩国公司法》，吴日焕译，中国政法大学出版社2000年版，第407页。

的股份回购要求，司法对于回购股权的价值评估应当作为确定回购股权公允价值的最终手段，且异议股东提出的所有付款要求应在诉讼中一次性得到解决。[1]总体而言，前述规定的意图在于希望股东和公司在司法介入前的最后一刻达成最终的和解，以此减轻双方的费用和成本，提高回购程序的效率，这些规定也最符合日常交易习惯，同时也可以使双方各自尽快进入新的领域。[2]

2. 最高人民法院及专家学者之观点：异议股东与公司先予协商是提起公司收购股权之诉的法定要件之一，并从文义角度对2018年《公司法》第74条重新作出解释

就异议股东与公司间的协商回购作为存在的必要性，2014年最高人民法院《关于适用〈中华人民共和国公司法〉若干问题的规定（一）》（以下简称《公司法司法解释（一）》）第3条写明："原告以公司法第二十二条第二款、第七十四条第二款规定事由，向人民法院提起诉讼时，超过公司法规定期限的，人民法院不予受理。"通过对照2013年《公司法》第74条第2款条文，其中的"六十日"和"九十日"都应当属于《公司法司法解释（一）》中的"规定期限"的范畴，因此两项期限在条文中都具有各自在法律上的意义，属于法院受理股东股份回购请求时不可或缺的法律要件之一。同时，《最高人民法院关于公司法司法解释（一）、（二）理解与适用》中也对此进行了释义，规定股东在向人民法院提出请求公司收购股份的诉讼之前需要经过两个步骤：首先，股东应当对股东会通过《公司法》第89条第1款的决议投了反对票。其次，投反对票的股东应当请求公司按照合理的价格收购其股份，但不能在

〔1〕 See Corporate Laws Committee, *Model Business Company Act* (2016 *Revision*), ABA, 2017, p.325。

〔2〕 参见谭津龙：《公司法体系中的异议股东评估权制度》，法律出版社2015年版，第85页。

股东会决议通过之日起 60 日内与公司达成股份收购协议的，此时才可以提起诉讼，寻求司法途径予以救济。也就是说，提起请求公司收购股权诉讼的法定要件除股东应当对公司的重大决议持有异议外，还包括股东与公司的协商程序。〔1〕可见该释义对于股东股份回购请求的程序的理解体现了《公司法司法解释（一）》的立法本意。除此之外，曾任最高人民法院民二庭高级法官的金剑锋法官在其论著中也写明，2018 年《公司法》第 74 条规定的股东与公司协商的期限，应当理解为股东可以在该期限内随时请求公司就股份收购问题进行协商，如果公司明确拒绝股东的股份收购请求或者经过协商后股东与公司未能达成股份收购协议，股东就可以从次日起，在自股东会决议通过之日起 90 日的期限内向法院起诉。〔2〕由此同样可以看出，股东在诉诸法院前应当首先寻求公司内部救济。

另外，法律解释必须是以文义解释为出发点，需按照法律条文用语的文义以及该用语通常的使用方式，来阐释法律所表示的意义与内容。〔3〕因此，代理律师认为实践中法院对 2018 年《公司法》第 74 条的文义解释出现了偏差，应当对第 74 条第 2 款的文义解释进行重构。2018 年《公司法》第 74 条第 2 款的表述为，“自股东会决议通过之日起六十日内，股东与公司不能达成股权收购协议的，股东可以自股东会决议通过之日起九十日内向人民法院提起诉讼”。该条款的句式为“……的，……”，按照通常使用方式，“的”之前所述内容为之后所述内容的前提条件，即按照该语义惯常的理解，“自股东会决议通过之日起六十日内，股东与公司不能达成股权收购协议”应为“股东可以自股东会会议通过之日起九十日内向人民法院提起诉讼”的前提条件。

〔1〕 参见最高人民法院民事审判第二庭编著：《最高人民法院关于公司法司法解释（一）、（二）理解与适用》，人民法院出版社 2015 年版，第 68 页。

〔2〕 参见金剑锋等：《公司诉讼的理论与实务问题研究》，人民法院出版社 2008 年版。

〔3〕 参见梁慧星：《民法解释学》（第 4 版），法律出版社 2015 年版，第 216 页。

综上，由于我国《公司法》中的异议股东股份回购请求权制度属于“舶来品”，在借鉴普通法规则的时候，势必也理解并借鉴了该制度背后的立法原意。因此，无论是从该制度的立法本意，还是从基本的文义角度进行理解，基于商事习惯以及交易效率原则，我国2018年《公司法》第74条的规定虽然用语简单，但依旧体现出了司法对商事主体意思自治的尊重，将异议股东与公司间的协商回购设置为诉讼回购的前置程序显然是必要且毋庸置疑的。

前述8名异议股东请求前航公司回购股份案件原审一审中，法院认为2018年《公司法》第74条第2款的条文应指股东必须在60日内向公司提出收购股份的申请，如果没有向公司申请，视为放弃权利；当股东与公司就收购条件不能达成一致意见时，自决议作出之日起90日内必须向法院起诉，否则诉权丧失。也就是说，决议形成之后的60日内，异议股东应当首先在公司内部寻求救济，只有在寻求了公司内部救济途径无果后，才由司法对此进行干预，这也是司法对商事主体意思自治的尊重。遗憾的是，在重审二审阶段，二中院明确回应异议股东与公司就达成股份收购协议进行协商并非法定强制性前置程序，理由如下：其一，依据法律规定，股东对法定决议事项持异议，即享有请求公司收购其股份的权利。换言之，公司负有收购异议股东股份的义务，此股份回购权利义务关系系法定设立，非双方意定设立。而股东与公司就股份收购进行协商，目的在于确定收购的合理价格，此属于双方契约自由而非异议股东的法定义务。若司法强制要求股东须与公司协商后，方可至法院诉讼，无疑是对当事人合同自由的干涉，以及对异议股东行使法定权利的阻碍。其二，根据查明事实，对2017年股东会决议持异议的股东中有4名股东在60日内向前航公司发函请求收购未果，其他异议股东据此推定与前航公司协商收购股份已无必要，亦符合情理。争议各方至诉讼时未能就合理价格达成协议，甚至在股东是否有权请求前航公司收购股份问题上仍存在重大分歧，此亦表明各方60日内达成股份收购协议的现实可能性微小。

（三）有限责任公司异议股东股份回购价格认定问题

在有限责任公司异议股东股份回购价格认定的问题上，不同的定价方式和定价标准直接关系公司和股东的实际利益，如果认定股份回购价格过高，可能会损害公司资产及其他股东以及债权人的利益，而认定过低，又将有损异议股东的合法权益。如何确认“合理的价格”始终是异议股东请求公司回购股份制度中的重要问题以及难点问题，也是涉及异议股东请求公司回购股份纠纷中常见的争议焦点。

1．代理案件中关于异议股东股份回购“合理的价格”的认定

在前述异议股东请求回购股份之诉案件的原审一审〔1〕和重审一审〔2〕中，法院均以经审计的公司净资产为基础按异议股东的持股比例计算的方式确认股份回购的“合理的价格”，不同的是，两个案件的法官对公司净资产的认定方式不同。

原审一审法官认为，公司的股份应以公司净资产为计算依据。原告要求对前航公司进行资产评估即以上市公司股票的市场价格确定前航公司的资产，原审一审法官认为该主张不符合常理不予支持，在法院释明后原告仍不同意申请对前航公司的净资产进行审计导致审计工作无法展开，原告应承担举证不能的后果。鉴于原告没有提出相反证据否认被告前航公司关于股份回购价格的主张，原审法官判决根据前航公司提供的2017年审计报告中记载的所有者权益为基数并结合原告的持股比例折算相应的股份回购价格。

而重审一审的法官认为，公司提交的2017年审计报告中确认的构成公司

〔1〕 以系列案件其中一名员工的案件为例，下同。参见上海市嘉定区人民法院民事判决书，（2018）沪0114民初1836号。

〔2〕 参见上海市嘉定区人民法院民事判决书，（2019）沪0114民初13419号。

净资产的一项重要科目“长期股权投资”记载的账面价值不能反映其实际市场公允价值，该项“长期股权投资”实际为被告持有的上市公司的股票价值。上市公司股票是可以公开、自由流通，且存在公允价值，因此，在重审一审中法官直接按照该部分股票在异议股东申请回购日的收盘价计算被告该项“长期股权投资”的价值，并以此数额重新调整了前航公司的净资产数额，该项变动直接导致前航公司应支付的回购款项对比原审一审判决回购款项产生了高达 580% 的上涨。

在该系列案件重审二审〔1〕期间，二审法院认为，2018 年《公司法》第 74 条规定，异议股东可以请求公司按照合理的价格收购其股权，“合理的价格”应理解为市场公允价格。在原告等 8 名股东与前航公司未有关于股份收购合理的价格的约定，亦未能经协商达成一致意见的情形下，通过委托第三方资产评估来确定股份收购合理的价格合法、可行。作为前航公司的代理律师详细分析了重审一审判决中对前航公司股份回购价格认定的错误之处，并与行业内专业的评估机构进行了沟通，通过代理词对重审一审中忽略的前航公司作为持股平台在抛售所持上市公司股票后面临的变现税费问题以及前航公司作为非上市公司其股权变现涉及的缺少流动性折扣问题进行了说明。前航公司在代理律师的建议下委托了业内知名的专业评估机构对异议股东持有的前航公司股权价值进行了评估，并将评估报告提交重审二审法院作为参考。该评估报告详细地说明了上述变现税费问题和缺少流动性折扣问题对前航公司股权价值的影响。最终重审二审法院委托的司法评估鉴定机构在对前航公司涉案股权价值的评估中也考虑了上述两个问题，且评估结果与公司提交的评估报告差异不大。代理律师提出的变现税费和缺少流动性折扣的观点使最终评估结果反映了前航公司股权价格的实际情况，最大限度地保障了前航公

〔1〕 参见上海市第二中级人民法院民事判决书，(2021) 沪 02 民终 2459 号。

司的合法权益。

2．司法实践中对有限责任公司异议股东股份回购的“合理的价格”的各种认定方式

2018年《公司法》中并未对第74条的“合理的价格”的确认方式作出具体的规定，审判实务中也未形成统一的标准，一般进入诉讼程序的案件均是异议股东和公司无法通过协商来确认回购的“合理的价格”，而需由法官根据案件情况来选择具体方式来确认“合理的价格”，常见的方式有委托评估/审计、参考公司已有审计报告、参考近期同类交易价格。基于具体案件事实情况的多样和复杂，司法实践中各级法院对“合理的价格”的标准也较为复杂，在某些案件中，法院可能需要同时考虑几种定价方式，在几种定价方式得出的结果差异不大时，才能综合参考最终确认合理的价格。

代理律师在威科先行网站上在“裁判理由及依据”的搜索范围中以“合理”“价格”为关键词检索请求公司收购股份纠纷类案件，梳理了司法实践中采用的有限责任公司异议股东股份回购的“合理的价格”的认定方式（见表1）：

**表1　确认“合理的价格”的认定方式**

| 序号 | 认定方式 |
|---|---|
| 1 | 根据章程规定的定价方式 |
| 2 | 根据协议约定的回购价格 |
| 3 | 参考同一公司的近期的通过协议达成的股权转让价格 |
| 4 | 根据回购股权的资产评估报告 |
| 5 | 以审计报告为基础确认 |
| 6 | 对审计报告或评估报告中的具体事项涉及金额调整后，以调整后的金额为参考 |
| 7 | 以公司资产负债表上的所有者权益为基数 |
| 8 | 在因公司不配合导致无法作出准确评估的情况下，根据原告提出的金额确认 |

3．确认“合理的价格”的思考路径

根据对上述的司法实践案例和域外规定的思考，进入诉讼程序后法院可根据案件实际情况选择合理的一种或几种方式得出可供参考的股权计算基数并最终综合考虑确认股份回购的合理的价格。关于异议股东的股份回购的合理的价格的确认，在诉讼阶段可以参考以下思考路径。

首先，法院需考虑章程或协议之类的文件中是否对此类异议股东的股份回购（而非其他类型的股份回购）的定价的方式或具体的金额有事先的规定或约定。如有，须初步判断是否符合“合理”的情形，此处的合理的要求并非需要充分考虑回购价格是否符合社会公允价值或评估价值，而是需要考虑在达成上述章程规定或协议规定或约定时是否符合法律的规定，是否由股东作为平等主体自愿达成；是否存在大股东利用其优势地位明显损害小股东权益的情况；章程中有关异议股东回购定价方式的规定是否经过合理的股东会决议决定的，即相关章程规定是否合法有效。如果关于异议股东回购价格定价方式的章程规定是由大股东借表决权的优势地位（如大于2/3）不顾小股东的反对而形成的，则法院在审核该章程规定时，即使该章程规定是符合《公司法》的规定，法院仍需考虑该规定是否符合公平与合理的情形。

其次，如果公司近期有可供参考的公司的股权转让或股权回购的价格，法院也需考虑参考该价格确认合理的价格。这一方式有3个优点：一是在相应较短的时间内，公司的股权的价值变化不大，近期的股权转让价格在一定程度上反映了市场中可实际兑现的价格；二是考虑到股权出让方通常是理性考虑自己的收益，和公司协商达成的收购价格也能合理地保护股权出让方的合法权利；三是无须花费较长时间以及额外的审计或评估费用。鉴于目前并没有法规明确规定异议股东股份回购的合理的价格必须通过法院委托审计或评估来确认，如果法院有合理理由认为近期的股权价格体现了相应股权市场公允价值，有多位股东同意该价格且该价格与公司近期的净资产情况也相对应或差别不大，并且此时异议股东没有提出该收购价格明显不合理的证据，则法院也可以参考在先的股权收购价格来确认异议股东股份回购的收购价格。这一定价方式在同一批异议股东的其他异议股东已通过和公司协商而接受该价格的情况下，显得更具有参照性和适用性。

再次，如果涉案股权涉及的价值较大，双方对价格的认定的方式和金额分歧较大，且每一方提供的定价方式都不具有明显的公平合理的特征或每一方都没有合理理由或证据推翻对方的定价方式，则法院可以根据任一方的申请委托专业的机构对涉案的公司价值进行审计或对涉案股权的价值进行评估，以审计或评估结果作为参考来确定合理的价格。

涉及审计和评估时，可能还涉及审计和评估的方式、审计的期间、评估的基准日的选择、审计或评估的范围，以及如前述案例中提到的变现税费、缺乏流动性折扣等问题。具体的案件事实纷繁复杂，如何确保审计或评估时能尽可能地考虑到所有影响最后股权价格的合理因素，对于办理此类案件的法官和律师来说，都需要实践经验的积累，特别是对于律师来说，更需要积极主动地了解相关财务知识以及和专业人士沟通学习相应知识，同时可以参考涉外相关规定和定价方式来综合考虑寻找适用于具体案件的可能的有利因素。

复次，在公司财务制度比较规范的情况下或者在异议股东曾对公司编制的财务报表认可的情况下，法院也可以考虑根据公司自行制作的财务报表或公司委托第三方出具的审计报告来作为确认合理的价格的参考基数。

最后，从举证责任的角度来看，如果在需要通过审计或评估来确认股权价值但由于某一方或诉讼双方不配合而导致无法得出审计或评估报告的情况下，法院可以考虑根据举证责任，以及事前释明不配合审计、评估的不利后果的方式来确认承担不利后果的一方或双方，之后法院可在现有的证据中尽量找到一个可以参考或依据的定价方式。从目前的“谁主张，谁举证”的举证规则来看，一般是原告异议股东先提出初步证据证明公司持有审计或评估所需的财务资料，之后配合提供财务资料的义务由被告公司承担，除非公司有合理理由证明非自身过错或故意而不能提供财务资料，否则公司可能承担不利后果。

综合来看，法院的思路是从法律依据、事实依据、举证责任等角度来根据案件事实和证据论证一个较为合理的定价方式，法官在说明和论证自己的选择的定价方式时需要有相应的合理依据，为什么是这样一个考虑流程，为什么选择此方案而非彼方案，既需要解决案件的争议，也需要避免被后续可能的司法程序推翻。合理地运用已知的事实和证据以及法律规定缩小“自由裁量”范围，使最终认定的回购价格尽可能的合理。

与法院的思路不同，律师在代理此类案件过程中，并非要选择一个最合理的定价方式，而是尽量选择最有利于当事人且有证据材料支持并可能为法院所接受的定价方式。这就需要律师不仅通盘考虑已有的可行的定价方式，可能还需要寻找新的角度来支持不同考虑的定价方式。换句话说，法院是在已有的选择中作出最合理的选择，而律师需要呈现给法院更多的具有参考性的选择，使法院的最合理选择更倾向于律师所代理的当事人的利益。随着司法实践的发展，可能有更多的价格认定的考虑因素和评估方法将被法院采纳运用。

### （四）公司是否需要支付回购价款对应的利息

异议股东回购请求权的法律性质以及对应的诉讼和判决的类型，理论界与实务界观点不一，有请求权说、单纯形成权说，代理律师认为该请求权实为形成诉权，但对应的诉讼在实践中多数具有形成之诉与给付之诉的双重性质。代理律师希望通过以下梳理对在司法实务尤其异议股东回购请求权纠纷案件中公司是否应支付利息提供一定的参考。

2018 年《公司法》第 74 条规定了有限责任公司的异议股东股份回购请求权制度。该回购请求权在民事案件案由体系下，属于与公司有关的纠纷——“请求公司收购股份纠纷”，在《民事案件案由规定》中编号 268。

该权利究竟为请求权（实体法）还是形成权；如为形成权，究竟为单纯形成权还是形成诉权；对应的诉讼为给付之诉，还是形成之诉。实务界与理论界对此观点不一，代理律师拟对此作简要分析。

1．请求权说

部分法官认为，股份回购请求权本质上是公司法为中小股东提供的一种法律救济手段，是股权的派生性权利，将股东收购请求权界定为请求权是恰当的，只不过这是一种法定的请求权。〔1〕也有部分学者认为，股东回购请求权为公司法上的请求权，但区别于民法上的请求权，公司不能援用民法上的抗辩权来阻止其效力。〔2〕

代理律师认为，主张异议股东回购请求权为请求权与目前关于请求权的理论通说存在诸多不一致甚至矛盾之处。

第一，请求权泛指权利人请求特定人为特定给付行为的权利。作为一项私权利，在义务人不依请求履行义务时，请求权人可通过公权力即诉请法院强制对方当事人履行义务，亦可通过私力救济于诉讼外请求履行。而异议股东回购请求权权利人行使权利的方式“仅以诉讼方式而为之”，诉讼是相关

〔1〕 参见虞政平：《公司法案例教学（中）》（第 2 版），人民法院出版社 2018 年版，第 1150 页。

〔2〕 参见甘培忠、刘兰芳主编：《新类型公司诉讼疑难问题研究》，北京大学出版社 2009 年版，第 276－277 页。

权利人主张其权利的唯一方式。[1] 2018 年《公司法》第 74 条第 1 款规定的“对股东会该项决议投反对票的股东可以请求公司按照合理的价格收购其股权”仅仅意味着股东可以与公司就股份收购事宜进行协商谈判，而非行使权利要求公司履行该“请求”义务。该条第 2 款“股东与公司不能达成股权收购协议的，股东可以自股东会决议通过之日起九十日内向人民法院提起诉讼”可以进一步证明上述观点。

第二，民事权利是指权利主体以实现其正当利益为目的而自由行使意志的权利范围。义务是权利的对应物，一方权利的实现是依靠另一方义务的履行。权利规定了自由的范围，而义务则规定了一个人应当应答或者负责的行为。[2] 请求权作为民事权利的一种，自当符合上述定义特征，即请求权人行使权利过程中，尽管需义务人的相应行为与之配合，但期间无须义务人的同意。具体到异议股东回购请求权，如果认为 2018 年《公司法》第 74 条第 1 款规定的异议股东请求公司收购其股权系请求权的行使，根据民事权利的定义，无须取得公司的同意，那么就不应当存在 2018 年《公司法》第 89 条第 2 款所述之公司与异议股东“达成股权收购协议”之协商过程。

第三，请求权系由基础权利而发生，[3] 是一种派生性权利，它必须依赖于一定的基础权利而存在，而异议股东回购请求权并非基于既存的债权或其他物权、人格权、身份权等基础权利而产生。有学者认为其是为了在股东与公司之间创设债权，不同于通常意义上的请求权。[4]

---

〔1〕 参见最高人民法院民事审判第二庭编著：《最高人民法院关于公司法司法解释（一）、（二）理解与适用》，人民法院出版社 2015 年版，第 70 页。

〔2〕 参见江平主编：《民法学》，中国政法大学出版社 2011 年版，第 29 页。

〔3〕 参见王泽鉴：《民法总则》，北京大学出版社 2009 年版，第 102 页。

〔4〕 参见金剑锋等：《公司诉讼的理论与实务问题研究》，人民法院出版社 2008 年版，第 407 页。

第四，按照民法理论分类，依请求权产生的基础关系不同可以分为债权请求权、物权请求权、人格权请求权、亲属请求权以及继承请求权等，[1]而显然异议股东回购请求权不属于上述任意一种请求权。

第五，按照民法理论，大部分请求权受诉讼时效规制，最高人民法院《关于审理民事案件适用诉讼时效制度若干问题的规定》第 1 条更是明确规定“当事人可以对债权请求权提出诉讼时效抗辩”。2013 年《公司法》第 74 条第 2 款规定的 90 日起诉期限显然不属于诉讼时效。目前大部分观点认为该 90 日起诉期限为除斥期间或为商法上特殊的起诉期限。[2]

2．单纯形成权说

还有部分学者认为，异议股东回购请求权是一种单纯形成权，异议股东回购请求权的行使并不需要对方的意思表示，而仅仅需要异议股东发出请求购买的意思即可。[3]也有判决认为异议股东回购请求权是一种单纯形成权，浙江省绍兴市中级人民法院（2021）浙 06 民终 210 号判决书即认为异议股东股份收购请求权是单纯形成权。异议股东行使股份回购请求权属于股东的单方行为，其提出股份回购的请求，无须公司承诺，同时该判决书进一步明确股东请求回购日期为评估基准日。

代理律师认为，异议股东回购请求权是一种单纯形成权的观点与法律规定明显不符。姑且不论将在下文讨论的形成权的性质与特征，2018 年《公司法》第 74 条第 2 款已明确规定该权利需通过向法院提起诉讼行使，而非仅仅需要异议股东向公司发出请求购买的意思即可发生。如前所述 2018 年《公司法》

---

〔1〕 参见朱庆育：《民法总论》，北京大学出版社 2013 年版，第 501 页。

〔2〕 参见最高人民法院民事审判第二庭编著：《最高人民法院关于公司法司法解释（一）、（二）理解与适用》，人民法院出版社 2015 年版，第 60 页。

〔3〕 参见李海龙、邹松生：《论异议股东回购请求权行使规则》，载《西南政法大学学报》2007 年第 2 期。

第 89 条第 1 款的规定仅仅意味着股东可以与公司就股权收购协议进行协商谈判，而非向公司行使权利。

3．代理律师观点——形成诉权

代理律师认为，异议股东股份回购请求权系形成诉权。

根据权利行使方式不同，形成权有单纯形成权与形成诉权之别。若仅依一方意思表示即可行使，为单纯形成权，如追认权、解除权；形成诉权则须依诉行使，旨在约束权利行使行为，同时避免形成行为效力的不确定性。〔1〕但“形成诉权”是“形成权”——而非“诉权”——的下位概念，因而本质上是一种私权。〔2〕

具体到异议股东股份回购请求权，异议股东须通过诉讼方式行使自无异议，也符合“对方受到一个相应的约束，即他必须允许这种形成，以及允许通过这个形成权来中断原来的法律关系，并且还要允许这种做法有效”〔3〕的形成权的基本特征，但该权利是否符合形成权的其他属性尚需进一步讨论。

首先，民法理论通说认为形成权人单方的意思就足以使结果发生，但具体到异议股东股份回购请求权，有观点认为异议股东单方面的意思表示并不能产生股权回购的效力，〔4〕因此认为该请求权不是形成权。代理律师认为，异议股东单方面的意思表示甚至法院的判决，均不能直接产生股权回购的效力，但据此认为异议股东回购请求权不是形成权系对形成权概念的理解错误。形成权的客体是民事法律关系，在这里即股份回购关系。至于该关系确定产生之后所附带的一些权利义务，不能划入形成权中对方所对应的义务。以合

〔1〕 参见朱庆育：《民法总论》，北京大学出版社 2013 年版，第 505 页。

〔2〕 参见刘哲玮：《诉的基础理论与案例研习》，法律出版社 2021 年版，第 36 页。

〔3〕［德］卡尔·拉伦茨：《德国民法通论》，王晓晔等译，法律出版社 2013 年版。

〔4〕 参见虞政平：《公司法案例教学（中）》（第 2 版），人民法院出版社 2018 年版，第 1150 页。

同的撤销权为例，目前学界对于合同撤销权是形成权不存在异议，具有撤销权的合同一方以诉讼的方式行使了撤销权之后，相对的合同另一方也会同时产生返还财产或者赔偿损失等相应的义务，然而此时撤销权已经行使完毕。经过对比可以看出：在异议股东回购请求权中，公司所附有的支付对价的义务并非形成权中的相对义务，这只是形成权在行使完毕后所带来的一种法律上的后果，就像合同撤销后，其中一方也必须返还财产一样，该义务的产生是在形成权行使完毕以后才发生的，并不是形成权行使过程中所对应的义务。〔1〕异议股东股份回购请求权的行使结果是创设了公司收购异议股东股份的法律关系或者赋予了异议股东要求公司收购其股份的权利，在此意义上异议股东股份回购请求权符合形成权的特征。

其次，形成之诉判决无执行力即无须强制执行，形成判决不需要强制执行即可自动发生法律关系变动效果。异议股东股份回购请求权纠纷判决是否具有上述特征？代理律师认为，如前所述，异议股东股份回购请求权纠纷判决作出后，公司收购异议股东股权之股权收购法律关系即自动产生，无须强制执行。至于该股权收购行为的履行则是进一步的问题，涉及异议股东的请求权，与形成诉权没有直接关系。

4．关于异议股东股份回购请求权纠纷的诉讼性质

若异议股东股份回购请求权为形成诉权，对应的诉讼为形成之诉、判决为形成判决，则仍存在疑问的是，异议股东请求公司回购其股份时，法院作出的判决是否仅存在形成权的行使以及判决是否仅为形成判决？

代理律师检索威科先行网站案例后发现，异议股东的诉讼请求除判令公司回购其股份外，均为判令公司支付相应的回购款，还有部分案例为公司支付基准日（股东会决议作出日、公司营业期限届满日、起诉日等）起至实际

〔1〕 参见汪媛媛：《异议股东回购请求权的法律性质探讨》，载《法制与社会》2016年第2期。

履行之日期间的利息。

代理律师认为，正如朱庆育所述，形成之诉一般不具有终局性质，其意义通常在于为之后的给付支付请求铺垫前提。[1]从传统诉讼标的理论实体法说角度来看，异议股东的上述诉讼请求实际上为诉讼的客观合并或请求的合并，对应的判决为形成判决与给付判决的结合，即法院首先作出公司回购异议股东股份这一形成判决，同时进一步作出要求公司履行回购股份义务的给付判决。

5. 形成诉权观点成立的意义——公司不应向异议股东支付基准日至判决生效日或判决明确的支付时间期间的利息

代理律师检索威科先行网站案例后发现，目前司法实践中部分判决支持了异议股东的利息请求；部分法院以法律无明确规定、公司没有过错等理由未支持异议股东的利息请求，但对此均未展开充分的释法说理。

代理律师认为，从异议股东股份回购请求权系形成诉权角度进行分析，公司不应向异议股东支付利息。

首先，异议股东行使形成诉权即股份回购请求权时，该权利自形成判决确定时才发生效力，公司回购义务的形成时间为判决生效时（无论回购的定价基准日为何时），而不是股东会决议作出之日或异议股东要求公司回购之日或其向法院起诉之日。

其次，与异议股东股份回购请求权对应的形成判决的效力不应溯及既往。形成判决能否溯及既往取决于实体法的安排。在实体法未规定的情况下，推定无溯及力更有利于法律关系的安定性。[2]此外从法理上分析，是否让形成

---

〔1〕 参见朱庆育：《民法总论》，北京大学出版社 2013 年版，第 547 页。

〔2〕 参见肖建国、宋史超：《〈民法典〉合同司法解除规则的程序法解读》，载《浙江社会科学》2020 年第 12 期。

判决具有溯及力，须在谋求法律关系的安定要求和彻底实现形成效果的必要性之间平衡。通说认为，只有在需要彻底实现变动效果的情形下，才认可形成判决的溯及力，如否认亲子关系等。与此相反，当只需确实地作出变动效果，且因认可此前法律关系的不变而谋求利害关系人地位安定的必要性更重要时，只要让权利变动的效果面向将来发生即可，如婚姻的撤销、收养的撤销、公司合并无效及设立无效等。[1] 如董某、李某1等与朱某、李某2等公司合并纠纷案［（2012）杭淳商初字第1号］中，法院即认为，合并无效判决对合并期间公司的经营活动没有溯及力，合并后至无效判决生效时的存续公司为事实上的公司，其经营活动只要不违反与该经营相关的法律或行政法规的禁止性规定，仍然有效。

遗憾的是，在前述异议股东请求回购股份案件中，各阶段法院均未就该请求权性质作出深入分析说理，仅结论性认为异议股东回购请求权系形成权，并判决前航公司支付对应利息。

## 相关法条

**《中华人民共和国公司法》（2018年）**

**第三十七条** 股东会行使下列职权：

（一）决定公司的经营方针和投资计划；

（二）选举和更换非由职工代表担任的董事、监事，决定有关董事、监事的报酬事项；

（三）审议批准董事会的报告；

〔1〕 参见［日］新堂幸司：《新民事诉讼法》，林剑锋译，法律出版社2008年版，第154页。

（四）审议批准监事会或者监事的报告；

（五）审议批准公司的年度财务预算方案、决算方案；

（六）审议批准公司的利润分配方案和弥补亏损方案；

（七）对公司增加或者减少注册资本作出决议；

（八）对发行公司债券作出决议；

（九）对公司合并、分立、解散、清算或者变更公司形式作出决议；

（十）修改公司章程；

（十一）公司章程规定的其他职权。

对前款所列事项股东以书面形式一致表示同意的，可以不召开股东会会议，直接作出决定，并由全体股东在决定文件上签名、盖章。

**第七十四条** 有下列情形之一的，对股东会该项决议投反对票的股东可以请求公司按照合理的价格收购其股权：

（一）公司连续五年不向股东分配利润，而公司该五年连续盈利，并且符合本法规定的分配利润条件的；

（二）公司合并、分立、转让主要财产的；

（三）公司章程规定的营业期限届满或者章程规定的其他解散事由出现，股东会会议通过决议修改章程使公司存续的。

自股东会会议决议通过之日起六十日内，股东与公司不能达成股权收购协议的，股东可以自股东会会议决议通过之日起九十日内向人民法院提起诉讼。

**《中华人民共和国公司法》**

**第五十九条** 股东会行使下列职权：

（一）选举和更换董事、监事，决定有关董事、监事的报酬事项；

（二）审议批准董事会的报告；

（三）审议批准监事会的报告；

（四）审议批准公司的利润分配方案和弥补亏损方案；

（五）对公司增加或者减少注册资本作出决议；

（六）对发行公司债券作出决议；

（七）对公司合并、分立、解散、清算或者变更公司形式作出决议；

（八）修改公司章程；

（九）公司章程规定的其他职权。

股东会可以授权董事会对发行公司债券作出决议。

对本条第一款所列事项股东以书面形式一致表示同意的，可以不召开股东会会议，直接作出决定，并由全体股东在决定文件上签名或者盖章。

**第八十九条** 有下列情形之一的，对股东会该项决议投反对票的股东可以请求公司按照合理的价格收购其股权：

（一）公司连续五年不向股东分配利润，而公司该五年连续盈利，并且符合本法规定的分配利润条件；

（二）公司合并、分立、转让主要财产；

（三）公司章程规定的营业期限届满或者章程规定的其他解散事由出现，股东会通过决议修改章程使公司存续。

自股东会决议作出之日起六十日内，股东与公司不能达成股权收购协议的，股东可以自股东会决议作出之日起九十日内向人民法院提起诉讼。

公司的控股股东滥用股东权利，严重损害公司或者其他股东利益的，其他股东有权请求公司按照合理的价格收购其股权。

公司因本条第一款、第三款规定的情形收购的本公司股权，应当在六个月内依法转让或者注销。

**《最高人民法院关于适用〈中华人民共和国公司法〉若干问题的规定（四）》**

**第五条** 股东会或者股东大会、董事会决议存在下列情形之一，当事人主张决议不成立的，人民法院应当予以支持：

（一）公司未召开会议的，但依据公司法第三十七条第二款或者公司章程规定可以不召开股东会或者股东大会而直接作出决定，并由全体股东在决定文件上签名、盖章的除外；

（二）会议未对决议事项进行表决的；

（三）出席会议的人数或者股东所持表决权不符合公司法或者公司章程规定的；

（四）会议的表决结果未达到公司法或者公司章程规定的通过比例的；

（五）导致决议不成立的其他情形。

**自我思考**

# App收购中的法律风险分析

胡胜训 ◎

## 律师办案笔记

在收购App过程中除在常规收购项目中需注意和防范的法律风险和要点外，基于App收购的特殊性，其中还有一些需特别注意的法律风险和操作要点，包括：（1）App运营的资质是否齐全，收购主体运营是否受到外商投资限制；（2）基于App的计算机软件属性，转让过程可能涉及计算机软件著作权、App图形用户界面（UI）的外观设计以及App绑定域名转让事宜；（3）根据《网络安全法》及《App违法违规收集使用个人信息行为认定方法》的规定，完成App用户个人信息保护及迁移工作；（4）审查App运营主体签署的相关业务合同中是否有比较苛刻的条款或者潜在的法律风险，保障App业务在交割后的持续运营；（5）为防止潜在的不正当竞争或侵犯被收购方商业秘密的法律风险，收购方可根据需要雇佣被收购方聘用的部分与收购业务有关的人员，便于收购完成后业务的顺利进行。承办律师根据2020年参与的某App收购项目法律服务的经历，将个人认为前述比较重要的法律要点进行分享。

## 行业背景

App是手机应用程序（Application）的英文简称。随着智能手机的普及以及4G时代甚至5G时代的到来，App作为智能手机的触手，为用户提供了多种的生活、工作和娱乐方式，随之而来的是市场上近年来针对 App 的收购频率也越来越高。无论是直接收购 App 还是收购 App 运营主体（如“阿里”收购“饿了么”的运营主体上海拉扎斯信息科技有限公司、“美团”收购“摩拜单车”的运营主体北京摩拜科技有限公司等），本质上都是一项收购行为。

## 项目简介

2020 年某深圳科技服务有限公司收购某公司旗下 App 平台、公众号相关知识产权、业务及资产法律服务。本交易为资产收购交易，但资产均为无形资产，买方通过收购卖方控制的微信公众号及 App 所有权，从而获得相应业务以及客户关系。买方在本交易中开创性地在不收购项目运营主体的前提下，合法合规地实现了对相应客户关系及业务数据的控制。

## 服务内容

近年来市场上针对 App 的收购频率越来越高，在处理该等收购业务的过程中除在常规收购项目中需注意和防范的法律风险和要点外，基于 App 收购的特殊性，其中还有一些需特别注意的法律风险和操作要点，以便防范 App 收购中的法律风险及保障收购后的业务延续性。

App 收购包含以 App 为对象进行的资产收购以及针对 App 运营主体进行的股权收购两种情形，而无论以何种形式完成的收购，均需要考虑以下 5 项特殊的法律风险。

就前述 App 收购的法律风险逐项分析如下：

### （一）收购主体的选择

对于收购主体的关注主要是在外商投资准入限制方面，如果拟收购的

App 提供的服务或功能涉及增值电信业务，则根据《电信条例》、《电信业务经营许可管理办法》以及《互联网信息服务管理办法》的规定，App/ 网站运营主体需取得增值电信业务经营许可证。而根据我国在加入世界贸易组织时的入世承诺以及《外商投资准入特别管理措施（负面清单）》的规定，国内目前对于外商投资增值电信业务还保留部分限制。同时，因《内地与港澳关于建立更紧密经贸关系的安排》（CEPA）的签署，目前监管对于中国香港地区、澳门地区投资者从事增值电信业务的限制不同于其他外国投资者。因此在拟收购某一 App 前，需通过查阅平台公示的证照以及对 App/ 网站运营主体经营业务的识别和理解，比对《电信业务分类目录》的业务类型，确认该 App 从事的业务是否需要取得增值电信业务经营许可证及需取得的具体许可证分类。该项事前工作一方面便于确认收购主体如果为外资主体时能否继续推进收购，或者在存在外资限制时，及时决定是否需调整交易结构，改由内资主体进行收购；另一方面也能对拟收购 App 运营主体是否已取得经营业务所必需的行政许可进行初步确认，以确保在收购初期就可以发现交易对手及拟收购资产的合规经营风险。

具体到不同增值电信业务的外资准入限制，承办律师根据上述法律法规并根据《电信业务分类目录》中对不同增值电信业务的分类和定义，对外商从事增值电信业务做了以下整理（见表 1），供读者参考。

**表 1　外商从事增值电信业务**

| 许可证类型 | 业务类型 | 外资股比 | 政策类型 | 限制 | 代表企业或网站 |
|---|---|---|---|---|---|
| IDC[①]证（包括仅含传统 IDC、仅含 IRCS[②]和含 IRCS 三种类型） | B11 互联网数据中心业务 | ≤ 50% | 入世承诺、CEPA | — | 百度云盘、阿里云、源讯云（Atos） |

续表

| 许可证类型 | 业务类型 | 外资股比 | 政策类型 | 限制 | 代表企业或网站 |
| --- | --- | --- | --- | --- | --- |
| CDN③证 | B12 内容分发网络业务 | ≤ 50% | 入世承诺、CEPA | — | 杭州奥点科技股份有限公司、深圳市英达通信技术有限公司 |
| IP-VPN④ | B13 国内互联网虚拟专用网业务 | ≤ 50% | 入世承诺、CEPA | — | 美国电信、恒联讯达（北京）通信技术有限公司 |
| ISP⑤ | B14 互联网接入服务业务（为上网用户提供互联网接入服务） | 不设限制 | CEPA、上海自由贸易试验区定点规范政策 | 适用上海自由贸易试验区定点规范政策的外资企业注册地及服务设施须设在试验区内，且服务范围须设定在试验区内 | 英国电信、杭州拿云信息技术有限公司 |
| | | ≤ 50% | 入世承诺 | | |
| | B14 互联网接入服务业务［为互联网信息服务业务（ICP）经营者等利用互联网从事信息内容提供。网上交易、在线应用等提供接入互联网的服务］ | ≤ 50% | 入世承诺、CEPA | — | |
| EDI⑥ | B21 在线数据及交易处理业务（经营类电子商务） | 不设限制 | 入世承诺、CEPA、《外商投资准入特别管理措施（负面清单）》 | — | 淘宝、天猫、京东、大众点评、小红书、饿了么、美团外卖、支付宝 |
| | B21 在线数据及交易处理业务（交易处理业务、电子数据交换业务、网络/电子设备数据处理业务，经营类电子商务除外） | ≤ 50% | 入世承诺、CEPA | — | |

续表

<table>
<tr><th>许可证类型</th><th colspan="2">业务类型</th><th>外资股比</th><th>政策类型</th><th>限制</th><th>代表企业或网站</th></tr>
<tr><td>国内多方通信服务业务许可证</td><td colspan="2">B22 国内多方通信服务业务</td><td>不设限制</td><td>入世承诺、CEPA、《外商投资准入特别管理措施（负面清单）》</td><td>—</td><td>腾讯会议、钉钉</td></tr>
<tr><td>存储转发类业务许可证</td><td colspan="2">B23 存储转发类业务</td><td>不设限制</td><td>入世承诺、CEPA、《外商投资准入特别管理措施（负面清单）》</td><td>—</td><td>—</td></tr>
<tr><td>呼叫中心业务许可证</td><td colspan="2">B24 呼叫中心业务</td><td>不设限制</td><td>入世承诺、CEPA、《外商投资准入特别管理措施（负面清单）》</td><td>—</td><td>—</td></tr>
<tr><td rowspan="2">ICP[7]证（仅限互联网）、SP[8]证（不含互联网）</td><td colspan="2" rowspan="2">B25 信息服务业务（应用商店）</td><td>不设限制</td><td>CEPA、上海自由贸易试验区定点规范政策</td><td>适用上海自由贸易试验区定点规范政策的外资企业注册地及服务设施须设在试验区内，且服务范围须设定在试验区内</td><td rowspan="2">应用宝</td></tr>
<tr><td>≤ 50%</td><td>入世承诺</td><td>—</td></tr>
<tr><td rowspan="5">ICP 证（仅限互联网）、SP 证（不含互联网）</td><td rowspan="5">B25 信息服务业务（应用商店、信息搜索查询服务除外）</td><td>信息发送平台和递送服务</td><td rowspan="5">≤ 50%</td><td rowspan="5">入世承诺、CEPA</td><td rowspan="5">—</td><td>腾讯门户网站、搜狐门户网站</td></tr>
<tr><td>信息搜索查询服务</td><td>百度、搜狗搜索</td></tr>
<tr><td>信息社区平台服务</td><td>豆瓣、知乎</td></tr>
<tr><td>信息即时交互服务</td><td>微信、QQ</td></tr>
<tr><td>信息保护和处理服务</td><td>腾讯管家、金山杀毒、360 安全卫士</td></tr>
</table>

续表

| 许可证类型 | 业务类型 | 外资股比 | 政策类型 | 限制 | 代表企业或网站 |
|---|---|---|---|---|---|
| 编码和规程转换业务许可证 | B26 编码和规程转换业务 | ≤ 50% | 入世承诺 | — | — |

① IDC 为互联网数据中心（Internet Data Center）；

② IRCS 为互联网资源协作服务（Internet Resource Collaboration Service）；

③ CDN 为内容分发网络（Content Delivery Network）；

④ IP-VPN 为因特网虚拟专用网（Virtual Private Network）；

⑤ ISP 为网络业务提供商（Internet Service Provider）；

⑥ EDI 为电子数据交换（Electronic Data Interchange）；

⑦ ICP 为网络内容服务商（Internet Content Provider）；

⑧ SP 为移动互联网服务内容应用服务的直接提供者（Service Provider）。

### （二）App 收购中的知识产权转让问题

App 实质上还是一款计算机软件，而一款计算机软件被开发出来后，根据《著作权法》第 2 条的规定开发者即享有著作权。此外，一款 App 中还可能涉及 App 图形用户界面（UI）的外观设计、App 界面的美术设计著作权、计算机代码的商业秘密甚至与 App 相关的发明专利权。在具体实践中，因 App 功能的差异和开发的具体方式过程不同，前述权利是否均存在或权属是否明晰，需要在尽职调查过程中根据具体情况确认。

1．计算机软件著作权

如果 App 运营主体已就 App 申请了著作权登记，则需要求运营主体提供相应的著作权登记证书原件，并核查其权利取得类型，若非原始取得，则应该要求运营主体出示相关的著作权转让协议以及对价支付凭证；如果运营主体未就拟出售 App 申请著作权登记，则需分以下情形讨论：

（1）如果 App 为运营主体自行开发，则需确认相应开发人员为运营主体聘用的具有正式劳动关系或劳务关系的人员，并根据运营主体提供的开发人员名单及这些人员的劳动合同或劳务协议以确认拟收购 App 为前述开发人员的职务作品，以防范潜在的权属争议。

（2）如果 App 为委托第三方开发，则需要求运营主体提供相应的《App 委托开发协议》、App 源代码及需求文档等材料的交付记录以及费用支付凭证，在此种情形下，建议同时由收购方业务及技术人员查看前述材料，以确认真实性。

另外，从谨慎的角度，即使 App 运营主体提供了软件著作权登记证书，确认拟收购 App 软件著作权为其运营主体原始取得，前述的核查在尽职调查过程中仍有必要开展。

2．App 图形用户界面（UI）的外观设计

因收购一款 App 是完整收购，不仅仅是软件著作权的转让，因此在正式的收购协议或类似协议中，不仅需要明确著作权的转让，还需明确 App 图形用户界面（UI）的外观设计成果上的相应权利一并转让，这时就涉及 App 运营主体是否就 App 图形用户界面（UI）的外观设计申请了外观设计专利问题。早在国家知识产权局《关于修改〈专利审查指南〉的决定》（局令第 68 号）的规定中就明确了计算机软件的图形用户界面（UI）的产品外观可以申请外观设计专利，《专利审查指南》（2023 年修订）同样予以明确。因此若 App 运营主体已就 App 图形用户界面（UI）的产品外观申请了外观设计专利，需在收购协议或类似协议中明确该等专利权利一并转让；若运营主体未申请外观设计专利，则需要在收购协议或类似协议中明确 App 图形用户界面（UI）的产品外观全部权利一并转让。

3．App 绑定域名转让事宜

很多 App 的运营主体仅开发了 App 并未同时开发对应网站，因此在收购

时不存在对应网站的转让或处理工作。但是任何一款 App 的发布以及联网使用，均需要绑定一个网站域名，因此在收购 App 时需确认该款 App 绑定的对应域名并前往中华人民共和国工业和信息化部网站查询确认，同时确认该网站域名的费用支付情况。而对于网站域名是否同时转让的问题，亦需在收购协议或类似协议中明确，若不随 App 一并转让，收购方需给自己留出足够的过渡和更换新域名的时间。

（三）用户个人信息保护及迁移问题

近年来，随着《网络安全法》、《电信和互联网用户个人信息保护规定》的出台以及《信息安全技术 个人信息安全规范》的公布，电信和网络用户的个人信息保护日益得到重视。《网络安全法》第 42 条第 1 款明确规定，“未经被收集者同意，不得向他人提供个人信息。但是，经过处理无法识别特定个人且不能复原的除外”。

针对 App 用户个人信息保护事项，中华人民共和国工业和信息化部还与其他部门联合开展了 App 违法违规收集使用个人信息专项治理活动并发布了《App 违法违规收集使用个人信息行为认定方法》。用户对于 App 的运营是至关重要的，其信息也是未来业务开展的基础，因此，App 收购中，App 用户个人信息的迁移及保护在 App 收购中是需要高度重视并需要收购方与被收购方双方提前协商配合制定方案完成的工作。

为防范违法转让用户个人信息的法律风险，需明确用户个人信息的范围，其定义在《网络安全法》第 76 条第 5 项已得到明确。因此只有在明确定义后，才能够确认拟收购的 App 在向用户提供服务时是否收集并保存了用户个人信息，若有，则在收购中需制定方案，合法地实现用户信息的转让。根据《App 违法违规收集使用个人信息行为认定方法》的规定，属于“未经同意向他人提供个人信息”的情形有：

（1）既未经用户同意，也未做匿名化处理，App客户端直接向第三方提供个人信息，包括通过客户端嵌入的第三方代码、插件等方式向第三方提供个人信息。

（2）既未经用户同意，也未做匿名化处理，数据传输至App后台服务器后，向第三方提供其收集的个人信息。

（3）App接入第三方应用，未经用户同意，向第三方应用提供个人信息。

根据上述规定，在收购App时，若未经用户同意，直接将用户向App原运营主体提交的个人信息转让给收购方且未做匿名处理的行为，应当属于违法转让用户个人信息。

同时，《信息安全技术 个人信息安全规范》的“收购、兼并、重组、破产时的个人信息转让”一节也明确了当发生收购、兼并、重组或破产等情形导致用户个人信息控制者拟发生变更时，变更前的个人信息控制者需将相关情况告知用户，并要求变更后的个人信息控制者应继续履行原个人信息控制者的责任和义务。在该规范中，并未明确要求变更前的个人信息控制者应在取得用户明确授权同意后再转让用户个人信息，而仅要求变更后的个人信息控制者履行原有的使用和保存承诺，并在变更使用目的时重新取得用户同意。

但仅仅是通知并不能完全防范在用户个人信息转让过程中的潜在法律风险，理由如下：

（1）从效力层级来看，《网络安全法》为法律，《App违法违规收集使用个人信息行为认定方法》为规范性文件，《信息安全技术 个人信息安全规范》为国家标准化管理委员会制定的推荐性国家标准。法律与规范性文件具有强制约束力，而推荐性国家标准则不具有强制约束力。

（2）在目前行政监管对App用户个人信息收集、使用监管趋严的态势下，若拟收购的App涉及大量用户个人信息的转让，则建议仍应事前取得用户的明确同意。

具体到实际操作的方案，需收购方在尽职调查阶段即核查拟收购App中的用户协议或类似协议以及隐私权政策，查看其中是否有关于在收购、兼并或重组等情形下以通知形式告知用户并转让用户信息的条款，若有，则认为用户同意了前述内容，即可以视为用户事先明确同意并授权在发生收购、兼并、重组或破产等情形时App运营主体可在明确通知后转让用户个人信息给收购方；若无，则需以App内弹窗、邮件、短信或客服电话方式向用户获得明确授权同意，该项工作须在收购交割前完成，否则未获得用户明确授权同意的个人信息不得转让。因此，在收购工作推进到中后期，双方已在主要事项上达成一致时，收购方即应要求App运营主体主动通过前述各种方式获取用户关于在本次收购交割时一并转让其个人信息的同意。同时，为保证收购目的的基本实现、收购完成后的App主要价值还存在，收购方可在对价支付上进行控制，保证大部分收购对价支付前，关于App的大部分活跃用户个人信息的转让已获得用户明确同意。

### （四）交割及交割后的运营相关问题

由于是一款计算机软件作品的转让，因此在收购协议或类似协议中，交割内容的起草应当与收购方业务人员及技术人员配合，且应当以业务人员及技术人员提供的信息为主，将App转让涉及的资产都放入交割内容，在交割日由双方交割人员逐项确认。同时App的收购往往伴随业务的收购，因此收购标的可能包括知识产权或使用许可、业务记录、财务数据、合同、与业务相关的信息技术系统、债权及债务、经营与本次收购相关业务所要求或所需的其他资产以及除外资产和负债等，因涉及内容较多且为交易的核心内容，建议由业务部门、财务部门、法务部门及外部律师等逐一检查确定后作为协议附件。

另外，App的转让除用户的迁移至关重要外，业务关系的转移也很重要，因此，在前期谈判的时候，收购方就应当提出将业务关系的转移也放进收购内容之中。否则，仅有用户的转移并不能使App转让后的业务正常运转。在收购完成后，收购方还需要花费大量精力和成本去寻找供应商或者与App此前的供应商洽谈续约问题，甚至存在个别供应商不同意转让的情形，这样一来将会使业务衔接过渡变得十分困难。因此，在确定收购意向后，就应当将业务或者现有合同关系的转移放入收购内容之中（约定排除的业务除外），尽职调查时也应当确定App运营主体签署的相关业务合同中是否有比较苛刻的条款或者潜在法律风险，若有，应当要求App运营主体协调与该等合同的对方主体重新谈判，并达成相对公平的业务合同。

交割后可能整体收购工作还未全部完成，但是App运营主体已经成为收购方了，因此对于收购方来说，此时首先需要完成的工作就是要求App用户确认收购方重新发布的用户协议或类似协议，在App用户与收购方之间建立起相应的法律关系，同时从合规的角度，建议收购方对于此前的App运营主体发布的隐私权政策或其他App内的协议或规则进行完整审查和修改，特别是隐私权政策的内容，应当按照《网络安全法》、《电信和互联网用户个人信息保护规定》以及《信息安全技术 个人信息安全规范》的要求进行调整和修改。

### （五）人员问题

在资产收购模式下，由于卖方相关人员劳动关系并不在收购范围内，为便于收购完成后业务的顺利进行，并防止潜在的不正当竞争或侵犯被收购方商业秘密的法律风险，收购协议中可根据需要约定收购方雇佣被收购方所聘用的部分与收购业务有关的人员，并将拟聘用人员名单以表格形式列明且要求被收购方确认。

此外，收购过程中的过渡期可能较长，其间为便于业务的平稳过渡及交割，收购协议中可约定在交割前由被收购方聘用一些收购方指定的人员，在收购期间被收购方应向上述人员提供必要的信息、文件和协助，以便其能熟悉、监督卖方的业务开展。交割完成后再由收购方聘用上述人员。

## 相关法条

**《中华人民共和国电信条例》**

**第七条** 国家对电信业务经营按照电信业务分类，实行许可制度。

经营电信业务，必须依照本条例的规定取得国务院信息产业主管部门或者省、自治区、直辖市电信管理机构颁发的电信业务经营许可证。

未取得电信业务经营许可证，任何组织或者个人不得从事电信业务经营活动。

**《电信业务经营许可管理办法》**

**第四条** 经营电信业务，应当依法取得电信管理机构颁发的经营许可证。

电信业务经营者在电信业务经营活动中，应当遵守经营许可证的规定，接受、配合电信管理机构的监督管理。

电信业务经营者按照经营许可证的规定经营电信业务受法律保护。

**《互联网信息服务管理办法》**

**第四条** 国家对经营性互联网信息服务实行许可制度；对非经营性互联

网信息服务实行备案制度。

未取得许可或者未履行备案手续的，不得从事互联网信息服务。

**《外商投资准入特别管理措施（负面清单）》**

六、信息传输、软件和信息技术服务业

**12** 电信公司：限于中国入世承诺开放的电信业务，增值电信业务的外资股比不超过50%（电子商务、国内多方通信、存储转发类、呼叫中心除外），基础电信业务须由中方控股。

**《中华人民共和国网络安全法》**

**第四十二条** 网络运营者不得泄露、篡改、毁损其收集的个人信息；未经被收集者同意，不得向他人提供个人信息。但是，经过处理无法识别特定个人且不能复原的除外。

网络运营者应当采取技术措施和其他必要措施，确保其收集的个人信息安全，防止信息泄露、毁损、丢失。在发生或者可能发生个人信息泄露、毁损、丢失的情况时，应当立即采取补救措施，按照规定及时告知用户并向有关主管部门报告。

**《电信和互联网用户个人信息保护规定》**

**第九条** 未经用户同意，电信业务经营者、互联网信息服务提供者不得收集、使用用户个人信息。

电信业务经营者、互联网信息服务提供者收集、使用用户个人信息的，应当明确告知用户收集、使用信息的目的、方式和范围，查询、更正信息的渠道以及拒绝提供信息的后果等事项。

电信业务经营者、互联网信息服务提供者不得收集其提供服务所必需以外的用户个人信息或者将信息用于提供服务之外的目的，不得以欺骗、误导或者强迫等方式或者违反法律、行政法规以及双方的约定收集、使用信息。

电信业务经营者、互联网信息服务提供者在用户终止使用电信服务或者互联网信息服务后，应当停止对用户个人信息的收集和使用，并为用户提供注销号码或者账号的服务。

法律、行政法规对本条第一款至第四款规定的情形另有规定的，从其规定。

**自我思考**

# 企业多轮融资过程中的大合规和公司治理

黄少力　顾绍宇 ◎

## 律师办案笔记

企业投融资目的是通过投资融资活动，壮大企业实力，实现企业更大效益。合理的投融资行为可以实现企业资源的最优化配置，而律师在整个投融资过程中扮演着十分重要的角色，为企业提供多元化和切实可行的解决方案。在新的经济金融环境下，投融资业务日益走向专业化，这要求律师必须具有较强的投融资知识和行业研究能力，从而熟练驾驭投融资业务。本案承办律师通过对汽车芯片行业的研究，结合A公司实际情况，在融资过程中很好地帮助了A公司及其创始团队争取利益。

本案多轮融资中律师工作的内容大体分为七个部分：（1）融资前准备工作；（2）全面摸排公司业务；（3）拟定和审核交易文件；（4）搭建股权结构；（5）制定股权激励计划；（6）税务迁移；（7）协助商业谈判。

在与投资方及其专业机构的数十轮谈判过程中，除法律专业能力之外，本案承办律师还展现了过硬的项目管理能力和商业落地能力，在为客户争取利益最大化的同时积极促成了交易的完成，提供了多元化的灵活解决方案，不仅获得了客户的信赖，也获得了相关各方的认可。本案承办律师真正做到了为企业保驾护航，并将继续为公司在接下来的融资和发展过程中提供法律服务，为中国汽车芯片事业贡献自己的力量。

## 行业背景

### （一）汽车自动驾驶的技术需求不断上升

随着5G时代的来临，智能汽车技术的不断创新，自动驾驶技术日益成熟，汽车共享等新的商业模式为智能汽车带来了更广泛的应用前景。《中国制造2025》对智能网联汽车提出了明确的发展目标，即到2025年掌握自动驾驶总体技术及各项关键技术，建立较完善的智能网联汽车自主研发体系、生产配套体系及产业群，基本完成汽车产业转型升级。和新能源汽车一样，自动驾驶技术及智能网联汽车如今已达到国家战略的高度。

为了实现交通强国的战略目标，抓住新时代汽车产业变革的机会，满足人民日益增长的美好生活需要，国家出台智能汽车创新驱动发展战略等相关政策，鼓励支持智能汽车行业的发展。随着基础技术快速更新，汽车智能化技术体系发展愈加完善，智能汽车的发展有望超过预期。

### （二）国家政策鼓励集成电路行业尤其是汽车芯片行业发展

集成电路行业作为国民经济发展的基础性、关键性和战略性的产业，已经上升到国家战略高度，我国已相继出台多项政策支持集成电路产业发展。

2020年2月，国家发展改革委等11部委联合发布《智能汽车创新发展战略》，明确提出突破智能计算平台以及车规级芯片等关键技术。2020年7月，国务院印发《新时期促进集成电路产业和软件产业高质量发展的若干政策》（国发〔2020〕8号），加大对本土集成电路产业的支持。2020年10月，国务院办公厅发布的《新能源汽车产业发展规划（2021–2035年）》，明确提出突破车规级芯片、车用操作系统、新型电子电气架构、高效高密度驱动电机系统等关键技术和产品作为新能源汽车核心技术攻关工程的一部分。

（三）汽车电子行业高速发展

近年来，在汽车电动化、智能化和网联化的趋势推动下，单车汽车电子元件价值量得到提升，从而带动车规级半导体行业增速高于整车销量增速，汽车电子市场规模迅速攀升。随着新能源汽车渗透率逐步提高，汽车电子成本占整车成本比重也将不断提升。

根据中商产业研究院数据，2020 年汽车电子成本占整车成本比例为 34.32%，至 2030 年有望达到 49.55%；而根据赛迪智库统计，乘用车汽车电子成本在整车成本中占比从 20 世纪 80 年代的 3% 已增至 2015 年的 40% 左右，预计 2025 年有望达到 60%。根据 Omdia 的统计，2019 年全球车规级半导体市场规模约 412 亿美元，预计 2025 年将达到 804 亿美元；2019 年中国车规级半导体市场规模约 112 亿美元，占全球市场比重约 27.2%，预计 2025 年将达到 216 亿美元。

## 项目简介

汽车智能化趋势下，芯片的需求暴增，大算力芯片的需求日益迫切。为了解决自动驾驶和智能座舱中的芯片痛点问题，某大型集团出资设立 A 公司。A 公司专注于车规级大算力芯片设计，主要从事汽车可调式避震系统 / 高级驾驶辅助系统（ADS/ADAS）、智能座舱芯片研发，以领先的芯片设计能力和人工智能算法为智能汽车行业提供以高性能芯片为基础的解决方案，致力于通过底层技术赋能，推动汽车产业的创新发展。

A 公司从成立之初便在全球快速布局自动驾驶研发中心，组建汇聚尖端芯片设计、解决方案开发、市场开拓等领域和汽车行业专业人才队伍，与数家头部主机厂及系统集成商达成合作，并在不到一年内完成种子轮、天使轮、天使+轮和Pre-A轮四轮融资，获得多家知名投资机构的数亿元投资。公司融集资金将用于国际化半导体人才引进、国产芯片产品研发与技术落地、市场拓展和提升客户体验，深化管理公司全球化布局。

## 服务内容

（一）融资前准备工作

就融资项目而言，并不只是帮助公司获得一笔资金支持，项目参与各方必须充分了解投资机构期望获得的投资回报，且在不同的投资方式下，投资人对被投公司的经营享有不同程度的管理与干预的权利。因此，为了帮助A公司顺利获得投资方的青睐与融资机会，维护A公司及其创始团队的核心利益，承办律师积极协助A公司做好融资前的准备工作。在提供专业法律服务和协助，公司进行商业谈判之前，承办律师对公司及其创始团队的优势和稳定性进行了充分的分析，深入研究了大算力芯片行业的特点、背景和前景。

（二）全面摸排公司业务

为了更好地协助A公司进行项目融资，承办律师从全面合规视角出发，深入分析A公司及其创始团队的商业模式创新、新产品或新服务能否被目标市场接受，是否有法律或政策上的风险。其中，创新服务或产品的合法合规性关乎投资方的资金安全与法律责任，也是投资方在尽调过程中关注的重点问题。例如，民事方面是否存在核心成员与前雇主的劳动争议、知识产权争议与侵权纠纷，是否涉及数据合规风险以及是否存在其他合规风险等。如果已存在相应诉讼或仲裁案件纠纷，投资方可能会要求融资企业给出解决方案。

因此，承办律师通过了解公司的基本情况、业务及相关协议、资产和财产权利、债权债务信息、诉讼及争议信息、管理层和员工信息，从法律视角对相关材料、信息进行甄别、分析，明确法律风险和法律问题，事先对A公司可能面临的民事、行政、刑事风险进行了解与预判，大大消减了后续阶段投资方的投资疑虑，提升了公司的融资估值。

（三）拟定和审核交易文件

承办律师凭借多年积累的丰富投融资项目经验以及快速深入的专业研究和服务能力，依据相关法律法规起草、审阅相关交易文件并提供专业的法律意见，涉及投资协议、股东协议、公司章程、合伙协议、员工持股计划、代持协议、一致行动人协议、退出机制协议、董事会和股东会议案和决议等。其中，公司与投资方之间签署的投资协议是双方法律责任义务的重要依据，投融资协议的基本要素包括：投资金额、购买价格、交割条件、过渡期安排、公司治理、估值调整、退出机制条款等。由于项目投资期限较长，只有投资方与融资方对特殊条款的意思表示达成一致，充分理解特殊条款的实质内容和产生的法律后果，才能有利于各方诚实守信地更好地履行合同条款，防止后续纠纷的发生。因此，在拟定和审阅投资协议过程中，承办律师重点关注特殊条款的合规性，在股东优先权条款、反稀释条款、出售权条款、估值调整和退出机制条款等方面提出了专业意见，为本项目融资提供法律保障。

（四）搭建股权结构

股权是股东基于其股东资格而享有的从公司获得经济利益并参与公司经营管理的权利。股权比例的大小将影响持有者对公司的控制权及分红权的行使。而股权架构作为公司治理结构的基础，是公司发展运营的核心系统，决定了公司组织结构，从而决定了不同的公司治理结构，最终对公司的长期发展产生深远影响。持股平台是指在主体公司外设置特殊目的公司，以实现间接持有主体公司股权的目的。通过持股平台的设立，可以有效分离股权的财产权及控制权，从而满足不同公司发展战略及商业目的。在股权架构中，持股平台是企业家在通过分享股权进一步扩大企业规模，增强企业实力时，不得不考虑的一环。而不同持股平台的选择，需结合持股平台本身的特点及公司的商业发展方向等各种因素综合确定。合理的股权架构是公司发展的经济基础和持续发展的基础保障，为了更好地保障A公司及其创始团队对公司运营管理的控制权，向投资方展示A公司股权架构的合理性，承办律师协助A公司搭建和调整了股权架构，成立了管理层持股平台和员工持股平台。一方面，为了防止高管和核心员工的持股变化，将其置于持股平台中可使公司股权保持稳定；另一方面，持股平台的控制权由创始人掌握，可以保持其对公司的控制，有利于A公司创始团队实现对A公司运营管理的实际控制。

（五）制定股权激励计划

股权激励，是公司为激励和留住董事、高管、核心管理人员和核心技术（业务）人才的长期激励机制，主要是通过给予核心员工股票的形式，使其具有公司股东的身份，同时参与股息的分配，从而与公司形成利益共同体，促进公司和员工、激励对象共同成长。股权激励不仅能有效提高经营者的责任感，还能帮助公司实现稳定发展。承办律师通过对A公司股权结构和实际经营状况进行分析，针对性地为A公司制定了能够适应汽车芯片企业长期发展的股权激励计划并提供了合规建议。一方面，通过实施股权激励，被激励对象有偿获得公司股权，亦为公司注入资金，使公司维持充裕的现金流，有利于公司持续经营，使投资方增强对公司及团队的信心，有利于公司估值和融资；另一方面，股权激励的实施调动了员工的长期热情，激发了其主动性和创造力，不仅能够留住高素质的管理和技术人员，还能吸引更多优秀人才，提升公司的竞争力。

（六）税务迁移

为了更好地实现汽车产业发展的上下游联动，A公司拟进行迁址。根据《税收征收管理法实施细则》第15条第2款的规定，纳税人因住所、经营地点变动，涉及改变税务登记机关的，应当在向市场监督管理机关或者其他机关申请办理变更或者注销登记前或者住所、经营地点变动前，向原税务登记机关申报办理注销税务登记，并在30日内向迁达地税务机关申报办理税务登记。而此前，国家税务总局出具的《关于优化若干税收征管服务事项的通知》（税总征科发〔2022〕87号），提到优化跨省迁移税费服务流程：

（1）优化迁出流程。纳税人跨省迁移的，在市场监管部门办结住所变更登记后，向迁出地主管税务机关填报跨省（市）迁移涉税事项报告表。对未处于税务检查状态，已缴销发票和税控设备，已结清税（费）款、滞纳金及罚款，以及不存在其他未办结涉税事项的纳税人，税务机关出具跨省（市）迁移税收征管信息确认表，告知纳税人在迁入地承继、延续享受的相关资质权益等信息，以及在规定时限内履行纳税申报义务。经纳税人确认后，税务机关即时办结迁出手续，有关信息推送至迁入地税务机关。（2）优化迁入流程。迁入地主管税务机关应当在接收到纳税人信息后的一个工作日内完成主管税务科所分配、税（费）种认定并提醒纳税人在迁入地按规定期限进行纳税申报。（3）明确有关事项。纳税人下列信息在迁入地承继：纳税人基础登记、财务会计制度备案、办税人员实名采集、增值税一般纳税人登记、增值税发票票种核定、增值税专用发票最高开票限额、增值税即征即退资格、出口退（免）税备案、已产生的纳税信用评价等信息。纳税人迁移前预缴税款，可在迁入地继续按规定抵缴；企业所得税、个人所得税尚未弥补的亏损，可在迁入地继续按规定弥补；尚未抵扣的增值税进项税额，可在迁入地继续按规定抵扣，无须申请开具增值税一般纳税人迁移进项税额转移单。

此前，相关文件规定纳税信用等级为M级的纳税人不可以跨省迁移，只有A、B级可以迁移，而根据《关于优化若干税收征管服务事项的通知》的规定，并未强调纳税信用等级，是否意味着M级纳税人也可以进行税务跨省迁移，这在实践中还需打一个问号。针对A公司迁址带来的跨省税务迁移实务问题，承办律师凭借多年税务实务工作经验，一一梳理排除迁移过程中的各项税务风险，多次与迁出地和迁入地税务局沟通，顺利保障A公司以最快的时间完成税务迁移。

### （七）协助商业谈判

承办律师全流程介入客户的融资过程，深入了解大算力芯片行业特点以及各投资机构偏好，积极参与或主导客户与投机机构及中介机构之间数十次商业谈判，将行业化与专业化相结合，给出适合企业实际需求且符合商业逻辑的解决方案，受到客户和投资方的一致认可。在每一次商业谈判前，承办律师积极筹备，明确谈判主题，搜集背景资料与情报信息，充分分析双方的优劣势和利益与需求，针对谈判过程中存在争议的合同条款包括投资方的退出机制、风险分担机制条款等寻求合理的解决方案，在谈判过程中为A公司争取最大利益。

**自我思考**

______________________________

______________________________

______________________________

# 违规以上市公司名义为他人担保的，公司不承担民事责任

蒋　霞◎

## 律师办案笔记

**1. 梳理具体案情，找出案件关键事实**

本案为上市公司为他人提供担保的典型案例。在接受上诉人运盛（上海）医疗科技股份有限公司（以下简称运盛医疗）的委托后，代理律师着手对案件材料、证据等进行分析，并查询本案相关当事人的公示信息，发现本案的关键事实，即涉案《哲辉金融—借贷及担保服务协议》签署页丙方（担保人）、法定代表人或授权代理人（签字）处虽然加盖有运盛医疗的印章以及法定代表人钱某的印章，但是在签订系争协议前，钱某不再是运盛医疗的法定代表人，且运盛医疗已对外公布了法定代表人变更信息。

**2. 结合法律规定，紧抓案件焦点**

在上述事实的基础上，代理律师结合《公司法》、《合同法》〔1〕对本案焦点进行分析。首先，运盛医疗作为担保人需要符合2013年《公司法》第16条的规定，被上诉人姜某在知晓担保人为上市公司的情况下，应注意此次担保是否经过了担保人董事会审议或者经董事会决议授权或追认，但是姜某并未要求运盛医疗提供相关材料，且运盛医疗作为上市公司，若未经董事会决议对外提供担保将剥夺其他股东的知情权和决策

〔1〕 已失效，现为《民法典》。

权，严重危害大多数股东和广大中小公众股东及公司债权人的利益。其次，在签订案涉协议前，钱某不再是运盛医疗的法定代表人且该信息已经公布，所以姜某应当知晓该信息，且具有审查义务，但是姜某并未进行审查，存在过失，不应当受到保护。以上两点是本案二审改判的关键。

## 案例信息

**上诉人（原审被告）：**运盛医疗

**被上诉人（原审原告）：**姜某

**被上诉人（原审被告）：**中鑫汇通商业保理有限公司（以下简称中鑫公司）

**原审被告：**钱某

**案号：**（2018）沪01民终10784号

## 基本案情

出借人姜某与借款人中鑫公司签订借款协议，借期协议担保人处加盖有上市公司运盛医疗的印章以及该公司原法定代表人钱某的印章。此前，运盛医疗已经对外发布了原法定代表人钱某辞职公告和法定代表人变更信息。因中鑫公司未还款，姜某向上海市浦东新区人民法院起诉要求被告中鑫公司还款，同时要求运盛医疗、钱某对上述债务承担连带还款责任。上海市第一中级人民法院二审认为，各方当事人在签订系争协议前，运盛医疗作为上市公司已对外公布了法定代表人变更信息，故姜某理应知晓钱某无权代表运盛医疗为他人提供担保，故对其要求运盛医疗承担担保责任的诉讼请求予以驳回。

## ▷▷ 争议焦点

本案争议焦点在于运盛医疗在本案中所提供的担保是否有效，姜某作为债权人在接受上市公司为债务提供担保时是否负有审查义务，若有，负有何种程度的审查义务。

## ▶▶ 案件解析

在未经公司决议授权的情况下，法定代表人擅自以公司名义对外签订担保合同，这种行为不仅违反了 2013 年《公司法》第 16 条的规定，也严重损害了公司及股东的利益，加剧了公司经营风险，削弱了公司竞争力，甚至放纵了债权人授信时的疏忽懈怠，从而成为制约公司可持续发展的重大隐患。

即便如此，越权对外担保现象仍然普遍存在于公司法定代表人的行为中。例如，上市公司为母公司提供关联担保，致使上市公司自身受损的情况曾经引起了广泛的社会关注。[1] 对于该问题，最高人民法院以（2000）经终字第 186 号判决予以回答。

本案则是我国实务界有关法定代表人及其他人员越权对外担保的进一步探索。在法定代表人越权对外担保愈演愈烈，不断侵害公司股东，尤其是中小股东权益的情况下，本案判决要求，担保债权人在接受公司法定代表人代表公司进行的担保时，需要承担一定的审慎义务，否则担保无效，从而有效

〔1〕 参见刘俊海：《公司法定代表人越权签署的担保合同效力规则的反思与重构》，载《中国法学》2020 年第 5 期。

遏制法定代表人越权对外担保的现象。在一般意义上回答了债权人在接受上市公司为他人债务提供担保时是否负有审查义务，若有，负有何种程度之审查义务的问题。

（一）本案背后的利益平衡问题

债权人审查义务的确定本质上是利益衡量和价值判断的问题。公司对外担保的法律效力认定，追根究底取决于各利益主体的博弈，要求全面衡量民商法的价值取向，体现了法价值之融合。公司对外担保中涉及的利益方包括公司、债权人、公司股东、无担保债权人，公司对外担保所涉利益相关方的各自利益应得到合理保护，同时平衡对外担保相关方的利益。由于公司对外担保承担责任的主体是公司，公司需以公司拥有的财产对外清偿债务，这就必然与股东的利益息息相关。〔1〕公司财产并不是公司股东的财产，但两者又紧密相联。公司财产是由股东投入，股东按照约定的出资额将自己的财产让渡给公司，股东依其股份对公司享有资产收益、参与公司经营管理等权利。在公司对第三人提供担保时未保障其他股东的知情权和参与权，未参与公司担保行为的股东明明不具有过错，却因公司承担担保责任导致利益受损。单纯强调保护债权人利益和交易安全，就等同于为保障交易安全直接牺牲无过错股东的利益，这种做法利益取舍的着眼点在于保护债权人的利益。依照这种思路，就担保相对人而言，无须考虑公司内部如何形成对外担保意思表示，只要去审查公司外部的意思表示是否符合外观主义的要件即可。诚然，这种做法能够有效保障交易效率，〔2〕但市场交易是一个整体，公司越权对外担

〔1〕 参见方重：《关于上市公司为第三方融资提供担保的分析和思考》，载《当代经济管理》2019 年第 2 期；覃舜宜：《深市公司违规占用资金及对外担保情况分析》，载《证券市场导报》2019 年第 11 期。

〔2〕 参见刘俊海：《公司法定代表人越权签署的担保合同效力规则的反思与重构》，载《中国法学》2020 年第 5 期。

保的利益相关方中的其他股东、公司直至公司其他债权人的利益都因此减损，在司法裁判中片面保护债权人的利益不利于定分止争。

由于公司往往被大股东、实际控制人（有时也包括法定代表人）等掌控，中小股东对公司的影响力有限，但民事主体的合法权益都应得到尊重和保护，公司对外担保涉及的利益主体是多元的，对于中小股东等其他利益主体的权益不应忽视。公司对外担保没有按公司内部规定表决，就公司股东而言，担保代表的其实是行为人个人的意志而不是公司意志，这种行为直接无视了公司其他股东，导致其他股东利益受损，特别是中小股东处于信息不对称的地位，更要保障中小股东知情权。司法应当在保障交易效率、安全与保护中小股东的利益之间作出一定的平衡，在市场交易中对多个利益主体予以关照，有利于在个案中实现公平正义。

### （二）本案的实践价值

#### 1．本案终审判决作出前的司法实践

最高人民法院原副院长江必新指出，过去的诸多案例中审判法官存在过度保护债权人的倾向。[1] 对违规担保的裁判结果过于关注保护债权人的利益，忽视了对公司及公司股东利益的保护，未能体现对其他主体利益的平等保护，无法实现债权人和公司、公司其他股东的利益之动态平衡。这无疑刺激了公司对外担保的野蛮生长。

实际上，按照2013年《公司法》第16条之规定，公司在董事会或者股东会之中，即在公司的权力机构或执行机构中选择其一作为决议担保事项的机关。由此可见，立法也否定了法定代表人能够单独向第三人以公司名义担

〔1〕 参见江必新：《关于裁判思维的三个维度》，载《中国审判》2019年第3期。

保。公司法定代表人能够以公司名义向第三人提供担保的必要前提是公司决议的授权行为。然而，在没有授权的情况下，对这类型的公司对外担保效力，司法实务中呈现出不同的司法观点和裁判结果。

根据有关统计，从2015年至2019年5年间，通过对“公司对外担保”“审查义务”关键词的搜索，共有152则关于公司对外担保案例。从这些案例来看，认定公司对外担保有效的案例为116则，占总案例数的76.32%；认定无效的案例为36则，占总案例数的23.68%。[1]数据表明，2019年以前，司法实践中对有瑕疵争议的公司对外担保的裁判立场多倾向于有效。

这种裁判立场基于：根据法律规定，法定代表人在民商事活动中，具有代表公司的身份地位，对外担保也只是公司民商事活动的一个组成部分，法定代表人有权代表公司。按照当时有效的《合同法》第50条[2]之规定，善意债权人的利益应当得到保护。公司若主张担保无效，需要证明债权人对于法定代表人越权担保是知道或应当知道的。

最高人民法院是我国最高审判机关，其裁判观点和结果对全国各级人民法院有一定的指导意义。然而，在本案判决作出并被最高人民法院确定为指导案例以前，最高人民法院的态度也不明朗，在部分案件中认定对外担保无效，在部分案件中却又认定为有效。

最高人民法院最早是在2001年中福实业股份公司一案中首次确认债权人应对公司对外担保承担审查义务，在该案中裁判理由认为：“中福公司系上市公司，其公司章程公开，闽都支行也收到过中福公司提供的公司章程，故闽都支行对公司章程中关于限制董事为股东担保的规定应当知道。”从裁判理由可以看出，实际上法院最终的裁判结果与债权人在接受公司对外担保时

---

〔1〕 参见何伟杰：《公司对外担保效力研究》，厦门大学2020年硕士学位论文。

〔2〕 已失效，现为《民法典》第504条。

有无过错直接关联。对于中福公司的担保，闽都支行没有对公司章程中与担保相关的条款进行审查，最后认定中福公司所签的担保合同是无效的，实质上就是债权人未履行审查义务导致担保合同无效。该案判决结果出来后，因为我国不是判例法国家，这一司法裁判的观点是指导示范性的，所以并不具有强制约束力，而且之后关于上市公司对外担保又有了更多单独的行政法规、部门规章进行规范。这一案件虽是最高人民法院发布的司法指导案例，但也没办法通过这一案例就统一司法实务的裁判标准。在之后的司法裁判中，最高人民法院又有相反的意见，如在2015年山西华晋纺织印染有限公司、上海晋航实业投资有限公司与戴某合资、合作开发房地产合同纠纷案的二审中，上海晋航实业投资有限公司提出为山西华晋纺织印染有限公司提供担保未经股东会决议，因此请求法院认定该担保无效，最高人民法院在裁判理由中又指出股东会决议是公司内部关系，为维护交易安全，公司外部的第三人不应负有审查义务，担保未经股东会决议，不影响担保合同的效力。之后又出现对立的观点，在2018年十堰市辰泓木材有限公司、中国信达资产管理股份有限公司湖北省分公司金融借款合同纠纷一案中，法定代表人未经授权对第三人作出公司担保的意思表示，最高人民法院又认定越权担保的效力须判断相对人是否为善意，是否尽到合理的审慎义务，并且指出这对认定合同的效力有直接影响。

2．本案终审判决作出后的司法实践

虽然2019年以前在司法实践中对有瑕疵争议的公司对外担保的裁判立场多倾向于有效，最高人民法院的态度也不甚明朗，但有一个明显的变化出现在2019年，也就是本案终审判决作出以后的第一年。根据有关统计，在2019年32则全国范围内有关公司对外担保的判决中，认定公司瑕疵对外担保无效的案例有17则，比例从23.68%提高到53.13%。[1]可以说，我国司法实践中公司瑕疵对外担保案件越来越注重利益平衡和公平，而不是侧重于维护债权人一方的利益，并且审判标准也日趋统一和确定。

本案的典型意义在于明确给出了相关问题的审判标准。本案判决指出，上述涉系争担保的相关法律规定和公司章程均是通过公众媒体公示的，违反这些法规、章程为大额债务担保可能严重危害其他股东和社会公众利益，姜某在签订系争协议时，应完全有所意识并作为善意相对人为防止社会公众利益受损，同时也为防范自身商业风险，应尽到基本的形式审查义务。实际上，本判决明确了债权人在接受上市公司为他人债务提供担保时应具备的审查义务的内容。这个审查义务包含了对行为人是否享有相应的代表或者代理权限进行审核和了解，是否经过股东大会、董事会或者公司授权。在实际经济生活中，如果上市公司对外提供了重大担保，常常会在股东会或者董事会召开后发布公告，债权人完全可以在看到公告后再签订担保合同，以确保担保合同的有效性。因此，本案对于规范企业在提供担保时的行为具有重要意义，并将有助于维护投资者和债权人的利益。

### （三）本案终审判决作出后的立法实践

在本案判决作出以后，我国司法解释与其他官方观点也进行了跟进。例如，《全国法院民商事审判工作会议纪要》第22条规定：“债权人根据上市公司公开披露的关于担保事项已经董事会或者股东大会决议通过的信息订立的担保合同，人民法院应当认定有效。”由此可知，如果在担保合同订立前，上市公司公开披露了担保事项已经董事会或者股东大会决议的信息，相对人

---

〔1〕 参见何伟杰：《公司对外担保效力研究》，厦门大学2020年硕士学位论文，第3页。

即足以证明其善意。在上市公司虽对担保事项进行了适格决议，但未公开披露该担保信息的情形下，相对人仅审查公司担保决议，并不足以证明相对人的善意。〔1〕因为“上市公司只要进行合规担保，都会进行公告”，上市公司未及时公告的事实本身即应引起相对人的合理怀疑。〔2〕

最高人民法院《关于适用〈中华人民共和国民法典〉有关担保制度的解释》第9条则更加明确，其规定了上市公司违规担保的效果归属，以此明确相对人的善意判断标准，即合理审查上市公司公开披露的关于担保事项已经董事会或者股东大会决议通过的信息，而非公司担保决议。“与上市公司订立担保合同的相对人是否善意的判断标准是相对人是否根据公开披露的担保信息订立担保合同。相对人根据公开披露的担保信息订立的担保合同，对公司发生效力。相对人没有根据公开披露的担保信息订立的担保合同，对公司不发生效力”〔3〕。据此，即使上市公司已就担保事项作出了适格的决议，且相对人履行了实质审查义务，但如果上市公司未进行信息披露，担保合同对上市公司也不发生效力。〔4〕

上市公司法定代表人及其他人员违规以上市公司名义提供担保，是我国资本市场长期以来的“毒瘤”，严重损害投资者和上市公司的合法权益。本案所确立的裁判规则，对于提高我国上市公司质量、促进我国证券市场的持续健康发展无疑具有风向标式的重要意义。

---

〔1〕参见最高人民法院民事审判第二庭编著:《〈全国法院民商事审判工作会议纪要〉理解与适用》，人民法院出版社2019年版，第199页。

〔2〕参见最高人民法院民事审判第二庭编著:《〈全国法院民商事审判工作会议纪要〉理解与适用》，人民法院出版社2019年版，第197页。

〔3〕北京市高级人民法院民事判决书，(2020)京民终670号。

〔4〕参见林文学、杨永清、麻锦亮等:《〈关于适用民法典有关担保制度的解释〉的理解和适用》，载《人民司法》2021年第4期。

## 相关法条

**《中华人民共和国民法典》**

**第五百零四条** 法人的法定代表人或者非法人组织的负责人超越权限订立的合同，除相对人知道或者应当知道其超越权限外，该代表行为有效，订立的合同对法人或者非法人组织发生效力。〔1〕

**《中华人民共和国公司法》**

**第十五条** 公司向其他企业投资或者为他人提供担保，按照公司章程的规定，由董事会或者股东会决议；公司章程对投资或者担保的总额及单项投资或者担保的数额有限额规定的，不得超过规定的限额。

公司为公司股东或者实际控制人提供担保的，必须经股东会决议。

前款规定的股东或者受前款规定的实际控制人支配的股东，不得参加前款规定事项的表决。该项表决由出席会议的其他股东所持表决权的过半数通过。

**自我思考**

---

〔1〕 该判决作出时，《中华人民共和国民法典》尚未生效。原条文为《中华人民共和国合同法》第50条：法人或者其他组织的法定代表人、负责人超越权限订立的合同，除相对人知道或者应当知道其超越权限外，该代表行为有效。

# 私募基金管理人没有过错责任的认定

殷　豪◎

## 律师办案笔记

近年来，由于各种原因，大量私募基金产品项目爆雷，众多投资者损失惨重。投资者为了维护自身的合法权益，纷纷向法院提起诉讼或向仲裁机构申请仲裁，要求私募基金管理人或销售机构，甚至是托管人（为叙述方便，本文所述的管理人，在特定情况下也指销售机构或托管人）承担违约或侵权赔偿责任。若投资者要求管理人承担违约赔偿责任，则需要证明管理人存在违约行为、自身的损害结果以及违约行为与损害结果存在因果关系。若投资者要求管理人承担侵权赔偿责任，则需要证明管理人存在损害行为、有损害事实、损害行为和损害事实存在因果关系以及管理人存在过错。

根据《证券投资基金法》第145条第2款的规定："基金管理人、基金托管人在履行各自职责的过程中，违反本法规定或者基金合同约定，给基金财产或者基金份额持有人造成损害的，应当分别对各自的行为依法承担赔偿责任……"追究民事责任的前提在于明确民事责任的性质，民事责任主要包括违反合同义务的违约责任以及侵权的民事责任。现阶段私募基金管理人的义务主要源于合同约定及法律规定，前者的管理人义务根据当事人之间的约定进而相对变化；后者则是相对固定的管理人义务，根据《证券投资基金法》、《私募投资基金监督管理暂行办法》、《私募投资基金募集行为管理办法》、《私募投资基金信息披露管理办法》

和《全国法院民商事审判工作会议纪要》等法律法规及行业自律规则，管理人义务包含适当性义务、忠实勤勉义务、信息披露义务等。

私募基金投资标的主要包括上市公司股票和非上市公司股权等。部分私募基金，通过复杂交易结构投资于境外拟上市公司股权。如果投资失败，私募基金管理人如何证明自身已经履行合同义务和法定义务？结合实务案例就此问题进行探讨。

## 案例信息

**原审原告：** A投资者

**原审被告：** B基金管理人

**原审被告：** B基金管理人普通合伙人

**原审被告：** B基金管理人普通合伙人配偶

**案号：** 原审：（2017）鄂0192民初4143号、（2019）鄂01民终5747号

重审：（2019）鄂0192民初6169号

## 基本案情

A投资者与B基金管理人普通合伙人为同学。A投资者因投资需要，委托B基金管理人普通合伙人代为寻找投资标的。在B基金管理人普通合伙人找到合适的投资标的后，在平等、自愿的基础上，经协商一致，A投资者与由B基金管理人普通合伙人担任执行事务合伙人的B基金管理人于2014年3月28日签署了《合伙份额认购协议》（以下简称《认购协议》）。

《认购协议》的主要内容是关于A投资者投资方向和投资权益保障的。《认购协议》明确规定了A投资者投资方向为C公司在美国资本市场上市的主体

公司D公司的原始股权，由B基金管理人与C公司和D公司签署《优先股协议》作为《认购协议》的附件。《认购协议》同时规定，B基金管理人代表A投资者与C公司和D公司签署《优先股协议》，A投资者按照《优先股协议》的约定持有D公司的优先股（可转换为普通股），由D公司按照出资额度向A投资者出具优先股股权证。

原审法院认为，根据本案协议约定内容、当事人行为特征和相关法律规定，可以认定A投资者和B基金管理人是投资合同关系。此法律关系中，A投资者的主要义务是支付投资款，B基金管理人的主要义务是提供符合约定的股权，以实现其投资盈利的合同目的。虽然《认购协议》约定了A投资者应成为B基金管理人合伙人，但此工作是为了实现投资目的而需要办理的一个过程性手续，是B基金管理人的次要义务。

A投资者支付投资款后，B基金管理人虽然向其提供了一个股权证以说明A投资者成了D公司的股份持有者，但此股权证是否属实，当事人均未提供证据证明，且局限于涉外调查等因素法院亦未能查明。但可以确定的是D公司是在美国场外交易市场（OTC Markets）注册的公司，按照美国资本市场一般交易习惯，OTC市场股份的流通性、融资能力、交易量等均远低于纽约证券交易所、纳斯达克等市场，相应的入场审查标准、股票价值等均有较大差异。且参照我国资本市场法律规定和交易习惯，上市和转让有根本区别。2014年《证券法》第39条〔1〕规定："依法公开发行的股票、公司债券及其他证券，应当在依法设立的证券交易所上市交易或者在国务院批准的其他证券交易场所转让。"也就是说，仅有在深圳证券交易所、上海证券交易所上市的股份才可以称为"上市交易"，其他交易场所［全国中小企业股份转让系统（新三板）、

〔1〕现为《证券法》第37条。

区域性股权交易市场（四板）等］仅能称为“转让”。证券交易所上市公司的股票价值和盈利能力，与其他交易场所的公司股份价值和盈利能力往往会有较大差距。依据《认购协议》的约定、当事人陈述以及当事人履约情况，可以判定A投资者支付投资款想获得的股份是在美国主流资本市场上市的公司的股份，而不是OTC市场交易的股份，因为此类股份的流通性在一般情况下不可能满足A投资者的投资目的。此外，B基金管理人和C公司均未能举证证明A投资者获得的D公司100万股股票具有很强的盈利能力（不论从交易量、交易价格等方面均无法判断），A投资者仅分红487,200元后即不再有任何收益。虽然B基金管理人和C公司均抗辩未盈利是股票本身的交易风险，但B基金管理人和C公司也未举证证明其他股票持有者获取了收益。

综上，原审法院认为，B基金管理人的履约行为既没有让A投资者实现主要合同目的（获取符合约定的股份），也没有实现次要目的（成为合伙人），B基金管理人的行为构成根本违约，A投资者有权解除合同并要求B基金管理人承担违约责任。A投资者主张解除《认购协议》，予以支持。合同解除后，B基金管理人应当向A投资者返还投资款5,000,000元并赔偿相关损失。

B基金管理人上诉后，武汉市中级人民法院经审理认为，因本案当事人就2014年3月28日签署的《认购协议》应否确认解除及赔偿问题存在争议。本案应全面审查2013年8月19日投资方、B基金管理人、C公司、D公司及担保方E公司共同签订的《优先股协议》，以及2014年3月28日B基金管理人及B基金管理人普通合伙人、A投资者、担保方共同签署的《认购协议》的性质、协议效力，并结合当事人履行的情况，进一步判断A投资者与B基金管理人之间，A投资者与B基金管理人、C公司之间所形成的法律关系、缔约主体之间的权利义务。同时，还应从举证责任分配的角度，进一步审查B基金管理人向A投资者交付的“股权证”是否真实。基于二审期间B基金管理人补充提交的新证据，可能导致对案件基本事实的认定发生变化，影响案件实体处理。依据2017年《民事诉讼法》第170条第1款第3项之规定，裁定如下：（1）撤销湖北省武汉市东湖新技术开发区人民法院（2017）鄂0192民初4143号民事判决；（2）本案发回湖北省武汉东湖新技术开发区人民法院重审。湖北省武汉东湖新技术开发区人民法院经重审，驳回了A投资者的起诉。

## ▷▷ 争议焦点

A投资者向B基金管理人支付的5,000,000元是投资款，其目的是获得一个在美国上市且具有投资价值即可以盈利的股权。至于股权如何获得以及如何办理相关手续，由B基金管理人与C公司对接处理，不属于A投资者的义务。B基金管理人和C公司之间不是委托代理关系，C公司是B基金管理人的合作对象，B基金管理人和C公司通过签订相关协议、办理相关手续的方式来实现A投资者的合同目的。本案审查当事人是否违约以及相关违约责任的承担，均应以当事人是否能够实现合同目的为基础进行判断。

## ▶▶ 案件解析

根据国家发展改革委当时有效的《境外投资项目核准和备案管理办法》和商务部《境外投资管理办法》等相关法律法规的规定，境内个人对外投资不需要取得相关政府部门的审批。因此，A投资者境外投资，持有D公司的股票不违反中国法律的规定，合法有效。

A投资者根据《认购协议》和《优先股协议》的约定就投资D公司于2014年4月2日将投资款先缴付到B基金管理人的指定账户，B基金管理人再根据《认购协议》和《优先股协议》的约定将A投资者的投资款缴付至D公司指定账户。

根据C公司的庭审确认和D公司在场外交易市场官网上的公告，C公司为D公司通过协议控制方式控制的公司，C公司和D公司为关联方。C公司根据《优先股协议》的约定和D公司的要求，于2014年7月开始按季度向A投资者支付投资红利，C公司已累计向A投资者支付投资红利人民币487,200元。另外，A投资者已根据《认购协议》和《优先股协议》的规定取得了D公司的股权证书，且A投资者及其代理人在庭审中也已经当庭自认其签署《认购协议》的目的是获得D公司的股份。根据D公司向A投资者发放的股权证书，A投资者持有D公司的股份为100万股，根据《优先股协议》的约定，每股价格为人民币5元，A投资者认购D公司100万股股份的总价为人民币500万元，该投资金额为A投资者向B基金管理人指定账户缴付的金额。

D公司是在美国西岸股票转让公司（West Coast Stock Transfer Inc.）的场外交易市场挂牌的公司，股份代码为M，场外交易市场是美国资本市场的重要组成部分。为方便境内投资者，C公司在官网公告了普通股交易开户公告和证券账户开户通知等信息，A投资者等境内投资者可以根据该等公告内容办理证券账户开户和交易等。至于D公司的股票成交量和成交价格，就D公司的投资者而言，自身应考虑到投资有风险的事实。另外，根据C公司官网公告，D公司已提交美国纳斯达克主板上市申请。

《认购协议》和《优先股协议》签署后，B基金管理人根据《认购协议》和《优先股协议》的约定将A投资者的投资款缴付至D公司指定账户，且A投资者已取得D公司的股权证书和投资红利，B基金管理人已经履行完毕《认购协议》和《优先股协议》项下的义务。

另外，C 公司为 D 公司通过协议控制方式控制的公司，A 投资者的投资红利由 C 公司发放而不是由 D 公司发放，是因为 D 公司考虑到跨境资金流动中国政府审批和方便投资红利发放的因素，投资红利发放并没有改变 A 投资者投资 D 公司的实质。

根据《认购协议》和《优先股协议》的约定，A 投资者若要主张投资者的权利，应向作为被投资方的 D 公司以及其关联方 C 公司主张投资者的权利，以及向为 D 公司的红利给付、违约金给付、股权回购对价款的付款义务提供担保的 E 公司主张担保权利。

A 投资者对外投资并取得 D 公司的股份后，应根据“投资有风险”的原则承担投资风险和享有投资收益。

根据 B 基金管理人与 A 投资者签署的投资协议，A 投资者投资后，B 基金管理人应投资在美国设立的 D 公司。D 公司通过协议控制架构（VIE 架构）控制境内多家公司，以实现在美国上市的计划。B 基金管理人代 A 投资者投资 D 公司后，D 公司最初在美国场外交易市场挂牌交易，交易不是很活跃，股价也比较低迷，后因种种原因也未能转板美国纳斯达克上市。

A 投资者因此认为 B 基金管理人没有根据投资协议约定投资，导致投资目的不能实现，因此向法院起诉要求解除投资协议并返还投资等，一审法院经审理支持了 A 投资者的诉讼请求。B 基金管理人不服向二审法院上诉，要求撤销一审判决。为了进一步查明本案事实，代理律师与美国律师合作，调取了进一步证明 B 基金管理人已根据投资协议约定履行完毕投资义务的证据材料，并将该等证据材料在美国办理了公证认证手续。二审法院经审理，认定一审法院认定事实不清，撤销了一审判决，发回一审法院重审。最终重审一审法院经审理驳回了 A 投资者的起诉。

本案涉及中国和美国的法律适用问题，涉及境内募集资金、跨境投资、协议控制架构（VIE 架构）和美国上市等资本市场实务。本案从 A 投资者起诉到最终被法院驳回起诉，历时将近 5 年时间。代理律师基于资本市场实务经验，就案件涉及的资本市场相关法律关系和法律适用等与主审法官多次解释和说明，最终成功地维护了 B 基金管理人的合法权益。

## 相关法条

**《中华人民共和国证券投资基金法》**

**第一百四十五条** 基金管理人、基金托管人在履行各自职责的过程中，违反本法规定或者基金合同约定，给基金财产或者基金份额持有人造成损害的，应当分别对各自的行为依法承担赔偿责任。……

**《中华人民共和国合伙企业法》**

**第十八条** 合伙协议应当载明下列事项：

（一）合伙企业的名称和主要经营场所的地点；

（二）合伙目的和合伙经营范围；

（三）合伙人的姓名或者名称、住所；

（四）合伙人的出资方式、数额和缴付期限；

（五）利润分配、亏损分担方式；

（六）合伙事务的执行；

（七）入伙与退伙；

（八）争议解决办法；

（九）合伙企业的解散与清算；

（十）违约责任。

**第六十三条** 合伙协议除符合本法第十八条的规定外，还应当载明下列事项：

（一）普通合伙人和有限合伙人的姓名或者名称、住所；

（二）执行事务合伙人应具备的条件和选择程序；

（三）执行事务合伙人权限与违约处理办法；

（四）执行事务合伙人的除名条件和更换程序；

（五）有限合伙人入伙、退伙的条件、程序以及相关责任；

（六）有限合伙人和普通合伙人相互转变程序。

**自我思考**

# 资管产品清算与管理人过错赔偿责任的认定

殷　豪◎

## 律师办案笔记

近年来，由于各种原因，大量资管产品项目爆雷，众多投资者损失惨重。投资者为了维护自身的合法权益，纷纷向法院提起诉讼或向仲裁机构申请仲裁，要求资管产品管理人或销售机构，甚至是托管人（为叙述方便，本文所述的管理人，在特定情况下也指销售机构或托管人）承担违约或侵权赔偿责任。如果案涉资管产品尚未清算完成的，管理人一般会以投资者投资损失尚未确定为抗辩理由。在资管纠纷中，投资者投资损失是否确定是常见的争议问题。

资管产品投资标的主要包括上市公司股票、非上市公司股权、合伙企业份额、债权、资产收益权、债券、金融衍生品和外汇业务等。部分资管产品，尤其是投资于非标资产或融资方违约的资管产品，其流动性较差，清算周期长。在这种情况下，投资者如何才能维护自身的合法权益？如何向管理人主张损害赔偿？结合实务案例就这些问题进行探讨。

## 案例信息

**上诉人（原审原告）：** A 投资者

**上诉人（原审被告）：** B 证券公司

**原审第三人：** C 信托公司

**案号：**（2022）沪 74 民终 90 号

## 基本案情

A 投资者与 B 证券公司签署《集合资产管理计划资产管理合同》（以下简称《资管合同》）。《资管合同》约定：B 证券公司为集合资产管理计划（以下简称资管计划）管理人，D 银行为资管计划托管人。A 投资者认购资管计划 A 类份额，该类份额的业绩计提基准为 8.2%/ 年，投资资金金额为人民币 100 万元。资管计划投资标的是 C 信托公司作为受托人设立的信托计划，信托计划用于受让 E 上市公司持有的子公司 F 公司 100% 股权（以下简称特定股权）的股权收益权（以下简称特定股权收益权）。B 证券公司作为管理人在资管计划投资管理活动中恪尽职守，履行诚实信用、谨慎勤勉的义务，以专业技能管理资管计划的资产，为委托人的最大利益服务，依法保护委托人的财产权益，管理人违反本合同导致资管计划资产损失或损害委托人合法权益时，管理人应承担赔偿责任。

《资管合同》同时约定 C 信托公司作为受托人设立信托计划，C 信托公司代表信托计划签署以下合同：（1）C 信托公司与 E 上市公司签署《股权收益权转让与回购合同》；（2）C 信托公司与 E 上市公司控股股东签署《集合资金信托计划保证合同》（控股股东）；（3）C 信托公司与 E 上市公司实际控制人及其配偶签署《集合资金信托计划保证合同》（实际控制人及其配偶）。

资管计划于 2017 年 1 月 4 日生效，资管计划的期限为 24 个月，A 投资者于 2017 年 2 月 22 日向资管计划缴付投资款人民币 100 万元。由于信托计划于 2018 年 7 月 20 日提前终止，资管计划也于 2018 年 7 月 20 日提前终止。

2017 年 1 月 4 日，B 证券公司与 C 信托公司签署《集合资金信托合同》（以下简称《信托合同》）。《信托合同》约定：本信托为事务管理类信托，即由 B 证券公司自主决定信托设立、信托财产运用对象、信托财产管理运用处分方式等事宜，自行负责（或自行委托第三方负责）前期尽职调查及存续期信托财产管理，自愿承担信托投资风险，C 信托公司仅负责账户管理、清算分配及提供或出具必要文件以配合 B 证券公司管理信托财产等事务，C 信托公司主要承担一般信托事务的执行职责，不承担主动管理的职责。

C 信托公司与 E 上市公司于 2016 年 12 月 26 日签署《股权收益权转让与回购合同》。《股权收益权转让与回购合同》约定：E 上市公司向 C 信托公司转让并按照合同约定的条件回购特定股权收益权，C 信托公司同意受让 E 上市公司转让的特定股权收益权并按照合同约定的条件予以回购。E 上市公司控股股东、实际控制人及其配偶作为保证人，为 E 上市公司在本合同项下支付特定股权收益权回购价款的债务提供连带责任的保证，若发生任何使 C 信托公司认为担保措施将受到不利影响的情形，C 信托公司有权利要求 E 上市公司消除该等不利情形或补充提供令 C 信托公司满意的其他担保措施。特定股权及特定股权收益权上不存在任何质权、抵押权及其他负担和限制，并保证该种无权利负担和限制状态在 C 信托公司享有特定股权收益权期间持续存在。E 上市公司在本合同有效期内为第三方提供任何形式担保的，应先行征得 C 信托公司书面同意，C 信托公司认为 E 上市公司为第三方担保的行为对 E 上市公司履行本合同项下的义务具有重大不利影响的，有权要求 E 上市公司采取合理措施，包括但不限于以追加质押经 C 信托公司认可的股权或提供保证金的形式向 C 信托公司提供补充担保。

《股权收益权转让与回购合同》同时约定，E 上市公司的违约情形包括："……E 上市公司经营和财务状况恶化，无法清偿到期债务，或卷入或即将卷入重大的诉讼或仲裁程序及其他法律纠纷，已经或可能影响或损害 E 上市公司在本合同项下的权益……" 保证人出现以下情形，E 上市公司未提供符合C信托公司要求的新的担保，视为E上市公司违约："……保证人向C信托公司提供超出其自身负担能力的担保的；保证人丧失或可能丧失担保能力的……"E上市公司出现上述违约情形时，C信托公司可单方面采取下列一种或数种措施进行处理，在此情况下，E上市公司同意无条件放弃抗辩权，并应补偿因其违约对C信托公司造成的一切损失："……要求E上市公司提前回购，E上市公司应立即支付本合同项下所有特定股权收益权回购价款；要求E上市公司对本合同项下所有债务提供符合C信托公司要求的新的担保……"

资管计划成立后，E上市公司持续性的违反《股权收益权转让与回购合同》的约定，B证券公司未采取任何措施维护包括A投资者在内的资管计划投资人的合法权益，如既未要求E上市公司根据《股权收益权转让与回购合同》的规定提前回购特定股权收益权，也未要求E上市公司补充提供确保E上市公司能履行特定股权收益权回购义务的担保措施。

## ▷▷ 争议焦点

本案的争议焦点包括：第一，A投资者是否存在损失；第二，B证券公司是否尽到了投资者适当性义务；第三，B证券公司作为管理人是否尽到谨慎勤勉的管理义务，是否存在违约行为，违约行为与A投资者损失是否存在因果关系；第四，违约赔偿范围如何认定。

## ▶▶ 案件解析

### （一）A投资者是否存在损失

案涉资管计划已经于2018年7月20日提前终止，A投资者在案涉资管产品的委托资金到期的情况下未获得兑付，实际投资损失已经产生。虽然A投资者在案涉资管计划最终清算后未兑付的具体损失金额目前无法确定，但A投资者在案涉资管计划提前终止后未获清偿的损失已经客观发生，A投资者存在经济损失的事实应予认定。

### （二）B证券公司是否尽到了投资者适当性义务

适当性义务是指B证券公司及其委托的销售机构在向包括A投资者在内的金融消费者推介、销售券商集合理财计划等高风险等级金融产品的过程中，必须履行的了解客户、了解产品、将适当的产品销售给适合的金融消费者等义务。B证券公司未能举证证明其对A投资者的投资风险认知、风险偏好和风险承受能力进行了测试，并向A投资者充分告知了产品的主要风险因素，B证券公司应当承担举证不能的法律后果。

### （三）B证券公司作为管理人是否尽到谨慎勤勉的管理义务，是否存在违约行为，违约行为与A投资者损失是否存在因果关系

B证券公司作为案涉资管计划的受托人应当为委托人的最大利益处理受托事务，必须恪尽职守，履行诚实、信用、谨慎、有效管理的义务。B证券公司作为管理人，其职责不仅包括披露信息、提示风险，还包括履行风险控制在内的独立运作职能。《资管合同》中管理人不保证最低收益的约定，并未排除《资管合同》中约定的因管理人违反管理职责应承担的相应赔偿责任，B证券公司不能仅以完成了信息披露、分配收益、代为行使权利等义务而主张已经妥善完成了《资管合同》项下的全部管理人义务。

对于B证券公司在本案中具体的违约行为，融资人和保证人多次违反《股权收益权转让与回购合同》约定，主要涉及：融资人将其持有的子公司15%的股权进行质押融资；融资人持有的子公司24%的股权被司法冻结；融资人

2017年累计新增借款超过2016年年末净资产的20%；融资人持续提供担保；融资人涉及众多诉讼，资产被查封、扣押和冻结；担保人担保能力下降，明显违反了其在《股权收益权转让与回购合同》中的陈述和保证条款。B证券公司作为专业金融投资机构，在涉案资管计划的风险控制上应当尽到专业审慎的管理义务，但是，B证券公司对相关事项却没有及时披露和控制相应的风险，亦未采取积极有效的措施履行《股权收益权转让与回购合同》项下的义务，维护A投资者在《资管合同》项下的合法权益，存在违约行为。

由于B证券公司未完全尽到适当性义务，将与A投资者风险承受能力不匹配的产品销售给了A投资者，增大了A投资者投资风险，涉案产品未能及时兑付导致A投资者出现损失，B证券公司的行为与A投资者的损失之间具有直接因果关系。A投资者基于信赖B证券公司的资产管理能力而投资涉案资管计划，但B证券公司未能按照相关资管业务的法律和行政法规，谨慎严格地履行《资管合同》项下的各项义务，包括及时披露相关信息、采取积极有效的风险控制等措施，为委托人的最大利益服务，依法保护委托人的财产权益。B证券公司的相关违约行为和A投资者的财产损失之间亦存在因果关系。

### （四）违约赔偿范围如何认定

A投资者在投资涉案产品时，未充分了解涉案产品的相关信息，在进行大额投资时本人未签署合同文本，具有一定的过错。A投资者亦应当对自己的投资行为承担相应不利的法律后果，不能要求由此产生的损失全部由B证券公司承担。B证券公司作为资管产品的发行人未完全尽到适当性义务，存在未对A投资者的风险认知、风险偏好和风险承受能力进行测试以及未向A投资者告知产品的主要风险因素等过错；同时，B证券公司在信息披露、风险控制等方面，亦存在未尽到谨慎勤勉的管理义务的过错。结合B证券公司在资管产品发行、运作过程中的过错程度，综合酌定B证券公司对A投资者的赔偿范围为A投资者投资本金金额的50%。

资管产品到期或资管产品提前到期，如果投资者没有获得本金和利息兑付，投资者的投资损失的确定，由于没有明确的法律法规规定，不同法院的判决结果截然不同。部分法院认为，资管产品没有清算，则投资者的投资损失无法确定。更有法院认为，融资方被申请破产重整或者融资方已无可执行财产，投资者的损失仍然无法确定。法院的该等判决将导致投资者的投资损失长时间处于不确定状态。

如果管理人严格履行了资管合同约定的合同义务以及相关法律法规规定的诚实信用、勤勉尽责等信义义务，资管产品到期或提前到期后，投资者没有获得本金和利息兑付，管理人无须承担赔偿责任。实务中，资管合同一般都有管理人有权单方面延长资管产品期限的条款，管理人会延长资管产品的期限，直至资管产品清算。另外，在符合资管合同和相关法律法规的情况下，管理人可以将资管产品投资的底层资产以现状分配给投资者，以降低投资者的投资损失。

《全国法院民商事审判工作会议纪要》第五部分明确了投资者可向管理人主张的损失金额构成。如果管理人违反了资管合同约定的合同义务和/或相关法律法规规定的诚实信用、勤勉尽责等信义义务，导致投资者投资损失，管理人应根据相关法律法规的规定以其自有财产向投资者承担赔偿责任，没有法律法规规定投资者投资损失的确定必须以资管产品清算完成为必要条件。

## 相关法条

**《中华人民共和国证券投资基金法》**

**第八十七条** 非公开募集基金应当向合格投资者募集，合格投资者累计不得超过二百人。

前款所称合格投资者，是指达到规定资产规模或者收入水平，并且具备相应的风险识别能力和风险承担能力、其基金份额认购金额不低于规定限额的单位和个人。

合格投资者的具体标准由国务院证券监督管理机构规定。

**《中华人民共和国证券法》**

**第八十八条** 证券公司向投资者销售证券、提供服务时，应当按照规定充分了解投资者的基本情况、财产状况、金融资产状况、投资知识和经验、专业能力等相关信息；如实说明证券、服务的重要内容，充分揭示投资风险；销售、提供与投资者上述状况相匹配的证券、服务。

投资者在购买证券或者接受服务时，应当按照证券公司明示的要求提供前款所列真实信息。拒绝提供或者未按照要求提供信息的，证券公司应当告知其后果，并按照规定拒绝向其销售证券、提供服务。

证券公司违反第一款规定导致投资者损失的，应当承担相应的赔偿责任。

**《证券公司监督管理条例》**

**第二十九条** 证券公司从事证券资产管理业务、融资融券业务，销售证券类金融产品，应当按照规定程序，了解客户的身份、财产与收入状况、证券投资经验和风险偏好，并以书面和电子方式予以记载、保存。证券公司应当根据所了解的客户情况推荐适当的产品或者服务。具体规则由中国证券业协会制定。

**《证券期货经营机构私募资产管理业务管理办法》**

**第二十七条第一款** 证券期货经营机构和销售机构在募集资产管理计划过程中，应当按照中国证监会的规定，严格履行适当性管理义务，充分了解投资者，对投资者进行分类，对资产管理计划进行风险评级，遵循风险匹配原则，向投资者推荐适当的产品，禁止误导投资者购买与其风险承受能力不相符合的产品，禁止向风险识别能力和风险承受能力低于产品风险等级的投资者销售资产管理计划。

**《证券期货经营机构私募资产管理业务管理办法》**

**第二十八条** 证券期货经营机构和销售机构在募集资产管理计划过程中，应当按照中国证监会的规定，严格履行适当性管理义务，充分了解投资者，对投资者进行分类，对资产管理计划进行风险评级，遵循风险匹配原则，向投资者推荐适当的产品，禁止误导投资者购买与其风险承受能力不相符合的产品，禁止向风险识别能力和风险承受能力低于产品风险等级的投资者销售资产管理计划。

投资者应当以真实身份和自有资金参与资产管理计划，并承诺参与资金的来源符合法律、行政法规的规定。投资者未作承诺，或者证券期货经营机构、销售机构知道或者应当知道投资者身份不真实、参与资金来源不合法的，证券期货经营机构、销售机构不得接受其参与资产管理计划。

**第五十条** 证券期货经营机构募集资产管理计划，除向投资者提供资产管理合同外，还应当制作计划说明书和风险揭示书，详细说明资产管理计划管理和运作情况，充分揭示资产管理计划的各类风险。

计划说明书披露的信息应当与资产管理合同内容一致。销售机构应当使用证券期货经营机构制作的计划说明书和其他销售材料，不得擅自修改或者增减材料。

风险揭示书应当作为资产管理合同的附件交由投资者签字确认。

**第五十七条** 资产管理计划终止的，证券期货经营机构应当在发生终止情形之日起五个工作日内开始组织清算资产管理计划财产。

清算后的剩余财产，集合资产管理计划应当按照投资者持有份额占总份额的比例，原则上以货币资金形式分配给投资者；资产管理合同另有约定的，从其约定；但不得违反中国证监会规定。单一资产管理计划应当按照合同约定的形式将全部财产交还投资者自行管理。

证券期货经营机构应当在资产管理计划清算结束后五个工作日内将清算报告报证券投资基金业协会。

资产管理计划因受托财产流动性受限等原因延期清算的，证券期货经营机构应当及时向中国证监会相关派出机构报告。

**《证券期货经营机构私募资产管理业务运作管理暂行规定》**

**第三条** 证券期货经营机构及相关销售机构不得违规销售资产管理计划，不得存在不适当宣传、误导欺诈投资者以及以任何方式向投资者承诺本金不受损失或者承诺最低收益等行为，包括但不限于以下情形：

（一）资产管理合同及销售材料中存在包含保本保收益内涵的表述，如零风险、收益有保障、本金无忧等；

（二）资产管理计划名称中含有“保本”字样；

（三）与投资者私下签订回购协议或承诺函等文件，直接或间接承诺保本保收益；

（四）向投资者口头或者通过短信、微信等各种方式承诺保本保收益；

（五）向非合格投资者销售资产管理计划，明知投资者实质不符合合格投资者标准，仍予以销售确认，或者通过拆分转让资产管理计划份额或其收益权、为投资者直接或间接提供短期借贷等方式，变相突破合格投资者标准；

（六）单一资产管理计划的投资者人数超过200人，或者同一资产管理人为单一融资项目设立多个资产管理计划，变相突破投资者人数限制；

（七）通过报刊、电台、电视、互联网等公众传播媒体，讲座、报告会、分析会等方式，布告、传单、短信、微信、博客和电子邮件等载体，向不特定对象宣传具体产品，但证券期货经营机构和销售机构通过设置特定对象确定程序的官网、客户端等互联网媒介向已注册特定对象进行宣传推介的除外；

（八）销售资产管理计划时，未真实、准确、完整地披露资产管理计划交易结构、当事各方权利义务条款、收益分配内容、委托第三方机构提供服务、关联交易情况等信息；

（九）资产管理计划完成备案手续前参与股票公开或非公开发行；

（十）向投资者宣传资产管理计划预期收益率；

（十一）夸大或者片面宣传产品，夸大或者片面宣传资产管理计划管理人及其管理的产品、投资经理等的过往业绩，未充分揭示产品风险，投资者认购资产管理计划时未签订风险揭示书和资产管理合同。

**《证券期货投资者适当性管理办法》**

**第六条** 经营机构向投资者销售产品或者提供服务时，应当了解投资者的下列信息：

（一）自然人的姓名、住址、职业、年龄、联系方式，法人或者其他组织的名称、注册地址、办公地址、性质、资质及经营范围等基本信息；

（二）收入来源和数额、资产、债务等财务状况；

（三）投资相关的学习、工作经历及投资经验；

（四）投资期限、品种、期望收益等投资目标；

（五）风险偏好及可承受的损失；

（六）诚信记录；

（七）实际控制投资者的自然人和交易的实际受益人；

（八）法律法规、自律规则规定的投资者准入要求相关信息；

（九）其他必要信息。

**第二十条** 经营机构向普通投资者销售高风险产品或者提供相关服务，应当履行特别的注意义务，包括制定专门的工作程序，追加了解相关信息，告知特别的风险点，给予普通投资者更多的考虑时间，或者增加回访频次等。

**第二十二条** 禁止经营机构进行下列销售产品或者提供服务的活动：

（一）向不符合准入要求的投资者销售产品或者提供服务；

（二）向投资者就不确定事项提供确定性的判断，或者告知投资者有可能使其误认为具有确定性的意见；

（三）向普通投资者主动推介风险等级高于其风险承受能力的产品或者服务；

（四）向普通投资者主动推介不符合其投资目标的产品或者服务；

（五）向风险承受能力最低类别的投资者销售或者提供风险等级高于其风险承受能力的产品或者服务；

（六）其他违背适当性要求，损害投资者合法权益的行为。

**第二十五条** 经营机构通过营业网点向普通投资者进行本办法第十二条、第二十条、第二十一条和第二十三条规定的告知、警示，应当全过程录音或者录像；通过互联网等非现场方式进行的，经营机构应当完善配套留痕安排，由普通投资者通过符合法律、行政法规要求的电子方式进行确认。

**《最高人民法院关于当前商事审判工作中的若干具体问题》**

**3.** 告知说明义务的衡量标准。告知说明义务是“适当性”义务的核心，是金融消费者能够真正了解产品和服务的投资风险和收益的关键。应当根据产品的风险和投资者的实际状况，综合一般人能够理解的客观标准和投资者能够理解的主观标准来确定告知说明义务。

**《中国人民银行、中国银行保险监督管理委员会、中国证券监督管理委员会、国家外汇管理局关于规范金融机构资产管理业务的指导意见》**

六、金融机构发行和销售资产管理产品，应当坚持“了解产品”和“了解客户”的经营理念，加强投资者适当性管理，向投资者销售与其风险识别能力和风险承担能力相适应的资产管理产品。禁止欺诈或者误导投资者购买与其风险承担能力不匹配的资产管理产品。金融机构不得通过拆分资产管理产品的方式，向风险识别能力和风险承担能力低于产品风险等级的投资者销售资产管理产品。

金融机构应当加强投资者教育，不断提高投资者的金融知识水平和风险意识，向投资者传递“卖者尽责、买者自负”的理念，打破刚性兑付。

**《全国法院民商事审判工作会议纪要》**

**72.【适当性义务】**适当性义务是指卖方机构在向金融消费者推介、销售银行理财产品、保险投资产品、信托理财产品、券商集合理财计划、杠杆基金份额、期权及其他场外衍生品等高风险等级金融产品，以及为金融消费者参与融资融券、新三板、创业板、科创板、期货等高风险等级投资活动提供服务的过程中，必须履行的了解客户、了解产品、将适当的产品（或者服务）销售（或者提供）给适合的金融消费者等义务。卖方机构承担适当性义务的目的是为了确保金融消费者能够在充分了解相关金融产品、投资活动的性质及风险的基础上作出自主决定，并承受由此产生的收益和风险。在推介、销售高风险等级金融产品和提供高风险等级金融服务领域，适当性义务的履行是“卖者尽责”的主要内容，也是“买者自负”的前提和基础。

**76.【告知说明义务】**告知说明义务的履行是金融消费者能够真正了解各类高风险等级金融产品或者高风险等级投资活动的投资风险和收益的关

键，人民法院应当根据产品、投资活动的风险和金融消费者的实际情况，综合理性人能够理解的客观标准和金融消费者能够理解的主观标准来确定卖方机构是否已经履行了告知说明义务。卖方机构简单地以金融消费者手写了诸如“本人明确知悉可能存在本金损失风险”等内容主张其已经履行了告知说明义务，不能提供其他相关证据的，人民法院对其抗辩理由不予支持。

自我思考

# 私募基金管理人违规行为分析

徐玉平 ◎

## 律师办案笔记

**1. 充分运用公共平台和监管职能部门的公共服务，打破举证难的困境**

在准备申请材料阶段，律师充分运用中国裁判文书网、中国证券投资基金业协会官网、中国证券监督管理委员会官网等公共平台检索案涉基金及管理人的相关信息，并在发现管理人在管理案涉基金过程中存在违规行为后，即同步向中国证券投资基金业协会和中国证券监督管理委员会北京监管局（以下简称北京证监局）举报投诉，且先后收到反馈资料，这些资料是论证管理人违规管理案涉基金的有力证据。

**2. 妥善选择被申请人，以查明事实、追究责任**

律师将基金托管人列为第二被申请人，以此还原基金托管情况和运行过程。实际上，类似基金合同纠纷案件很难落实托管人的违约赔偿责任，因此律师将其列为被申请人，除了追究其责任，更重要的在于还原案件事实。投资人，尤其是在自然人作为投资人的情况下，在投资过程中往往作为弱势一方。在管理人未及时、完全披露相关信息的情况下，投资人所掌握的材料太少，若管理人不出庭，很难查明事实真相，遑论追究其违约责任。但是，与投资人不同的是，托管人一般是大型金融机构，受到较强的监管，自身也具备更完善的风险管理机制，对托管基金财产的划拨及往来负责，了解基金运行情况，并能够提供充分的材料证明其履行了托管职责。本案中，管理人缺席庭审，托管人积极应诉并当庭提交了相关材料，对于查明案件事实，追究管理人违约责任起到了重要作用。

## 案例信息

**申请人：**×××

**被申请人一：**中开金资产管理有限公司

**被申请人二：**恒泰证券股份有限公司

**案号：**（2022）京仲案字第 3063 号

## 基本案情

2018 年 8 月 23 日，申请人（投资人）在推介人的介绍下，认购鸿盛 1 号私募基金产品，认购金额 1000 万元人民币。该基金由被申请人一中开金资产管理有限公司（基金管理人）管理运营，由被申请人二恒泰证券股份有限公司（基金托管人）托管。当日，申请人向被申请人二运营外包募集专户支付了 1000 万元认购款项。在推介人的组织下，各方事后补签了基金合同及风险告知等文件。基金合同约定，申请人认购基金份额 1000 万元人民币，投资期限为 12 个月，自 2018 年 8 月 23 日至 2019 年 9 月 22 日，投资到期后申请人无须提出赎回申请，由被申请人一在 1 个月内强制退出，并分配本金及剩余业绩比较基准收益，基金的业绩比较基准为 9%/ 年。

经仲裁庭审理认定，该基金已于 2019 年 5 月 8 日终止，但两被申请人并未就此通知申请人。尽管自 2019 年 5 月 10 日至 2020 年 12 月 25 日，被申请人一分 6 次向申请人支付款项共计 1,375,858.44 元。但是，截至仲裁裁决作出之日，被申请人一仍未完成兑付让申请人正常退出，导致申请人到期不能收回本金及收益而产生损失。

申请人主张其投资损失系两被申请人在基金募集、存续及清算兑付等环节存在违约违规行为导致的，因此两被申请人应赔偿申请人的损失，损失包括投资本金、按照基金合同约定的 9% 的标准计算的剩余业绩比较基准收益及自合同到期后至实际清偿日的逾期清算违约金、仲裁费用及申请人的律师费用等。其中，仲裁庭对被申请人一到期未兑付、未依约完成信息披露、利用关联主体将不同的私募基金混同运作等违约违规行为进行了认定，并指明该等行为直接导致申请人到期未获兑付的后果，申请人的相关损失已经发生，被申请人一应予赔偿。赔偿范围包括投资本金、按照基金合同约定的业绩比较基准计算的合同期内预期收益、按银行同期贷款利率计算的自基金合同约定的强制清算期结束之次日至实际付款日的逾期清算利息、90% 的仲裁费及适当的律师费等。

## ▷▷ 争议焦点

### （一）本案基金是否处于存续状态

被申请人一主张，其根据基金合同的约定有权决定提前终止或延期结束每期基金，且实际上作出了延长本案基金的决定。此外，被申请人一主张，其自2019年5月至2020年12月，分6次向申请人支付款项共计1,375,858.44元。其中，2019 年 5 月 10 日支付 348,393.36 元；2019 年 6 月 19 日 548,286.21 元；2020 年 3 月 20 日支付 46,997.95 元；2020 年 4 月 23 日支付 112,979.33 元；2020 年 5 月 20 日支付 48,421.99 元；2020 年 12 月 25 日支付 270,779.6 元。因此，截至仲裁庭审理之日，基金仍处于存续状态。

但被申请人二声称，根据其提交的《关于督促（中开金资产管理有限公司）尽快兑付鸿盛 1 号私募投资基金的函》《关于鸿盛 1 号私募投资基金未如期兑付的报告》显示，本案基金已于 2019 年 5 月 8 日终止。

最终，仲裁庭对被申请人二提供的上述证据当庭予以确认，并据此认定本案基金已于 2019 年 5 月 8 日终止。

（二）本案基金未能如期兑付是否属于投资项目自身风险，申请人对在基金退出时获得本金及收益是否具有合理期待

申请人认为，根据基金的推介材料，基金主要投资于优质上市公司的股票质押项目，产品评级为稳健级固定收益类产品。基金合同第 12 条“私募基金的投资”第 8 款“风险收益特征”载明，本产品风险评级为稳健级（R2）。此外，基金合同还约定了 9%/ 年的业绩比较基准，投资期为 12 个月，被申请人一应当于第十三个月内办理投资强制退出事宜，并向申请人兑付投资本金及收益。以上种种都表明，本案私募基金属于稳健型产品，风险较小，投资期限明确，且收益稳定。但是，被申请人一存在募集不规范、将不同私募基金混同运作、信息披露不合规、违规挪用基金财产等违规违约问题，人为引发了产品风险，甚至直接导致本案基金到期无法兑付。因此，被申请人一应当承担投资本金返还和收益支付义务。

被申请人一辩称，（1）申请人作为合格投资者应当自担基金投资风险。被申请人一在基金募集环节中充分履行了风险匹配和风险揭示义务，从未就基金业绩向申请人进行过承诺与保证。被申请人一在投资前制作了《私募基金风险揭示书》《投资者承诺书》《投资者告知书》等文件，全面细致地向申请人进行了风险揭示，明确说明了基金是非保本保收益类理财产品，存在本金损失风险。（2）基金未能如期兑付系投资项目自身投资风险，项目亏损

与被申请人一无关，被申请人一已经履行了应尽义务，被申请人一已向申请人兑付 1,375,858.44 元，且仍在持续兑付中，申请人要求返还全部投资本金并按照业绩比较基准计算收益及利息没有事实和法律依据。

对此，仲裁庭在裁决书中明确写道，本案合同第 8 条第 2 款“申购、赎回的开放日及时间”约定，“……份额投资期限满 12 个月届满时无须提出赎回申请，由被申请人一自动强制退出（退出期为 1 个月）。基金份额投资期限满 12 个月届满日自动强制退出时，由被申请人一分配本金及剩余业绩比较基准收益”。第 4 款第 5 项约定与前述内容基本相同。第 19 条第 4 款约定，基金终止时应进行财产分配，包括投资者的本金和剩余业绩比较基准收益。第 24 条对基金的清算作了详尽的安排。从上述约定可以看出，申请人在投资期限届满、基金终止时依约退出并获得本金和收益属于申请人的合理期待。

（三）按业绩比较基准计算预期收益及违约金是否合理

申请人主张，因基金推介材料和基金合同均写明了 9%/ 年的业绩比较基准，被申请人一应向其支付 9%/ 年的业绩比较基准收益。此外，按照基金合同约定，被申请人一应当不迟于 2019 年 9 月 22 日完成清算，却迟迟未能兑付基金导致申请人无法退出，还应向申请人赔付自 2019 年 9 月 23 日至实际付款日按 9%/ 年计算的逾期清算违约金，经代理人在庭审时解释，该违约金实为利息。

被申请人一辩称，基金合同第 12 条第 9 款约定的业绩比较基准为被申请人一在本合同签署时预期基金在正常运作情况下基金份额持有人在基金份额存续期限内能够实现收益的最高年化收益率，但并不意味着被申请人一或被申请人二保证基金份额持有人实际能够取得相应数额的收益，申请人直接按照业绩比较基准计算预期收益及违约金作为其损失计算的标准没有任何依据。

仲裁庭认为，基金合同第19条第3款第1项约定，“自本基金成立之日起，可定期向基金份额持有人进行收益分配，具体时间及频次由被申请人一决定”。按照业绩比较基准计算的收益系合同期内利益，被申请人一已付款应首先扣减预期收益。同时，虽然基金已于2019年5月8日终止，但被申请人并未就此通知申请人，故仍应按照合同原定12个月的投资期限计算收益。根据基金合同第12条第9款的约定，被申请人一应向申请人支付收益90万元（1000万元 ×9%=90万元）。

至于申请人主张的自2019年9月23日至实际付款日的违约金，仲裁庭认为该请求实为利息请求，参照最高人民法院《关于适用〈中华人民共和国合同法〉若干问题的解释（二）》（已失效）的规定，在收益之外，被申请人一还应先行向申请人支付利息。逾期清算利息应以本金1000万元为基数，按照全国银行间同业拆借中心公布的贷款市场报价利率标准计算，而未采纳申请人按照业绩比较基准计算利息的主张。同时，仲裁庭酌情支持截至2020年12月25日应付的利息金额为475,858.44元，该款项与应付收益金额90万元之和恰好等于被申请人一已付款项1,375,858.44元。

### （四）被申请人一存在哪些违规违约行为

申请人主张被申请人一存在多项违规违约行为，包括：（1）未按期兑付；（2）未履行信息披露义务；（3）参与具有“资金池”性质的私募资产管理活动，利用关联主体将不同的私募基金混同运作；（4）违规募集基金，违反私募机构的适当性要求；（5）违规挪用基金财产；（6）投资方向背离合同约定等。其中前三项获得了仲裁庭支持，后三项因证据材料不足仲裁庭不予认定，各方争议较大的主要是第3项、第4项。

1．关于参与具有“资金池”性质的私募资产管理活动，利用关联主体将不同的私募基金混同运作的行为

申请人主张，被申请人一存在参与具有“资金池”性质的私募资产管理业务，利用关联主体将不同的私募基金混同运作的行为。对此，申请人提交了一份关联案件（该关联案件基金管理人即本案被申请人一，具体基金产品不同）的在先裁决及北京证监局作出的有关被申请人一违规事项的答复（此前，申请人曾在代理人的帮助下就相关事项向北京证监局举报投诉）。

被申请人一辩称，申请人提供的证据未明确指向本案基金，不能证明基金出现其所称的“资金池”等问题，被申请人一已经依约履行了投资义务，并且持续对基金进行投后管理。

仲裁庭认为，虽然前述文件并非完全针对本案投资，但被申请人一存在前述违规行为确已被相关部门认定。从被申请人一至今未向申请人完全兑付的情形来看，仲裁庭有理由认为被申请人一在本案中亦存在申请人主张的前述不当行为。

2．关于违规募集基金、违反私募机构的适当性要求

申请人主张被申请人一允许非本机构雇佣人员进行违规募集，且存在对投资人进行误导性陈述、承诺最低收益等违规行为，并提交了推介人与申请人的微信聊天记录。微信聊天记录完整地展示了自2018年8月推介人开始向申请人推介相关基金产品至申请仲裁前推介人仍屡屡承诺收益及本金兑付，具体内容包含本案基金推介材料、申请人认购基金及付款经过、合同签署、基金延期兑付公告、被申请人一向申请人支付的各笔款项、推介人保底承诺等。

被申请人一辩称，其作为基金管理人在基金募集环节中充分履行了风险匹配和风险揭示义务，从未就基金业绩向投资人进行过承诺与保证。在基金募集过程中，被申请人一依法对投资人的风险识别能力和风险承担能力进行

评估，根据申请人填写的《投资者基本信息表》等相关资料，认定申请人为合格投资者，具体风险承受能力为“专业投资者”级别，依此为其匹配基金。在具体投资之前，被申请人一制作的《私募基金风险揭示书》《投资者承诺书》《投资者告知书》等文件全面细致地向申请人进行了风险揭示。

仲裁庭认为，虽然申请人提交的微信聊天记录确有多处涉及本案基金相关内容，但申请人并未提供相关证据证明推介人身份。而且，被申请人一提交了《投资者基本信息表》、投资者类型及风险匹配告知书及投资者确认函，以及本案合同中的《私募基金风险揭示书》《投资者承诺书》《投资者告知书》显示申请人均已签署，证明被申请人一已对申请人进行投资者适当性评估，亦向其告知了相关风险。故仲裁庭对于申请人提出的被申请人一违反私募机构的适当性要求的主张不予确认。

（五）被申请人二是否存在失职或未尽义务的行为

申请人主张，被申请人二有以下 4 项未尽义务：（1）安全保管基金财产和确保基金财产的完整与独立，以及监管被申请人一的投资运作行为。被申请人二未对被申请人一的划款指令进行严格审核，对被申请人一从事关联交易的行为未尽审核义务。（2）复核基金净值。（3）信息披露。被申请人二没有将托管业务涉及的有关信息向投资者进行任何形式的披露，包括但不限于关联交易披露、被申请人一未提供基金报告以及复核的基金报告、基金提前终止、在基金不能如期兑付后保障投资措施的信息披露以及各个年度的托管报告等。（4）召集基金份额持有人大会。申请人认为，根据基金合同的规定，在被申请人一长期未召集基金份额持有人大会的情况下，被申请人二有召集基金份额持有人大会的义务。但是，无论是被申请人一，还是被申请人二，在基金存续期间从未组织召开基金份额持有人大会。

被申请人二辩称，其履行了基金托管人应尽的义务，且仲裁庭对此予以认可。（1）被申请人二主张，基金合同第16条第3款、第15条第3款约定的监督和审查，仅限于对资金投向进行直接监督，对划款指令进行形式审查，对此被申请人二提供了划款指令、银行回单、银行流水明细、付款凭证和相关协议等予以证明。至于关联交易，合同第12条第7款约定基金可以从事关联交易行为，被申请人二无义务审查关联关系 / 关联交易，申请人对此应当知情。仲裁庭对此予以认可。（2）被申请人二辩称其与外包服务机构定期就基金净值进行了核对，并提供了相关邮件和系统截图，仲裁庭当天核对了电子版文件，并认定被申请人二履行了基金净值复核义务。（3）仲裁庭认为，根据基金合同第20条的约定，信息披露的主体是被申请人一，被申请人二仅对复核相关报告、基金净值等信息负责，或为被申请人一的信息披露提供一定的协助。且被申请人二提供了2018—2020年度的基金托管报告，仲裁庭对此予以认可。（4）尽管基金合同第10条第4款第1项约定，在被申请人一未按规定召集或不能召集或不愿召集时，由被申请人二召集基金份额持有人大会。但仲裁庭认为，申请人未能提供证据证明其提出过召集基金份额持有人大会的主张，也无法证明被申请人一未按规定召集或不能召集或不愿召集，直接要求被申请人二履行召集职责并无依据。

## ▶▶ 案件解析

私募基金投资本身具有高收益、高风险的特征，投资项目自带的投资风险是基金管理人无法完全规避的，只要亏损不是由基金管理人或托管人的违规或违约行为导致的，那么投资人就要承担该投资风险及相应的损失。因此，投资人损失是基金管理人或托管人的违规或违约行为导致的，还是投资产品本身的市场风险导致的，是处理基金投资纠纷过程中要考虑的核心问题。

本案是私募基金投资人通过仲裁方式成功维权的典型案例。案件中，被申请人一的种种违规行为，基本上涵盖了私募基金管理人可能涉及的主要违规行为，被申请人二也很难说完全履行了基金托管人应尽的义务。但是，申请人作为自然人，投资经验相对不足，导致其在基金合同签署、基金运营过程中风险意识、证据意识和权利意识相对匮乏，这不仅放大了投资风险，还极大地增加了在维权过程中的举证难度。尽管代理人通过信息检索、向相关职能部门举报投诉等方式获得了本案的关键证据，使仲裁庭认定了被申请人一存在到期未兑付、未依约完成信息披露、利用关联主体将不同的私募基金混同运作等违规行为，并认可该等行为直接导致申请人到期未获兑付的后果，但对于被申请人一违规募集基金、违反私募机构的适当性要求以及违规挪用基金财产等行为，均因证据不足不予认定。此外，投资人在基金运作过程中，在被申请人一未作信息披露、召开投资人大会的情况下，未向被申请人二提出相关主张。这不仅导致申请人自身对于基金运作情况处于全盲状态，还在一定程度上给予了被申请人二未完全履行相关义务的理由。

## 相关法条

**《中华人民共和国证券投资基金法》**

**第三十六条** 基金托管人应当履行下列职责：

（一）安全保管基金财产；

（二）按照规定开设基金财产的资金账户和证券账户；

（三）对所托管的不同基金财产分别设置账户，确保基金财产的完整与独立；

（四）保存基金托管业务活动的记录、账册、报表和其他相关资料；

（五）按照基金合同的约定，根据基金管理人的投资指令，及时办理清算、交割事宜；

（六）办理与基金托管业务活动有关的信息披露事项；

（七）对基金财务会计报告、中期和年度基金报告出具意见；

（八）复核、审查基金管理人计算的基金资产净值和基金份额申购、赎回价格；

（九）按照规定召集基金份额持有人大会；

（十）按照规定监督基金管理人的投资运作；

（十一）国务院证券监督管理机构规定的其他职责。

**第一百四十五条** 违反本法规定，给基金财产、基金份额持有人或者投资人造成损害的，依法承担赔偿责任。

基金管理人、基金托管人在履行各自职责的过程中，违反本法规定或者基金合同约定，给基金财产或者基金份额持有人造成损害的，应当分别对各自的行为依法承担赔偿责任；因共同行为给基金财产或者基金份额持有人造成损害的，应当承担连带赔偿责任。

**《证券期货经营机构私募资产管理业务管理办法》**

**第十四条** 证券期货经营机构应当将受托财产交由依法取得基金托管资格的托管机构实施独立托管。法律、行政法规和中国证监会另有规定的除外。

托管人应当履行下列职责：

（一）安全保管资产管理计划财产；

（二）按照规定开设资产管理计划的托管账户，不同托管账户中的财产应当相互独立；

（三）按照资产管理合同约定，根据管理人的投资指令，及时办理清算、交割事宜；

（四）建立与管理人的对账机制，复核、审查管理人计算的资产管理计划资产净值和资产管理计划参与、退出价格；

（五）监督管理人的投资运作，发现管理人的投资或清算指令违反法律、行政法规、中国证监会的规定或者资产管理合同约定的，应当拒绝执行，并向中国证监会相关派出机构报告；

（六）办理与资产管理计划托管业务活动有关的信息披露事项；

（七）对资产管理计划财务会计报告、年度报告出具意见；

（八）保存资产管理计划托管业务活动的记录、账册、报表和其他相关资料；

（九）对资产管理计划投资信息和相关资料承担保密责任，除法律、行政法规、规章规定或者审计要求、合同约定外，不得向任何机构或者个人提供相关信息和资料；

（十）法律、行政法规和中国证监会规定的其他职责。

**第七十三条** 证券期货经营机构应当于每月十日前向证券投资基金业协会报送资产管理计划的持续募集情况、投资运作情况、资产最终投向等信息。

证券期货经营机构应当在每季度结束之日起一个月内，编制私募资产管理业务管理季度报告，并报送中国证监会相关派出机构。证券期货经营机构、托管人应当在每年度结束之日起四个月内，分别编制私募资产管理业务管理年度报告和托管年度报告，并报送中国证监会相关派出机构。

证券期货经营机构应当在私募资产管理业务管理季度报告和管理年度报告中，就本办法所规定的风险管理与内部控制制度在报告期内的执行情况等进行分析，并由合规负责人、风控负责人、总经理分别签署。

**《私募投资基金监督管理暂行办法》**

**第二十二条** 同一私募基金管理人管理不同类别私募基金的，应当坚持专业化管理原则；管理可能导致利益输送或者利益冲突的不同私募基金的，应当建立防范利益输送和利益冲突的机制。

**《关于规范金融机构资产管理业务的指导意见》**

**第八条** 金融机构运用受托资金进行投资，应当遵守审慎经营规则，制定科学合理的投资策略和风险管理制度，有效防范和控制风险。

金融机构应当履行以下管理人职责：

（一）依法募集资金，办理产品份额的发售和登记事宜。

（二）办理产品登记备案或者注册手续。

（三）对所管理的不同产品受托财产分别管理、分别记账，进行投资。

（四）按照产品合同的约定确定收益分配方案，及时向投资者分配收益。

（五）进行产品会计核算并编制产品财务会计报告。

（六）依法计算并披露产品净值或者投资收益情况，确定申购、赎回价格。

（七）办理与受托财产管理业务活动有关的信息披露事项。

（八）保存受托财产管理业务活动的记录、账册、报表和其他相关资料。

（九）以管理人名义，代表投资者利益行使诉讼权利或者实施其他法律行为。

（十）在兑付受托资金及收益时，金融机构应当保证受托资金及收益返回委托人的原账户、同名账户或者合同约定的受益人账户。

（十一）金融监督管理部门规定的其他职责。

金融机构未按照诚实信用、勤勉尽责原则切实履行受托管理职责，造成投资者损失的，应当依法向投资者承担赔偿责任。

**《最高人民法院关于适用〈中华人民共和国合同法〉若干问题的解释（二）》（已失效）**

**第二十一条** 债务人除主债务之外还应当支付利息和费用，当其给付不足以清偿全部债务时，并且当事人没有约定的，人民法院应当按照下列顺序抵充：

（一）实现债权的有关费用；

（二）利息；

（三）主债务。

**《中华人民共和国民法典》**

**第五百六十一条** 债务人在履行主债务外还应当支付利息和实现债权的有关费用，其给付不足以清偿全部债务的，除当事人另有约定外，应当按照下列顺序履行：

（一）实现债权的有关费用；

（二）利息；

（三）主债务。

**自我思考**

# 场外债券交易的效力辨析与责任认定

闫　艳◎

## 律师办案笔记

本案面临是适用《民法典》等一般法，还是适用中国证监会等发布的规范性文件、交易所规则等特殊规定的问题，特别是两者存在冲突的。一审法院错误地选择适用一般法判决被告败诉，认定依据被告与原告的微信聊天记录，双方已达成协议，被告应当履约，故被告在未履约情况下应当承担违约责任。

二审中，代理律师提交的专业代理意见及答辩意见获得了法院的高度认可，获得了二审撤销一审判决并改判、被告胜诉的结果。

其一，本案是因场外交易引发的金融债券纠纷，也是因交易所挂牌债券停牌后由相关交易主体提起诉讼的债权纠纷，涉及众多交易类型，包括“交易所市场交易”“场外交易（OTC 交易）”“银行间市场交易”。本案有助于律师及相关从业人员进一步厘清前述交易的具体适用场景、流程及对应交易规则。加之在当前金融实操中，交易所债券购买人与金融机构交易员在场外达成交易磋商后，再在场内交易平台按照“T+0”规则下单为普遍情形，而本案判决认定案涉债券应当在交易所场内进行交易，再次提示金融机构交易员及购买人应当严格依照法律及行业规范性文件、交易所规则等通过正当程序进行交易；同时，本案阐明了此类场外债券交易的法律效力、交易合同生效要件及法律后果，具有极高的实务价值。

其二，一审法院认可了场外交易的效力，认为无论通过何种方式，只要双方当事人初步达成交易合意，便可跳过交易所的场内交易规则及相应金融政策随意进行债券交易，这无疑助长了非法进行场外交易的恶劣风气，长期如此将使法律、规范性文件、金融行业交易规则等成为“一纸空文”，金融债券市场秩序混乱。故本案二审改判认定被告无须承担责任对肃清行业乱象、消除行业不稳定风险具有积极意义。

其三，本案再次重申了当一般法与特殊法冲突时应当优先适用后者的原则，在涉及金融债券、资本市场等具有明显的、区别于一般法的特殊法律法规、金融监管政策的领域更是如此。因此，本案二审判决充分体现了法律适用与金融监管思路的融合，对金融机构开展交易具有高度指导作用。

本案是典型的金融市场债券交易纠纷，除法律问题外，还涉及金融部门规范性文件、上海证券交易所交易规则、债券交易实务流程及操作等专业知识。加之引发本案的原因是被告与原告进行了场外债券交易，并未在场内系统上下单，故本案的处理对于律师灵活运用“金融专业知识+法律条文”的复合能力提出了极高要求。

## 案例信息

**上诉人（一审被告）：**百年保险资产管理有限责任公司

**被上诉人（一审原告）：**上海明寓投资发展有限公司

**案号：**（2021）沪74民终1264号

## 基本案情

百年保险资产管理有限责任公司（一审被告/上诉人）是案涉债券的持有

人，上海明寓投资发展有限公司（一审原告 / 被上诉人）通过微信与被告就该债券的转让及收益等问题达成交易意向，随后完成了三笔证券交易。该三笔债券交易均以上海证券交易所固定收益证券综合电子平台（以下简称上交所固收平台）中的“指定对手方报价”方式成交，交易双方分别为晟则一号基金和百年人寿公司，双方在上交所固收平台录入的交易要素为价格、数量、交易双方和交易号，双方约定以“搭梯子”的方式逐步作价。由于上交所固收平台有涨跌幅限制，交易双方参考前一交易日的收盘价格，预设交易日当日的报价，然后以当日成交的债券价格为初始价，通过后续多笔交易逐步递减作价交易价格，直至价格递减至理想价。之后因债券发行人资信不良，交易所宣布调整相应交易方式，进而使案涉债券突然停牌，并被提前兑付。由此，原告起诉被告主张其应当赔付案涉债券因提前兑付引起的预期利益损失。一审法院在认定案涉债券交易合同效力时，法律适用错误，作出被告全额赔偿原告可得利益损失的错误判决。面对一审败诉的不利局面，代理律师在二审程序中，直击案件核心争议，凭借深厚金融法律功底，组织专业代理意见、答辩意见，取得撤销一审判决，二审依法改判的胜诉结果，被告权益得到充分维护。

结合案件情况代理律师提出如下理由：

1. 一审法院认定案涉债券交易合同成立，并由此判令上诉人赔偿被上诉人可得利益损失，属于法律适用错误。上交所固收平台债券交易是场内交易，应当由交易双方向平台申报，输入相关交易要素并下单，然后经平台审核验证，确认各项要素匹配后，生成该笔债券交易的成交单。上交所固收平台交易系统生成的成交单标志着债券交易合同的成立，成交单也是债券交易合同的表现形式。由中国人民银行、原银监会、证监会、原保监会发布的《关于规范债券市场参与者债券交易业务的通知》第 6 条规定，债券市场参与者应根据有关规定签订交易合同及相关主协议。同时，参照中国人民银行发布的《全国银行间债券市场债券交易管理办法》第16条的规定，进行债券交易，应订立书面形式的合同，书面形式包括同业中心交易系统生成的成交单、电报、电传、传真、合同书和信件等。本案中，案涉债券交易是交易所固收平台交易（场内交易），双方在场内下单之前的微信聊天，是一种典型的场外磋商方式，是双方对标的债券询价、磋商、谈判的过程。在场外磋商后，只有当交易双方向平台交易系统下单输入每一笔确定的交易要素时（场内下单），才属于合同法上的要约、承诺，也只有经平台审核确认匹配后，才成立债券交易合同。

2. 上交所固收平台债券交易是即期交易，遵循“T+0”交易规则，并不存在远期交易。双方之前的微信洽谈仅仅是场外磋商，场外磋商讨论的目标价格为人民币（以下币种同）65元，与债券当时的市场价格89元相差甚远，双方均无法保证在实际操作中一定能够按照洽谈的价格达成交易，最终只能以系统实际下单的价格为准。然而一审判决认为在双方微信聊天时就已经成立“10万张65元”“20万张55元”的债券交易合同（尤其认为尚遥遥无期的“20万张55元”的债券合同成立），这显然与上交所固收平台“即期交易”规则完全冲突。

3. 本案债券交易为上交所固收平台“指定对手方报价交易”，并非被上诉人声称的“协议转让”，本案更不适用非交易过户的情形。根据《上海证券交易所固定收益证券综合电子平台交易暂行规定》（已失效）、《上交所固定收益证券综合电子平台用户使用手册》的规定，报价、询价交易适用于交易商之间；协议交易适用于交易商与其自身的客户之间。本案中，交易双方均是通过各自交易商（海通证券与广发证券）进行交易，因此并不属于协议交易的适用情形。另外，协议交易同样也需要在平台系统两次录入交易要素，经系统匹配后，方能生效，无法仅仅凭被上诉人的场外磋商即成立债券合同。最后，案涉债券交易也不适用非交易过户情形，根据《证券非交易过户业务实施细则（适用于继承、捐赠等情形）》的规定，非交易过户仅适用于继承、捐赠、离婚财产分割、法人资格丧失等情形。

4．按照一审判决观点，案涉“10 万张 65 元”“20 万张 55 元”的债券交易合同在微信聊天时即成立，那么此时微信达成的债券合同属于附条件的合同，只有当交易日当天该债券的实际价格能够降至 65 元或 55 元时，双方微信中洽谈的条件才成立，彼时债券合同生效。

5．债券突然停牌属于市场参与主体无法预见、无法避免、无法控制的市场风险，停牌造成客观上无法再继续交易，不是上诉人的违约行为，无须承担违约责任。

6．本案中，被上诉人没能继续买入标的债券，这一结果应由被上诉人自行承担，这不仅符合被上诉人签署的《风险揭示书》的约定，也符合《全国法院民商事审判工作会议纪要》强调的“买者自负、风险自担”原则。

7．被上诉人主张可得利益损失，缺乏依据，一审法院判决上诉人赔偿被上诉人可得利益损失，属于法律适用错误。根据《合同法》第 113 条〔1〕，主张赔偿预期利益的，需要具备三个前提：（1）合同已经成立；（2）由合同一方违约所导致；（3）预期利益在合同订立之时具有可预见性。而在本案中，王某的微信聊天仅是场外磋商，尚未在上交所固收平台交易系统进行下单，不构成债券交易合同，合同没有成立，因债券停牌导致该债券无法再交易，上诉人不存在违约行为。更重要的是，被上诉人所主张的预期利益，在本案微信聊天发生之时，也完全没有可预见性。山东齐成石油化工有限公司（以

〔1〕 已失效，现为《民法典》第 584 条。

下简称齐成公司）在2019年6月4日就发布公告称公司资信发生不利变化，王某与上诉人对标的债券的价格是看跌而不是看涨的，这也是为什么双方在洽谈价格之时，王某一直在压价，各方在当时无论如何都不可能预见到这支债券接下来会提前兑付。更不可能预见到会在何时、以什么样的价格兑付。加之，债券市场本身的高度不确定性、发行人违约风险、债券价格波动风险等，投资该债券很可能没有收益甚至亏损。因此，被上诉人主张的预期利益在两人洽谈之时根本没有可预见性。以上三个前提都不具备，不符合赔偿可得利益损失的法定情形。

综上，上诉人与被上诉人之间的债券交易合同未成立。案涉债券突然停牌无法交易属于市场主体无法预见、无法避免、无法控制的交易风险，上诉人对此不承担违约责任，被上诉人主张的可得利益损失缺乏依据。

本案的最终结果是，二审法院采纳代理律师提交的法律意见，结合交易标的之特殊性和所受法律规制程序等因素，综合认定案涉债券交易合同未成立，被上诉人主张的预期利益不能完全支持。

## ▷▷ 争议焦点

1. 晟则一号基金与百年保险资产管理有限责任公司之间的债券交易合同是否成立。

2. 百年保险资产管理有限责任公司是否负有赔偿损失之责任及相应范围如何确定。

## ▶▶ 案件解析

本案系金融交易领域的重大疑难案件，核心争议焦点之一在于客户与被上诉人在微信上就案涉债券交易达成的合意是否能够视为公司债券交易合同已经成立。一审法院和被上诉人均认为，依照《合同法》[1]规定的合同成立的一般要件，双方当事人就交易数量、标的达成合意，合同成立。代理律师和二审法院否认该观点。理由在于：其一，案涉债券不属于普通商品，债券合同的效力需结合债券资产的特殊性和所受法律规制程序等综合因素予以认定。根据《证券法》第37条、第115条和2021年《公司债券发行与交易管理办法》第31条、第33条的规定，公开发行的公司债券应当在证券交易所交易，并应遵循交易所规则。《民法典》与《证券法》、《公司债券发行与交易管理办法》属一般法和特别法的关系，当法律适用发生竞合时，应遵循特别法优于一般法的适用规则。此外《民法典》第135条规定：民事法律行为，法律、行政法规规定或者当事人约定采用特定形式的，应当采用特定形式。法定要式有澄清、信息公示功能，借助法律要式将法律行为内容固定，使法律关系清晰。本案中，案涉债券已经转入固定收益交易平台，案涉债券交易应当依照上交所固收平台交易规则的要求开展。其二，双方微信聊天属于场外磋商，不符合固收平台的“指定对手方交易”规则，债券交易合同未成立。根据2022年修订的《上海证券交易所债券交易规则》第63条的规定：“交易申报经交易系统确认成交后，交易即告成立。符合本规则各项规定达成的债券交易于成立时生效，成交结果以交易系统记录的成交数据为准。交易双方应当承认交易结果，履行清算交收义务。……”即交易双方须通过交易平台以电子化方式经证券交易所确认，方能构成案涉债券交易合同，双方微信聊天记录本身不成立债券交易合同，双方微信聊天中达成的交易意向仅属于预约。

---

〔1〕已失效，现为《民法典》。

本案核心争议焦点之二在于赔偿责任和范围的确定。在金融交易案件中，赔偿责任有无须考虑以下因素：履约的主客观情况、交易风险和获利预期。履约情况的判定应首先确定预约合同的法律效果，预约合同的效果包括确定双方继续磋商或继续缔结本约，就前者法律效果而言，可以根据磋商过程判断双方的履约情况，就后者法律效果而言，可以根据缔约义务人界定法律责任。交易风险的判定应区分交易合约本身的风险和标的物的风险，两者的区别在于交易本身的风险不基于占有状态的变更而转移。获利预期应考量交易发生时双方的获利期待和实际获利情况。预约合同形成的预期损失不等同于本约达成后的预期利益，案涉债券交易合同未成立，被上诉人在一审中基于合同成立所主张的预期利益于法无据，二审法院未支持被上诉人一审诉求。二审法院认为，违反预约的损害赔偿范围应介于订立本约的信赖利益与履行本约的可得利益之间。预约的预期利益是善意相对人丧失缔结本约的机会成本。这一机会成本应当置于市场环境中根据交易标的的平均收益来考量，即善意相对人购买同类债券可能获得的平均收益，可以参考同类债券在同期内的收益率确定预期利益的赔偿范围。

## 相关法条

**《中华人民共和国证券法》**

**第三十七条** 公开发行的证券，应当在依法设立的证券交易所上市交易或者在国务院批准的其他全国性证券交易场所交易。

**第一百一十五条** 在证券交易所从事证券交易，应当遵守证券交易所依法制定的业务规则。违反业务规则的，由证券交易所给予纪律处分或者采取其他自律管理措施。

《公司债券发行与交易管理办法》

**第三十一条** 公开发行的公司债券，应当在证券交易场所交易。

公开发行公司债券并在证券交易场所交易的，应当符合证券交易场所规定的上市、挂牌条件。

**第三十三条** 公开发行公司债券申请上市交易的，应当在发行前根据证券交易场所的相关规则，明确交易机制和交易环节投资者适当性安排。发行环节和交易环节的投资者适当性要求应当保持一致。

**自我思考**

# 回购条款与有限合伙协议之间的冲突解决

朱博卓　柴安琪 ◎

## 律师办案笔记

随着律师对案件的深入了解，也体会到了民营资本内部各路投资人不同的投资风格和投资理念的冲突。也正因复杂的投资背景及不同投资人的内心期许，律师在介入案件时，不仅要考量各个投资人的心理预期，还需要针对整个投资项目进行重新梳理，以便尽可能还原当时的案件事实，并争取为企业保驾护航，专心处理收购后的经营事宜。

在本案中，律师分别从投资磋商的背景情况、回购条款的解读以及回购条款是否触发等角度多方面阐述，最终为当事人取得了一审、二审胜诉的结果。同时，案件的顺利推进以及电影市场的回暖，使大部分民营资本内部化解了矛盾，也通过案件审理加强了混改公司的管理层的核心地位，使各投资人一致对外以取得相应的投资收益。

## 案例信息

**原告（反诉被告）：** 张某敏

**被告一：** 张某燕

**被告二（反诉第三人）：** 张某娟

**被告三（反诉原告）：** 上海维宸企业管理中心

**案号：** （2021）沪 0115 民初 83086 号、（2022）沪 01 民终 12593 号

## 基本案情

2018 年 11 月 29 日，原告作为甲方，被告三作为乙方，被告一、被告二作为丙方共同签订认购协议一份，约定：鉴于甲方有意投资票仓公司，乙方指定主体有优先受让票仓公司股权机会，各方本着自愿、平等、互惠互利、诚实信用的原则，经充分友好协商订立如下合同条款，以期共同恪守履行。第 1 条：× 电影公司拟转让票仓公司 51% 的股权［挂牌转让底价 1.224 亿元（不含产交交易成本及相关税费）］。乙方指定上海晨 × 公司（注册资本金 1.35 亿元）拟受让前述股权，乙方系上海晨 × 公司的大股东（持股比例为 90%），甲方有意通过投资乙方最终实现对票仓公司的投资。第 2 条：各方同意，甲方以现金方式向乙方认购 270 万元（以下简称甲方投资款）份额，该份额以资本金形式投入到乙方，甲方间接持有票仓公司 1.13% 的股权（最终票仓公司摘牌价格以甲方实缴金额核算为准）。第 4 条乙方承诺：（1）甲方向乙方汇入的认购资金用于投资被告三以实现对票仓公司的投资。（2）在甲方投资款项全部到位后 60 个日历日内，办理甲方出资至乙方及票仓公司的全部工商注册变更等工作程序及必办手续。（3）甲方对持有的被告三份额拥有自主处置权，无须被告三任何合伙人同意即可对外转让。乙方应积极促使任一或全部合伙人予以配合，对此甲方应给予必要的时间。（4）对于票仓公司转让前的负债，甲方需承担偿还责任。第 5 条：甲方的回购权，（1）乙方及丙方承诺，在发生本条约定的以下股权回购任一事项时，甲方有权要求乙方和 / 或丙方按不低于本协议第 5 条第 2 点约定的价格及甲方指定的回购方式回购甲方的部分或者全部出资份额。丙方具有按照本条第 2 点约定的回购价格受让甲方出资份额的义务，但有任何第三方提出的购买该等出资份额的条件优于回购价格的，甲方有权决定将该等出资份额转让给第三方，丙方保留同等条件下的优先购买权。具体回购事项如下：……（6）未经甲方书面同意，丙方向其他出资人或第三方转让其所持有的部分或全部乙方出资份额，或者委托他人管理其直接或间接持有的乙方及票仓公司股权，并使其失去实际控制人地位的；以及发生其他可能导致乙方及票仓公司控股股东、实际控制人发生变化的股权质押等任何其他行为。（7）乙方和/或丙方实质性违反本协议约定的承诺、保证及相关义务的。（8）其他根据一般常识性的、合理的判断，甲方受到不平等、不公正的对待等原因，继续持有乙方出资将给甲方造成重大损失或无法实现投资预期的情况……（2）甲方本次投资的回购价格为：回购价格……（3）当出现本协议约定的出资回购情形时，甲方有权向乙方和/或丙方发出回购甲方所持出资份额的书面通知，在乙方和/或丙方收到回购书面通知的三个月之内，乙方和/或丙方承诺并保证按照不低于第五条第二点约定的回购价格将出资回购款全额支付给甲方（“回购日”）。若丙方违反上述约定未能向甲方全额支付出资回购款或协助甲方履行回购的全部手续，视为丙方违约，应当按照每逾期一日，以应付款项总额的万分之五，向甲方支付逾期付款违约金。

在协议签订后，原告于2018年11月27日向被告三账户转入170万元，2018年12月7日转入100万元。被告三于2019年3月14日通过的《有限合伙协议》载明，被告三由12个合伙人共同出资设立，普通合伙人1名，其中张某敏即原告，出资270万元。经全体合伙人决定，合伙人可以增加或者减少对合伙企业的出资。当合伙人向合伙人以外的人转让其在合伙企业中的全部或者部分财产份额时，须经其他合伙人一致同意，合伙人向合伙人以外的人转让其在合伙企业中的财产份额的，在同等条件下，其他合伙人有优先购买权；当合伙人之间转让在合伙企业中的全部或者部分财产份额时，应当通知其他合伙人。随后办理变更登记。

2019年3月18日，票仓公司的股东由×电影公司变更为×电影公司（占股49%）、上海晨×公司（占股51%）。2019年12月，上海晨×公司将其持有的票仓公司的部分股权转让给深圳×礼公司、苏州吴×公司，每股转让对价26.47元。并于2021年12月20日完成变更登记，变更后票仓公司的股权结构为：×电影公司持股49%，上海晨×公司持股25.6889%，深圳×礼公司持股13.9778%，苏州吴×公司持股11.3333%。2019年3月26日，被告三向原告转账100万元，摘要为“退款”。

2019年11月26日，被告三通过新的《有限合伙协议》载明，被告三由12个合伙人共同出资设立，普通合伙人1名，为上海展×咨询服务有限公司（出资1000万元）；有限合伙人11名，其中张某敏出资270万元。经全体合伙人决定，合伙人可以增加或者减少对合伙企业的出资。当合伙人向合伙人以外的人转让其在合伙企业中的全部或者部分财产份额时，须经其他合伙人一致同意，合伙人向合伙人以外的人转让其在合伙企业中的财产份额的，在同等条件下，其他合伙人有优先购买权；当合伙人之间转让在合伙企业中的全部或者部分财产份额时，应当通知其他合伙人。之后办理变更登记。

2019年12月6日，上海晨×公司、深圳×礼公司、苏州吴×公司共同签订《一致行动协议》，约定各方同意，在本协议有效期内，有关公司经营发展的重大事项在向股东大会、董事会提出议案之前，或在行使股东大会或董事会等事项的表决权之前，一致行动人内部先对相关议案或表决事项进行协调，形成一致意见。若各方内部无法达成一致意见，三方共同投票表决，每方代表一票，少数服从多数。协议有效期自2019年12月6日至2022年12月5日。

认购协议签订时，上海晨×公司股权情况为被告三持股99.99%、×投资管理有限公司持股 0.01%，被告三持股比例目前无变化。协议签订时，被告三的合伙人情况为张某燕出资 2760 万元，案外人褚某出资 1840 万元。

2019 年 12 月 6 日，上海晨 × 公司将其持有的票仓公司 219.1 万元股权质押给 × 猴合伙企业。该质押已于 2022 年 8 月 5 日解除。

2021 年 8 月 18 日，原告向三被告发出回购通知函，载明，上海晨 × 公司未经本人同意，擅自将上海晨 × 公司持有的票仓公司股权的 13.9778 以及 11.3333% 分别转让给了深圳 × 礼公司和苏州吴 × 公司。并与其签订了《一致行动协议》，约定有关票仓公司经营发展的重大事项需经过三方内部投票表决，并形成一致意见。2019 年 12 月 6 日，上海晨 × 公司又擅自将 219.17 元的股权出质给了 × 猴合伙企业。鉴于此，上海晨 × 公司已经失去了票仓公司实际控制人以及控股股东的地位，擅自处分了原告间接控制的股权的行为，严重违反了认购协议的约定，损害了原告的利益。同时，上海晨 × 公司的行为已触发了认购协议约定的回购条款。现原告正式函告上海晨 × 公司：请上海晨 × 公司于收到本通知函后的 3 个月内，按照认购协议第 5 条第 2 点约定的回购价格向原告支付出资回购款（截至 2021 年 6 月 20 日，出资回购款暂计为 3,390,384 元），回购原告持有的上海维宸企业管理中心的全部出资份额。

本案一审原告败诉，原告不服提出上诉，二审维持原判。

## ▷▷ 争议焦点

1. 上海维宸企业管理中心实控股东人是否变更？票仓公司控股股东、实际控制人是否变更？

2. 签署在后的《有限合伙协议》关于退伙入伙的约定是否对签署在前的认购协议回购请求权附加了限制性条件？

3．投资人对票仓公司控股股东、实际控制人变更是否知情同意？

## ▶▶ 案件解析

### （一）本案难点

1．从大局上看，张某敏联合数个投资人在上海不同法院分别启动合同纠纷诉讼和保全，起诉两个自然人张某娟、张某燕和上海维宸企业管理中心，在短时间内形成合力围攻，对三被告施加了巨大压力。

第一，张某敏诉讼系首起法院受理该类案件，张某敏系各位投资人的领头人，主张回购本金 270 万元，回购年利息达 10%，首次起诉时诉请金额达到 300 多万元。一旦所有案件败诉，两个自然人被告将极大可能丧失对票仓公司混改项目的控制权，使两自然人被告背负将近 3000 多万元个人债务，进而危及其作为普通合伙人的信誉和其他投资项目的落地。

第二，因上述诉讼，票仓公司的股东之一上海晨 × 公司股权被保全，引发票仓公司的国资股东对民资股东和其派出的管理层的信任危机。

2．从法院审理角度看，进入审理阶段后，上海各区一审法院对案件争议焦点归纳不一，呈现出完全不同的审理思路，致使被告疲于应付。

因原告主张触发回购的情形较多，且核心直指控股股东、实际控制人变更，不同法院在审理这些案件时对其中的侧重点均有不同。如上海市普陀区人民法院侧重审查投资人对控股股东、实际控制人变更的知情同意与否，并关注上海 × 韵公司出让部分票仓公司股权后的资金流向，要求追加票仓公司作为第三人出庭。上海市浦东新区人民法院侧重审查认购协议和《有限合伙协议》之间的条款关系。上海市黄浦区人民法院侧重审查投资人对股权转让协议的知情同意与否。上海市宝山区人民法院持观望态度并进行全面审查。因上述法院的不同审查思路，被告承担了较重的举证责任。

3. 从回购条款约定和证据上看，原告明显占优势，被告颇为不利。

第一，认购协议约定了8项触发回购的情形，在数次庭审中原告先后累计提出多达4项回购触发情形，其中控股股东、实际控制人是否变更成为重大法律和事实争点。认购协议约定了多个主体的责任，但这些主体应承担何种性质的责任，主体内部之间是承担连带责任还是按份责任，有待论证。

第二，张某敏、栾某、杨某既是上海维宸企业管理中心的有限合伙人，又曾分别担任票仓公司董事、董事长（兼任法定代表人）、监事，实际上深度参与决策管理，但因管理上欠缺规范，并未留存较多直接证据。

（二）律师观点

1. 合伙是两个以上合伙人为了共同事业目的，以共享利益、共担风险为基础而设立的经营方式或者组织体。合伙人之间的合作建立在对彼此人身高度信赖的基础之上，故合伙企业具有高度的人合性。合伙高度强调人合性，故应尊重合伙人之间的意思自治。因此，就合伙财产份额转让而言，如果合伙协议有特别约定，在该约定不违反法律、行政法规的强制性规定，也不违背公序良俗的情况下，则应认定其合法有效，合伙人应严格遵守。

2. 涉案认购协议系各方真实意思表示，在签订时既已成立。但在原告与三被告签订该认购协议后，包括原告、被告张某燕在内的全体合伙人一致通过了新的合伙协议，对合伙人向合伙人以外的人转让财产份额进行了限制，同时约定了在此情形下其他合伙人的优先购买权。在此之后，被告张某燕、案外人钟某退出上海维宸企业管理中心，相应财产份额由上海展×公司、案外人姜某取得，被告三的全部合伙人再次通过新的合伙协议，重申了上述内容。上述内容的目的显然是维系被告三这一合伙企业的人合性，不违反法律、行政法规强制性规定，亦不违背公序良俗，合法有效。

3．本案中，原告要求被告张某燕、张某娟支付回购款，其合同依据为认购协议第 5 条中约定的原告回购权条款，究其诉请的实质，系合伙财产份额转让时要求受让人支付转让对价。因此，原告所持有的被告三的财产份额能否转让，直接关系被告张某娟、被告三应否向原告支付该对价。而原告与三被告签订的认购协议约定的回购条款，系在回购条件满足时，原告可以单方向三被告主张回购。在认购协议签订后，包括原告在内的被告三的全部合伙人明确了合伙份额对外转让的限制，实际上是原告认可了对其上述回购请求权附加了限制性条件，即当其他合伙人一致同意时才可以行使该回购请求权，同时，其他合伙人在同等条件下享有优先购买权。现被告张某燕、张某娟已非被告三的合伙人，原告欲将其合伙份额转让给被告张某燕、张某娟，须经其他合伙人一致同意，且需要保证其他合伙人的优先购买权。而在本案中，原告并未征求其他全部合伙人关于对外转让其财产份额的意见，也就导致原告要求被告张某燕、张某娟实际履行回购财产份额义务的条件尚未成就，亦有可能损害其他合伙人的优先购买权。因此，即便认购协议中约定的回购条件均已符合，原告主张回购的请求也无法被法院支持。

## 相关法条

**《中华人民共和国涉外民事关系法律适用法》**

**第四十一条** 当事人可以协议选择合同适用的法律。当事人没有选择的，适用履行义务最能体现该合同特征的一方当事人经常居所地法律或者其他与该合同有最密切联系的法律。

**《中华人民共和国合伙企业法》**

**第三十四条** 合伙人按照合伙协议的约定或者经全体合伙人决定，可以增加或者减少对合伙企业的出资。

**第六十五条** 有限合伙人应当按照合伙协议的约定按期足额缴纳出资；未按期足额缴纳的，应当承担补缴义务，并对其他合伙人承担违约责任。

**《中华人民共和国民事诉讼法》**

**第六十七条** 当事人对自己提出的主张，有责任提供证据。

当事人及其诉讼代理人因客观原因不能自行收集的证据，或者人民法院认为审理案件需要的证据，人民法院应当调查收集。

人民法院应当按照法定程序，全面地、客观地审查核实证据。

**《最高人民法院关于适用〈中华人民共和国民事诉讼法〉的解释》**

**第九十条** 当事人对自己提出的诉讼请求所依据的事实或者反驳对方诉讼请求所依据的事实，应当提供证据加以证明，但法律另有规定的除外。

在作出判决前，当事人未能提供证据或者证据不足以证明其事实主张的，由负有举证证明责任的当事人承担不利的后果。

**自我思考**

# 刑事诉讼与知识产权

# 侵犯商标专用权犯罪视野下的民事侵权“情节严重”的认定

冯 源 张凌菲 ◎

## 律师办案笔记

**1. 厘清思路，确定诉讼方案**

代理律师梳理证据材料，并经深入讨论后，认为本案被告的侵权事实已在刑事案件中查明，本案焦点在于被告的侵权责任承担问题。代理初期代理律师发现现有证据不足以完全支持我方以被告获利或原告实际损失主张赔偿金额，故原告期望达到的最终目标是法院能够在法定赔偿的范围内顶格判处被告应承担的赔偿责任。基于此，代理律师需要充分考虑影响侵权情节认定的因素，证据上尽量全面涵盖，争取获赔金额。

**2. 收集证据，通过申请法院调取证据材料从而查阅刑事案卷**

最高人民法院《关于民事诉讼证据的若干规定》第2条第2款规定：“当事人因客观原因不能自行收集的证据，可申请人民法院调查收集。”代理律师据此向四川省南充市中级人民法院申请调取被告的刑事案件卷宗，经与民事案件及刑事案件的承办法官多次协调沟通，最终代理律师得以查阅刑事案卷，收集相应的证据。

**3. 多角度论证，提高法院酌定判赔水平**

代理律师通过举示被告侵权获利、销售范围、利润占比等证据材料，结合刑事案件认定被告“情节特别严重”的事实，提高法院酌定判赔水平。鉴于本案发生于2018年，应适用2013年修正的《商标法》，该法第63

条规定人民法院根据侵权行为情节判决的最高赔偿金额为300万元。最终，法院顶格判处被告赔偿原告经济损失及合理开支共计300万元。

## 案例信息

**原告：** 天丝医药保健有限公司（以下简称天丝公司）

**被告：** 南充市某食品饮料有限公司、李某森、方某莉、熊某1、熊某2、南充市嘉陵区某饮料厂、唐某全、阳某、佛山市某制罐有限公司、冯某星、何某彬、刘某、方某利

**案号：** （2021）川13民初260号

## 基本案情

天丝公司系“红牛”系列注册商标的所有权人。2018年上半年，南充市某食品饮料有限公司、李某森、方某莉等13名被告生产假冒红牛制品并将该产品销售至全国各地。2019年9月上述人员被南充市公安局查处，经审计鉴定，假冒红牛制品的销售金额高达2500余万元。天丝公司委托代理诉讼，其冯源、张凌菲律师代理本案，就本案向四川省南充市中级人民法院提起民事诉讼。

## 争议焦点

当被告的行为已构成刑事犯罪时，其民事侵权行为“情节严重”应如何认定。

（一）代理意见

1. 本案基本事实清楚，各被告侵犯天丝公司案涉商标专用权，应承担相应侵权责任。

结合另案刑事判决查明事实以及各被告的供述，各被告均构成侵权，侵权故意明显，侵权证据确凿，侵权获利巨大，应依法承担侵权赔偿责任。

2. 结合代理律师调取的证据材料，被告获利可能超过500余万元，被告未举证其成本情况应承担举证不利的后果。

本案中，代理律师结合调取的证据材料并通过证伪的思路将其多计算的成本列入获利。首先，李某森自认获利62万余元。但经梳理案卷材料，货运成本、内容物成本、租赁厂房成本、提成成本均应予缩减，前述缩减的部分均应被认定为李某森等人的获利，综上，李某森获利可能超过500余万元。

需要特别说明的是，本案中李某森等人未举示任何证据佐证其成本情况，李某森等人理应承担举证不利的后果，不能因天丝公司无法完全证明李某森等人的具体获利，反而作出对李某森有利的获利认定。

3. 李某森以侵权为业、侵权产品销售范围广、获利巨大，其侵权情节极其严重。

2019年5月、6月，案涉侵权产品被市场监督部门查处后，李某森仍继续销售。李某森明知故犯，且侵权犯意坚决、持久，侵权恶意极大。另根据会计鉴定报告，案涉侵权产品销售额占李某森2019年2月至9月总销售额的93.17%，且李某森拥有自己的生产、制罐厂家及稳定的销售团队，已经形成完整的供销产业链，李某森显然以侵权为业。更何况，李某森在另案中构成刑事犯罪，其行为亦符合最高人民法院《关于审理侵害知识产权民事案件适用惩罚性赔偿的解释》第4条所列之3项情形（被行政处罚、以侵权为业、获利巨大）。试想，若在本案被告的侵权行为已触犯刑法的情形下仍不足以支撑惩罚性赔偿，原告实难理解还要达到何种程度才可获得人民法院支持的惩罚性赔偿。即使无法适用惩罚性赔偿，亦应当综合考量被告的侵权恶意及情节严重的情形，在法定赔偿的范围内顶格判处。

（二）裁判结果

四川省南充市中级人民法院认定本案13名被告对生产、销售的涉案产品系假冒红牛饮料的事实是明知的，具有意思联络，主观恶意明显，客观上各被告实施了相应的侵权、帮助侵权的行为，13名被告应当承担连带责任。法院认为原告提交的证据不足以证明被告的获利情况，刑事案件中亦未查清被告的获利，以获利作为损害赔偿计算方法的主张证据不足。法院认定被告恶意侵权明显、案涉侵权行为严重，应当承担惩罚性赔偿，但原告要求的惩罚性赔偿缺少计算依据，且法定赔偿亦具有补偿兼惩罚的双重功能，故被告的侵权恶意情节可作为法定赔偿的重要考量因素。法院最终判令13名被告共同赔偿原告经济损失及制止侵权行为所支付的合理开支共计300万元并在中国食品饮料网（现为中优食品网）连续7日刊登声明以消除对原告的不良影响。

## ▶▶ 案件解析

本案中，各被告的行为已涉嫌刑事犯罪，被告侵权事实在刑事案件中予以认定，故本案的重点不在于侵权行为认定而在于侵权责任的承担问题。

《商标法》（2013年修正）第63条就侵犯商标专用权的赔偿数额的计算方式进行了规定，赔偿数额需按照法定的顺序进行认定，依次适用权利人的实际损失、侵权人的侵权获利、商标许可使用费的倍数、惩罚性赔偿及法定赔偿。根据民事诉讼法“谁主张，谁举证”的举证责任分配原则，法律要求权利人尽可能根据前述规定依次逐一尝试举证，从而减少法官行使自由裁量权认定法定赔偿所可能带来的争议。本案中，由于刑事案件仅鉴定了被告的销售金额，未能明确被告获利金额，不排除法院会以此为由认定现有证据不足以认定被告的获利，最终适用法定赔偿。而法律规定的法定赔偿的唯一衡量标准是“侵权行为的情节”，情节越严重，则获赔空间越大。那么，在被告涉刑的情况下，如何证明被告的行为属于民事案件中的“情节严重”呢？代理人通过以下几个方面逐一分析。

（一）被告侵权的主观恶意明显

被告的主观恶意是衡量“侵权行为情节严重”的标准之一，这里的“主观恶意”不仅要求侵权人知道他人知识产权的存在，还要求侵权人明知自己的行为构成侵权。最高人民法院《关于审理侵害知识产权民事案件适用惩罚性赔偿的解释》第 4 条第 2 款第 1 项对于被告主观恶意的认定作出明确规定，即“因侵权被行政处罚或者法院裁判承担责任后，再次实施相同或者类似侵权行为”。本案中，被告在刑事案件中供述自己销售至浙江、辽宁、四川的仿冒红牛产品被当地市场监督管理局查获，自己还去当地了解过情况，之后仍继续生产、销售侵权产品，侵权行为持续至被告因刑事案件被抓获时，即被告明知自己的生产、销售行为属于侵权行为仍继续实施，其主观恶意明显。

（二）被告以侵犯知识产权为业

现有法律并未明确规定何种情况属于“以侵犯知识产权为业”，代理律师检索相关案例后发现，法院通常从侵权时间、侵权范围、公司主营业务、利润构成等因素予以考量。

本案中，2018 年上半年，被告李某森欲通过生产仿冒红牛饮料牟利，其通过佛山市某制罐有限公司生产仿冒红牛饮料罐体，通过其实际控制的南充市某食品饮料有限公司委托南充市嘉陵区某饮料厂生产仿冒红牛饮料，并为其提供设备、原料、技术，另安排销售人员将仿冒红牛出售至浙江、福建、辽宁等地。不难看出，被告为实施侵权行为进行了缜密、有序的安排，各被告分工协作，形成了完整的供销产业链，源源不断地将仿冒红牛产品销售至全国各地。截至案发时，被告已生产、销售仿冒红牛产品 1 年有余，经鉴定，仅 2019 年 2 月至 9 月，被告销售仿冒红牛产品的金额就高达 2500 余万元，占同期销售总额的 93.17%，其销售金额特别巨大。值得一提的是，被告自认除仿冒红牛外，自己也仿冒过其他饮料制品，即被告公司的主营业务为生产仿冒饮料产品。

综上，通过分析被告的业务范围、供销模式、销售比例等，可以认定被告是以侵犯知识产权为业。

（三）被告侵权获利巨大

民事案件中并未明确界定何为“侵权获利巨大”，可以参照刑事案件的认定标准，根据最高人民法院、最高人民检察院《关于办理侵犯知识产权刑事案件具体应用法律若干问题的解释》第 1 条之规定，未经注册商标所有人许可，在同一种商品上使用与其注册商标相同的商标，违法所得数额在 3 万元以上的为“情节严重”，违法所得数额 15 万元以上的为“情节特别严重”。本案中，代理律师结合被告陈述，并梳理在案账目材料后，最终计算出被告获利可能超过 500 余万元。被告获利金额远超过刑事案件中“情节特别严重”的认定标准，故而，可以认定被告侵权获利巨大。

（四）权利人受损巨大

本案中，“红牛系列商标”作为驰名商标，具有极高的知名度和美誉度。被告使用化学添加剂合成仿冒红牛产品，并将上述产品销售至湖北、辽宁、浙江、福建、四川等地，即除西北地区外，在全国其他地区均有销售。被告将质量次于权利人的红牛产品销售至全国各地，使红牛品牌通过长久努力积累起来的商业信誉遭受严重负面评价，故被告侵权行为致使权利人受损巨大。

（五）关于惩罚性赔偿的问题

本案中，代理人提出本案应适用惩罚性赔偿，但根据法律规定，适用惩罚性赔偿需满足两个条件：一是恶意侵犯商标专用权且情节严重；二是以权利人的实际损失、侵权人的侵权获利、商标许可使用费的倍数确定赔偿基数。本案中，法院认为虽然被告的侵权行为足以适用惩罚性赔偿，但由于缺少计算依据，最终在法定赔偿中就侵权行为情节予以考量。

## 相关法条

**《中华人民共和国侵权责任法》（已失效）**

**第二条第一款** 侵害民事权益，应当依照本法承担侵权责任。

**第八条** 二人以上共同实施侵权行为，造成他人损害的，应当承担连带责任。

**第九条第一款** 教唆、帮助他人实施侵权行为的，应当与行为人承担连带责任。

**第十五条** 承担侵权责任的方式主要有：

（一）停止侵害；

（二）排除妨碍；

（三）消除危险；

（四）返还财产；

（五）恢复原状；

（六）赔偿损失；

（七）赔礼道歉；

（八）消除影响、恢复名誉。

以上承担侵权责任的方式，可以单独适用，也可以合并适用。

**《中华人民共和国民法典》**

**第一百二十条** 民事权益受到侵害的，被侵权人有权请求侵权人承担侵权责任。

**第一百七十九条** 承担民事责任的方式主要有：

（一）停止侵害；

（二）排除妨碍；

（三）消除危险；

（四）返还财产；

（五）恢复原状；

（六）修理、重作、更换；

（七）继续履行；

（八）赔偿损失；

（九）支付违约金；

（十）消除影响、恢复名誉；

（十一）赔礼道歉。

法律规定惩罚性赔偿的，依照其规定。

本条规定的承担民事责任的方式，可以单独适用，也可以合并适用。

**第一千一百六十五条** 行为人因过错侵害他人民事权益造成损害的，应当承担侵权责任。

依照法律规定推定行为人有过错，其不能证明自己没有过错的，应当承担侵权责任。

**第一千一百六十八条** 二人以上共同实施侵权行为，造成他人损害的，应当承担连带责任。

**第一千一百六十九条** 教唆、帮助他人实施侵权行为的，应当与行为人承担连带责任。

教唆、帮助无民事行为能力人、限制民事行为能力人实施侵权行为的，应当承担侵权责任；该无民事行为能力人、限制民事行为能力人的监护人未尽到监护职责的，应当承担相应的责任。

**《中华人民共和国商标法》（2013年）**

**第五十七条** 有下列行为之一的，均属侵犯注册商标专用权：

（一）未经商标注册人的许可，在同一种商品上使用与其注册商标相同的商标的；

（二）未经商标注册人的许可，在同一种商品上使用与其注册商标近似的商标，或者在类似商品上使用与其注册商标相同或者近似的商标，容易导致混淆的；

（三）销售侵犯注册商标专用权的商品的；

（四）伪造、擅自制造他人注册商标标识或者销售伪造、擅自制造的注册商标标识的；

（五）未经商标注册人同意，更换其注册商标并将该更换商标的商品又投入市场的；

（六）故意为侵犯他人商标专用权行为提供便利条件，帮助他人实施侵犯商标专用权行为的；

（七）给他人的注册商标专用权造成其他损害的。

**第六十三条** 侵犯商标专用权的赔偿数额，按照权利人因被侵权所受到的实际损失确定；实际损失难以确定的，可以按照侵权人因侵权所获得的利益确定；权利人的损失或者侵权人获得的利益难以确定的，参照该商标许可使用费的倍数合理确定。对恶意侵犯商标专用权，情节严重的，可以在按照上述方法确定数额的一倍以上三倍以下确定赔偿数额。赔偿数额应当包括权利人为制止侵权行为所支付的合理开支。

人民法院为确定赔偿数额，在权利人已经尽力举证，而与侵权行为相关的账簿、资料主要由侵权人掌握的情况下，可以责令侵权人提供与侵权行为相关的账簿、资料；侵权人不提供或者提供虚假的账簿、资料的，人民法院可以参考权利人的主张和提供的证据判定赔偿数额。

权利人因被侵权所受到的实际损失、侵权人因侵权所获得的利益、注册商标许可使用费难以确定的，由人民法院根据侵权行为的情节判决给予三百万元以下的赔偿。

**《中华人民共和国商标法》**

**第五十七条** 有下列行为之一的，均属侵犯注册商标专用权：

（一）未经商标注册人的许可，在同一种商品上使用与其注册商标相同的商标的；

（二）未经商标注册人的许可，在同一种商品上使用与其注册商标近似的商标，或者在类似商品上使用与其注册商标相同或者近似的商标，容易导致混淆的；

（三）销售侵犯注册商标专用权的商品的；

（四）伪造、擅自制造他人注册商标标识或者销售伪造、擅自制造的注册商标标识的；

（五）未经商标注册人同意，更换其注册商标并将该更换商标的商品又投入市场的；

（六）故意为侵犯他人商标专用权行为提供便利条件，帮助他人实施侵犯商标专用权行为的；

（七）给他人的注册商标专用权造成其他损害的。

**第六十三条** 侵犯商标专用权的赔偿数额，按照权利人因被侵权所受到的实际损失确定；实际损失难以确定的，可以按照侵权人因侵权所获得的利益确定；权利人的损失或者侵权人获得的利益难以确定的，参照该商标许可使用费的倍数合理确定。对恶意侵犯商标专用权，情节严重的，可以在按照上述方法确定数额的一倍以上五倍以下确定赔偿数额。赔偿数额应当包括权利人为制止侵权行为所支付的合理开支。

人民法院为确定赔偿数额，在权利人已经尽力举证，而与侵权行为相关的账簿、资料主要由侵权人掌握的情况下，可以责令侵权人提供与侵权行为相关的账簿、资料；侵权人不提供或者提供虚假的账簿、资料的，人民法院可以参考权利人的主张和提供的证据判定赔偿数额。

权利人因被侵权所受到的实际损失、侵权人因侵权所获得的利益、注册商标许可使用费难以确定的，由人民法院根据侵权行为的情节判决给予五百万元以下的赔偿。

人民法院审理商标纠纷案件，应权利人请求，对属于假冒注册商标的商品，除特殊情况外，责令销毁；对主要用于制造假冒注册商标的商品的材料、工具，责令销毁，且不予补偿；或者在特殊情况下，责令禁止前述材料、工具进入商业渠道，且不予补偿。

假冒注册商标的商品不得在仅去除假冒注册商标后进入商业渠道。

**《最高人民法院、最高人民检察院关于办理侵犯知识产权刑事案件具体应用法律若干问题的解释》**

**第一条** 未经注册商标所有人许可，在同一种商品上使用与其注册商标相同的商标，具有下列情形之一的，属于刑法第二百一十三条规定的“情节严重”，应当以假冒注册商标罪判处三年以下有期徒刑或者拘役，并处或者单处罚金：

（一）非法经营数额在五万元以上或者违法所得数额在三万元以上的；

（二）假冒两种以上注册商标，非法经营数额在三万元以上或者违法所得数额在二万元以上的；

（三）其他情节严重的情形。

具有下列情形之一的，属于刑法第二百一十三条规定的“情节特别严重”，应当以假冒注册商标罪判处三年以上七年以下有期徒刑，并处罚金：

（一）非法经营数额在二十五万元以上或者违法所得数额在十五万元以上的；

（二）假冒两种以上注册商标，非法经营数额在十五万元以上或者违法所得数额在十万元以上的；

（三）其他情节特别严重的情形。

**《最高人民法院关于审理侵害知识产权民事案件适用惩罚性赔偿的解释》**

**第四条** 对于侵害知识产权情节严重的认定，人民法院应当综合考虑侵权手段、次数，侵权行为的持续时间、地域范围、规模、后果，侵权人在诉讼中的行为等因素。

被告有下列情形的，人民法院可以认定为情节严重：

（一）因侵权被行政处罚或者法院裁判承担责任后，再次实施相同或者类似侵权行为；

（二）以侵害知识产权为业；

（三）伪造、毁坏或者隐匿侵权证据；

（四）拒不履行保全裁定；

（五）侵权获利或者权利人受损巨大；

（六）侵权行为可能危害国家安全、公共利益或者人身健康；

（七）其他可以认定为情节严重的情形。

**《最高人民法院关于适用〈中华人民共和国民法典〉时间效力的若干规定》（法释〔2020〕15号）**

**第一条** 民法典施行后的法律事实引起的民事纠纷案件，适用民法典的规定。

民法典施行前的法律事实引起的民事纠纷案件，适用当时的法律、司法解释的规定，但是法律、司法解释另有规定的除外。

民法典施行前的法律事实持续至民法典施行后，该法律事实引起的民事纠纷案件，适用民法典的规定，但是法律、司法解释另有规定的除外。

**《最高人民法院关于审理商标民事纠纷案件适用法律若干问题的解释》（法释〔2002〕32号）**

**第十六条** 侵权人因侵权所获得的利益或者被侵权人因被侵权所受到的损失均难以确定的，人民法院可以根据当事人的请求或者依职权适用商标法第五十六条第二款的规定确定赔偿数额。

人民法院在确定赔偿数额时，应当考虑侵权行为的性质、期间、后果，商标的声誉，商标使用许可费的数额，商标使用许可的种类、时间、范围及制止侵权行为的合理开支等因素综合确定。

当事人按照本条第一款的规定就赔偿数额达成协议的，应当准许。

**《最高人民法院关于审理商标民事纠纷案件适用法律若干问题的解释》**

**第十六条** 权利人因被侵权所受到的实际损失、侵权人因侵权所获得的利益、注册商标使用许可费均难以确定的，人民法院可以根据当事人的请求或者依职权适用商标法第六十三条第三款的规定确定赔偿数额。

人民法院在适用商标法第六十三条第三款规定确定赔偿数额时，应当考虑侵权行为的性质、期间、后果，侵权人的主观过错程度，商标的声誉及制止侵权行为的合理开支等因素综合确定。

当事人按照本条第一款的规定就赔偿数额达成协议的，应当准许。

**自我思考**

# 侵害商标权民事赔偿不限于构成犯罪部分的侵权行为

林祝平　陆建润　顾惠民 ◎

## 律师办案笔记

代理律师从检察院审查起诉阶段承接案件，并持续到民事二审作出判决，本案获得完满执行，整个过程历经2年。

不同于普通知识产权侵权刑事判决后的民事索赔案件一般以刑事判决书查明的犯罪事实作为赔偿依据，本案的特殊性在于检察院以情节显著轻微为由，并未提起刑事起诉，故刑事诉讼阶段未经历审判程序，也没有法院对相关侵权事实的查明。一审法院仅依据和参考《不起诉决定书》中检察机关认定的侵权金额作出了判决，并未全面查明被告的侵权情况。

代理律师经过与权利人的多次会商和讨论，认为在本案二审过程中，需要着重向法官阐明：（1）构成民事侵害商标权行为的范围要大于构成刑事假冒注册商标罪的范围；（2）侵权赔偿的范围应该是所有商标侵权行为，而无论该行为是否构成犯罪；（3）民事侵权认定标准不同于刑事犯罪认定标准，前者要低于后者。

二审采取线上方式开庭，基于充分的准备，二审补充说明材料引起了法官的足够重视，最终改判全额支持了诉请，被告也主动履行了全部赔偿义务。

## 案例信息

**原告（上诉人）：**马尼株式会社

**被告（被上诉人）：**吴某某

**案号：**（2021）粤03民终13936号

## 基本案情

回顾本案，代理律师接手案件时仅有权利人提供的一份《不起诉决定书》及一些零散的调查取缔材料，其中《不起诉决定书》载明检察机关仅查明："吴某某在未经权利人许可的情况下，用假冒注册商标的标识在该车间包装牙科产品。2019年9月19日，公安机关缴获假冒注册商标的牙科产品20,788盒，价值为110,811.5元"并认为吴某某"犯罪情节轻微，具有自首情节，认罪认罚，是初犯、偶犯……决定对其不起诉"。

代理律师认为仅有这份《不起诉决定书》及有限的材料，虽可提起民事赔偿诉讼，但恐较难获得较高赔偿。而根据权利人对案情的背景介绍，吴某某及其开立的公司具有长期从事侵权活动的情况。鉴于此，代理律师认为提起民事索赔需以刑事案卷能展现的全部侵权事实为基础。但彼时检察机关的审查起诉程序已终结，而对于律师作为受害人的诉讼代理人的阅卷权又无明确法律依据，在多次与检察机关协商未果的情况下，代理律师决定先提起民事诉讼，之后凭法院开具的调查令前往检察机关阅卷。

考虑到《不起诉决定书》认定的侵权金额仅11万余元，故最初提交立案时主张的赔偿额定为人民币50万元。在获得调查令并完成阅卷之后，代理律师发现检察机关作出刑事不起诉决定的侵权行为仅为吴某某所有侵权行为的一小部分，吴某某自身及其他了解案情的人在公安侦查阶段还展示了其他大量的侵权行为细节，但是这些侵权行为均未被检察机关认定为构成犯罪的行为。

通过详细阅读吴某某案件的刑事卷宗，代理律师对所有案卷材料进行了梳理，把所有能够体现其侵权行为的材料按照时间脉络进行整理，并最终认为其侵权行为持续时间长，销售地域广泛，且具有一定的证据可以证明其已经完成了巨额侵权产品的生产和销售。在此情况下，代理律师说服权利人果断将诉请索赔金额由原先提交立案时的 50 万元调整到 300 万元。

但令人遗憾的是，经历一审审理，虽然代理律师向法庭展示了其所查阅到的相关卷宗材料，也向法院阐明了其观点，但无奈一审法院并未采纳我方的观点，本案一审法院仍主要依据《不起诉决定书》认定的有限的侵权事实，判决支持了人民币 15 万元的赔偿额。

一审判决下达之后，吴某某的代理律师曾来电表示想主动履行一审判决书，由此可见其接受一审判决。但从我方角度来说，当时心里是比较矛盾的。

从认同一审判决的角度出发，考虑到《不起诉决定书》认定的侵权金额仅为 11 万余元，而一审判决赔偿金额为 15 万元，判决金额甚至已经高于侵权金额，显然一审法院在裁判赔偿金额时也有考虑吴某某的侵权行为性质。而根据之前的诉讼代理经验，二审法院对于一审法院自由裁量部分的“酌定”，除非是定性错误，或者发生重大偏差，一般都会予以维持。所以是接受一审判决的金额及被告的主动履行以快速了结程序，还是继续展开二审一度令人非常纠结。

在对一审判决书进行仔细研究之后，代理律师还是坚持认为一审判决在事实认定方面存在重大疏漏：其 15 万元的判赔额主要依据的是《不起诉决定书》中认定的构成犯罪部分的商标侵权行为，但是尚不足以构成犯罪的商标侵权行为，在判决书中没有查明，且在酌定判赔金额时也完全没有予以考虑。在此情况下，经与权利人沟通，代理律师还是决定向深圳市中级人民法院提起上诉，上诉理由主要围绕：（1）吴某某的侵权金额不限于《不起诉决定书》中认定的11万余元的犯罪金额，刑事卷宗里有大量证据可以证明除了《不起诉决定书》认定的侵权事实，吴某某已完成巨额的侵权产品的生产和销售。（2）刑事案件的犯罪构成要件与民事案件的侵权认定标准不同。刑事案件强调疑罪从无，从保护嫌犯的角度出发禁止有罪推定；但民事案件适用优势证据，当事人各自充分举证，法官可以结合全案证据进行一定程度的合理推定，允许自由心证和自由裁量权。（3）刑事案件认定的犯罪金额仅是吴某某侵权金额的最低额，而非其全部侵权金额，不能将其作为确定权利人损失的唯一依据。

由于二审期间正值疫情暴发，原定的现场开庭代理律师无法前往深圳参加，只能通过线上的方式参与庭审。考虑到网络庭审可能存在语音沟通不顺畅、诉辩互动不及时、无法及时掌握庭审动态等缺陷，代理律师再次整理了刑事卷宗中吴某某的侵权证据，包括询问/讯问笔录、订单、鉴定书、侵权产品照片等，力图用最高效的方式向二审合议庭全面翔实地反映吴某某侵权行为的全貌。

令人欣喜的是，二审法院在二审判决书中补充认定了大量我方所提交证据中展现的事实，将二审的争议焦点归纳为"涉案商标侵权行为的范围应当如何界定，以及侵权人应当如何承担民事责任"，并最终在此基础上认为，一审判决对此认定有误，本院依法予以纠正。

关于最终判决赔偿金额，虽然法院没有采纳我方按照权利人损失计算赔偿的主张，依然采用了法定赔偿方法，但在酌定赔偿金额过程中，特别强调考虑了我方所主张的经济损失计算方法和依据当中的合理部分。并最终认为一审判决判赔金额过低，依法予以调整，全额支持我方的诉请——判令吴某某赔偿权利人经济损失人民币300万元，并在相关报纸上刊登说明，消除其侵权行为给权利人造成的不良影响。

## 争议焦点

涉案商标侵权行为的范围应当如何界定，侵权人应当如何承担民事责任。

## 案件解析

本案最终完胜，离不开代理人对案件基本事实的完整把握以及对知识产权刑民交叉案件中，侵权责任承担定性差异的坚持，具体而言：基于刑事犯罪构成要件与民事侵权认定标准不同，证据规则也存在明显的差异，在具体案件中，民事侵权行为的认定不应简单以刑事文书所确认的犯罪事实为限，而应当根据民事案件具体事实和证据进行认定，侵权人承担民事责任的范围和形式也应当与民事程序中所认定的侵权行为相对应。相应地，其承担侵权责任的范围也不应当限定于《不起诉决定书》所记载的商品货值。

本案最终成功逆转，离不开二审法院对刑事案件卷宗材料的全面审查，并明确提出民事侵权行为应当根据民事案件具体事实和证据进行认定，不应简单以刑事文书所确认的犯罪事实为限的观点。该观点也为律师代理侵权刑事案件之后的民事索赔案件提供了新的思路，具有相当的借鉴意义。

## 相关法条

**《中华人民共和国侵权责任法》（已失效）**

**第十五条** 承担侵权责任的方式主要有：

（一）停止侵害；

（二）排除妨碍；

（三）消除危险；

（四）返还财产；

（五）恢复原状；

（六）赔偿损失；

（七）赔礼道歉；

（八）消除影响、恢复名誉。

以上承担侵权责任的方式，可以单独适用，也可以合并适用。

**《中华人民共和国民法典》**

**第一百七十九条** 承担民事责任的方式主要有：

（一）停止侵害；

（二）排除妨碍；

（三）消除危险；

（四）返还财产；

（五）恢复原状；

（六）修理、重作、更换；

（七）继续履行；

（八）赔偿损失；

（九）支付违约金；

（十）消除影响、恢复名誉；

（十一）赔礼道歉。

法律规定惩罚性赔偿的，依照其规定。

本条规定的承担民事责任的方式，可以单独适用，也可以合并适用。

**《中华人民共和国商标法》**

**第五十七条** 有下列行为之一的，均属侵犯注册商标专用权：

（一）未经商标注册人的许可，在同一种商品上使用与其注册商标相同的商标的；

……

（三）销售侵犯注册商标专用权的商品的；

……

**第六十三条第一款、第二款、第三款** 侵犯商标专用权的赔偿数额，按照权利人因被侵权所受到的实际损失确定；实际损失难以确定的，可以按照侵权人因侵权所获得的利益确定；权利人的损失或者侵权人获得的利益难以确定的，参照该商标许可使用费的倍数合理确定。对恶意侵犯商标专用权，情节严重的，可以在按照上述方法确定数额的一倍以上五倍以下确定赔偿数额。赔偿数额应当包括权利人为制止侵权行为所支付的合理开支。

人民法院为确定赔偿数额，在权利人已经尽力举证，而与侵权行为相关的账簿、资料主要由侵权人掌握的情况下，可以责令侵权人提供与侵权行为相关的账簿、资料；侵权人不提供或者提供虚假的账簿、资料的，人民法院可以参考权利人的主张和提供的证据判定赔偿数额。

权利人因被侵权所受到的实际损失、侵权人因侵权所获得的利益、注册商标许可使用费难以确定的，由人民法院根据侵权行为的情节判决给予五百万元以下的赔偿。

**自我思考**

# 刑民交叉案件中程序正义及权益衡平的博弈与坚守

罗　浩　贾春雨 ◎

## 律师办案笔记

**1. 提取案件的实质要素，制定相应的诉讼策略**

本案所涉基础交易以及事实具有极强的行业专业性，推广操作模式多样且程序复杂。推广过程中涉及数以百万条庞杂的不同类型的底层数据，同时相关数据的形成、追踪、储存、复核校对等过程亦极其复杂且极易受到不特定且无法避免的各种因素干扰，还涉及第三方渠道方的相关平台操作以及数据管理等流程。尤其在本案中相对方对于底层数据存在极大异议甚至认为存在数据造假的情况下，律师对于前述事实的调查取证、事实研究等工作则更为复杂。

代理律师经过全面梳理以及充分分析、论证后，抽丝剥茧式提取并锁定本案所涉的几个关键以及实质要点，就此制定相应的诉讼策略，并围绕实质要素进行重点分析、论述，确保出击抑或防守的力度以及准确度。

**2. 积极把握案件办理的关键节点，充分利用财产保全等手段**

本案的最终圆满解决亦得益于代理律师在承接案件后及时、迅速调查相对方财产线索并向法院申请财产保全，最终成功保全对方较大金额的财产，此点也是后续相对方主动与客户公司协商沟通调解事宜的主要原因及推动力之一。

## 案例信息

**一审：**

**原告：**H 公司

**被告：**A 公司

**案号：**（2021）粤 01 民初 1294 号

**二审：**

**上诉人：**H 公司

**被上诉人：**A 公司

**案号：**（2022）粤民终 2894 号

**一审法院重新审理：**

**原告：**H 公司

**被告：**A 公司

**案号：**（2022）粤 01 民初 2458 号

## 基本案情

案涉纠纷系广告推广代理服务合同纠纷。本案中，客户公司（H 公司）长期为境外上市的境内某知名品牌企业（A 公司）旗下的相关产品在其指定的第三方推广渠道平台提供广告推广代理服务，并代 A 公司向第三方平台垫付推广费用。对此，客户公司与 A 公司之间签署了网络推广服务协议，并约定双方之间依照实际发生的推广费用结算。

后续实际履行过程中，因 A 公司拖欠客户公司高达数千万余元的应付款未能支付，罗浩、贾春雨律师接受委托后代理客户公司向广东省广州市中级人民法院提起诉讼及财产保全申请。本案一审过程中，A 公司以案涉合同履行中涉嫌其内部员工与客户公司共谋串通、数据造假、合同诈骗等为由向当地公安机关报案且最终以涉嫌职务侵占罪被立案受理。广东省广州市中级人民法院认为本案与前述刑事案件有关联，有经济犯罪嫌疑，遂裁定驳回起诉。律师代理客户公司进一步上诉至广东省高级人民法院。二审中，广东省高级人民法院采纳了我方的上诉意见，认为本案与前述 A 公司内部员工涉嫌职务侵占刑事案件不属于同一事实和同一法律关系，进而撤销一审裁定，并指令广东省广州市中级人民法院审理。后在广东省广州市中级人民法院重新审理期间，双方达成调解且 A 公司实际支付履行完毕案涉款项，最终为客户公司追回欠款。

### ▷▷ 争议焦点

广东省高级人民法院通过对案件事实和法律关系的分析，总结出了本案的争议焦点：本案系合同纠纷，与已经立案侦查的职务侵占刑事案件是否属于同一事实和同一法律关系。根据（2022）粤民终 2894 号裁定书，法院认为本案与已经立案侦查的职务侵占刑事案件因行为实施主体不同、法律关系不同，不能认定为同一事实；且本案合同履行情况与公安机关刑事案件侦查的内容虽有部分重合，但不属于全部重叠，即使 A 公司相关人员存在与 H 公司共谋通过编造结算单、虚构结算金额等方式骗取 A 公司推广费的犯罪行为，也只影响合同履行责任的认定，不影响合同纠纷的性质和改变当事人根据合同约定应当承担的权利、义务。因此，本案与职务侵占刑事案件虽然有牵连，但属于不同的事实，根据最高人民法院《关于在审理经济纠纷案件中涉及经济犯罪嫌疑若干问题的规定》第 10 条关于“人民法院在审理经济纠纷案件中，发现与本案有牵连，但与本案不是同一法律关系的经济犯罪嫌疑线索、材料，应将犯罪嫌疑线索、材料移送有关公安机关或检察机关查处，经济纠纷案件继续审理”的规定，原审法院驳回 H 公司的起诉不当，应予纠正。

换言之，本案民商事纠纷主要解决的是案涉网络推广服务协议的性质、效力及所涉责任承担问题，而刑事案件解决的是 A 公司内部相关人员是否构成犯罪及定罪量刑的问题。本案民商事纠纷与刑事案件不属于同一法律事实，且两案诉讼目的、所涉事实基础、法律依据以及所涉当事人及责任主体完全不同且互不冲突，刑事程序亦无法解决本案中 A 公司是否应承担相关民事责任问题，两程序之间并不存在责任竞合或冲突。

## ▶▶ 案件解析

刑民交叉案件一直是诉讼实务中的重难点，司法实践中不乏对刑民交叉案件驳回起诉的案例。为此，针对法院如何处理刑民交叉案件的问题，最高人民法院《关于在审理经济纠纷案件中涉及经济犯罪嫌疑若干问题的规定》、《全国法院民商事审判工作会议纪要》第十二部分“关于民刑交叉案件的程序处理”及最高人民法院《关于当前商事审判工作中的若干具体问题》第 10 条“关于商事审判与刑事、行政诉讼等交叉的正当法律程序问题”均作出相关规定，重点就案件之间是否涉及同一事实或同一法律关系等进行实质判断。

着眼于本案，其与已经立案侦查的被告内部负责员工职务侵占一案因行为实施主体不同、法律关系不同，不能认定为同一事实、同一法律关系。两者虽有部分重合，但不属于全部重叠，即使被告内部负责员工确实存在与原告共谋，通过编造结算单、虚构结算金额等方式骗取被告推广费的犯罪行为，也只影响合同履行责任的认定，不影响合同纠纷的性质，不改变当事人根据合同约定应当承担的权利、义务。因此，两者虽有牵连，但属于不同的事实，法院应当根据最高人民法院《关于在审理经济纠纷案件中涉及经济犯罪嫌疑若干问题的规定》第 10 条关于“人民法院在审理经济纠纷案件中，发现与本案有牵连，但与本案不是同一法律关系的经济犯罪嫌疑线索、材料，应将犯罪嫌疑线索、材料移送有关公安机关或检察机关查处，经济纠纷案件继续审理”之规定审理本案，而非根据该规定第 11 条关于“人民法院作为经济纠纷受理的案件，经审理认为不属经济纠纷案件而有经济犯罪嫌疑的，应当裁定驳回起诉，将有关材料移送公安机关或检察机关”之规定驳回起诉。因此，广东省高级人民法院对本案的纠偏，对厘清刑民交叉案件的裁判规则与思路具有重大积极意义。

本案诉讼全过程历时近两年，除对类似涉及专业行业领域交易等基础事实的案件承办操作具有经验借鉴意义以外，更深刻体现出部分地区法院对于刑民交叉案件审理思路的重大跨越，即重点聚焦于民事案件事实与刑事案件事实是否属于同一事实，以及民事法律关系与刑事法律关系是否属于同一法律关系，在合理配置司法资源与保护当事人诉讼权利之间作出更为合理的衡平选择。本案代理律师对诉讼策略的制定、全程把控和对法律信仰的坚持是获得本案最终结果的基石。

## 相关法条

**《最高人民法院关于在审理经济纠纷案件中涉及经济犯罪嫌疑若干问题的规定》**

**第十条** 人民法院在审理经济纠纷案件中，发现与本案有牵连，但与本案不是同一法律关系的经济犯罪嫌疑线索、材料，应将犯罪嫌疑线索、材料移送有关公安机关或检察机关查处，经济纠纷案件继续审理。

**《全国法院民商事审判工作会议纪要》**

十二、关于民刑交叉案件的程序处理

……

**128.**【分别审理】同一当事人因不同事实分别发生民商事纠纷和涉嫌刑事犯罪，民商事案件与刑事案件应当分别审理，主要有下列情形：……（3）法人或者非法人组织的法定代表人、负责人或者其他工作人员的职务行为涉嫌刑事犯罪或者刑事裁判认定其构成犯罪，受害人请求该法人或者非法人组织承担民事责任的……审判实践中出现的问题是，在上述情形下，有的人民法院仍然以民商事案件涉嫌刑事犯罪为由不予受理，已经受理的，裁定驳回起诉。对此，应予纠正。

**《最高人民法院关于当前商事审判工作中的若干具体问题》**

十、关于商事审判与刑事、行政诉讼等交叉的正当法律程序问题

……如果商事案件法律事实与刑事案件法律事实不同，那么原则上商事案件应当与刑事案件分别审理。……审理商事案件的法院不能以涉嫌刑事犯罪为由当然中止对案件的审理。但是，如果法院在商事审判中发现犯罪线索的，应将掌握的犯罪线索材料移送给公安、检察等机关。此时的移送是犯罪线索材料的移送，而不是全案移送……

**自我思考**

# 平行进口汽车欺诈要点分析

朱以林 ◎

## 律师办案笔记

1. **厘清法律关系，辨清何种行为构成欺诈**

最高人民法院《关于贯彻执行〈中华人民共和国民法通则〉若干问题的意见（试行）》第68条[1]对“欺诈”作出了具体明确的界定：“一方当事人故意告知对方虚假情况，或者故意隐瞒真实情况，诱使对方当事人作出错误意思表示的，可以认定为欺诈行为。”

由此可见，构成欺诈行为必须具备4个要件：（1）欺诈人有欺诈的故意。欺诈的故意，是指明知自己的陈述是虚伪的，并会导致对方陷入错误认识，而希望或放纵这种结果的发生。欺诈的故意包括两方面：一是陈述虚伪事实的故意；二是诱使他人陷入错误认识的故意。如将二次销售的车说成全新的车辆，诱使买受人购买。（2）欺诈人实施了欺诈行为。欺诈行为，是指欺诈人故意陈述错误事实或故意隐瞒真实情况使他人陷入错误认识的行为。故意陈述错误事实和故意隐瞒真实情况是构成欺诈行为的两个方面。（3）被欺诈人因欺诈而陷入错误。所谓错误，是指对合同内容及其他重要情况的认识缺陷。构成欺诈，一般必须是被欺诈人的错误认识与欺诈人的欺诈行为之间具有因果关系。（4）被欺诈人因错误而为意思

---

〔1〕 已失效，现为最高人民法院《关于适用〈中华人民共和国民法典〉总则编若干问题的解释》第21条。

表示。如果被欺诈人的意思表示并不是因欺诈行为而作出，也不构成欺诈。

以上构成要件表明欺诈行为与被欺诈人的意思表示之间具有因果联系，即须因经营者的欺诈行为使消费者陷入错误认识，并因该错误认识而与经营者成立买卖合同关系。

**2. 把握平行汽车欺诈案件的特殊性，寻找合适切入点**

目前汽车买卖合同纠纷案件之中构成欺诈的案件较多，但是因平行进口发生的欺诈案件较少，一是因为目前平行进口汽车销售数量较少，二是信息不对称以及专业知识的缺乏，导致很多消费者难以及时发现可能存在的问题。平行进口汽车与中规车销售渠道不同，因此发生欺诈的原因有所不同。较汽车买卖合同纠纷案件，平行汽车欺诈案件具有其特殊性。

## 案例信息

**原告：** 胡某

**被告：** × 善公司、庞大公司

**案号：** （2017）沪 0115 民初 55127 号、（2018）沪 01 民终 5943 号、（2018）沪民申 2842 号

## 基本案情

2017 年 6 月 16 日，原告胡某至 × 善公司处购车，双方签订《车辆订购意向书》，约定 × 善公司代理订购型号为中东宝马 X535i 的车辆一台，并就交车地点、规格、配置、颜色、预估交车日期、意向金、车价款、其他费用

等作了约定，同时还特别约定了车辆的出厂日期为2016年6月或者6月以后。当天，原告支付被告×善公司意向金2万元。2017年6月20日，原告在被告×善公司工作人员的陪同下前往被告庞大公司处提车，并向被告庞大公司支付了车价款67万元，被告庞大公司向原告交付了系争车辆、购车发票、《货物进口证明书》、《进口机动车辆随车检验单》、车辆一致性证书等随车文件。当天，原告经人提醒，发现系争车辆右前门可能存在重新喷漆问题，于是在被告×善公司工作人员陪同下将系争车辆放回被告庞大公司的停车场，并由被告×善公司向原告出具了一份《×善车业交车检验确认单》，其中载明："中控屏缺电无法显示，后期充电后若无法显示，本公司负责调试，更换新的。客户怀疑车辆右前门做漆，特放回庞大待验车。"2017年6月22日、6月30日，原告分别委托了两家检测机构"检车家""好车伯乐"对系争车辆进行检测，发现车辆右前门、发动机舱盖重新喷过漆，蓄电池失效，左、右前悬架及连接存在拆卸痕迹等问题。之后，原告通过第三方网站查询，发现系争车辆的生产日期为2015年8月6日，并非2016年8月。同时，原告通过宝马全球系统查询，发现系争车辆在行驶5679公里时存在维修记录。

案件审理过程中代理律师抽丝剥茧，敏锐意识到平行进口汽车欺诈的特殊点，并以此为切入口。二审法院认可了这一观点，认为原告在《车辆订购意向书》中明确约定了所购车辆的生产日期，故车辆的生产日期对于原告来说属于重大关注事项，直接影响其购买意向，被告在明知系争车辆有两个生产日期的情况下对原告隐瞒该事实和原因，该行为属于欺诈。同时被告作为销售商，对其出售车辆的重大信息应有合理审慎义务，并应将这些信息如实告知消费者，以供原告选择是否购买系争车辆。现原告以宝马全球系统反映的公里数和维修记录为由认为被告交付其的系争车辆非全新车，被告无证据反驳现有记录，故原告的意见可予采纳，被告故意隐瞒记录的行为构成欺诈。

最终判决被告退一赔三，并赔偿原告其他全部损失。后被告申请再审，但再审法院认为被告理由不成立。

## ▷▷ 争议焦点

1．部分部位重新油漆、螺丝拧动等履行瑕疵是否构成欺诈。

两审均认为部分部位重新油漆、螺丝拧动等属于履行瑕疵，不构成欺诈。

2．宝马全球系统的数据对平行进口汽车是否有效，故意隐瞒系统数据是否构成欺诈。

对于宝马全球系统数据问题，两审法院均认为宝马全球系统之中关于平行进口的数据构成消费者认定车辆的证据。但是一审法院认为，被告庞大公司仅仅是销售商，其只能根据车辆的随车文件来确认是否存在质量问题，而相关文件并未显示车辆存在质量问题，只是属于履行瑕疵，原告也无证据证明庞大公司知晓并故意隐瞒相关事实，故不支持构成欺诈。二审法院则认为，销售商对其出售车辆的重大信息应有合理审慎义务，并应将这些信息如实告知消费者，以供消费者选择是否购买。消费者提供了宝马全球系统反映的公里数和维修记录来证明庞大公司交付的车辆非全新车，庞大公司无证据反驳现有记录，庞大公司故意隐瞒记录的行为构成欺诈。

3．平行进口汽车的整改日期是否系车辆生产日期，故意隐瞒生产日期是否构成欺诈。

对于生产日期欺诈，两审法院均认为，庞大公司所述存在两个生产日期具有合理性，即原装厂生产日期和进口前整改的生产日期。但是一审法院认为车上存在两个生产日期的铭牌就说明已经告知消费者，故不构成欺诈。而二审法院认为，庞大公司的解释说明销售商对存在两个生产日期是明知的。报关材料明确记载相关信息为进口货物收货人或者代理人提供，可见报关材料显然不能全面反映车辆的真实信息，消费者无法从这些材料之中获知生产日期的真实情况。车辆之上虽然存在两块铭牌但是其中一块为阿拉伯文，庞大公司无证据证明其已将铭牌内容告知消费者，从其辩解来看，其也无意如实告知。消费者在《车辆订购意向书》之中明确约定生产日期应为 2016 年 6 月或者 6 月以后，说明其属于重大关注事项，生产日期的不同将会直接影响其购买意向，庞大公司在明知存在两个生产日期的情况下，对消费者隐瞒事实和原因，该行为属于欺诈。

之后，本案被告庞大公司向上海市高级人民法院申请再审，上海市高级人民法院认为，消费者为生活消费需要购买、使用商品或者接受服务，其权益受《消费者权益保护法》保护。一方当事人故意告知对方虚假情况，或者故意隐瞒真实情况，诱使对方当事人作出错误意思表示的，可以认定为欺诈。二审法院根据上海宝诚汽车销售服务有限公司宝马 4S 店对系争车辆所读取的数据和宝马（中国）汽车贸易有限公司的回函，综合消费者购车经过等事实，确认系争车辆生产日期为 2015 年 8 月，庞大公司在明知系争车辆有两个生产日期的情况下，对胡某隐瞒该事实和原因属于欺诈。

### ▶▶ 案件解析

本案作为涉平行进口汽车的欺诈案件，存在与国内汽车欺诈相似的常见情况，如油漆重新喷漆、拆卸维修、有过维修厂维修记录和行驶过较大里程数，但是篡改生产日期这一情况较为罕见。从上海市高级人民法院的裁判意见可以看出，只要立足欺诈行为的四项构成要件，便依然能得出上述行为构成欺诈的结论。

### （一）认定欺诈的法律后果

欺诈行为被认定后，法院首先是依据《合同法》第54条[1]第2款的规定，判决撤销合同，退还消费者的款项。但是是否按照《消费者权益保护法》第55条判决“赔三”，则需要考虑欺诈行为的具体事实和损害程度。目前各地法院的做法不一，缺乏统一的操作规范。

### （二）平行进口汽车可能存在欺诈的因素

由于消费者对于平行进口汽车的销售模式基本不了解，购买平行进口汽车更容易发生欺诈。综合公开报道的各个案件，主要体现为以下几点。

#### 1. 不符合保障人身、财产安全要求

在奔驰汽车女车主坐车盖维权事件之中，西安市高新区市场监管部门于2019年5月27日通报奔驰汽车维权事件有关涉嫌违法案件调查处理结果：西安利之星汽车有限公司存在销售不符合保障人身、财产安全要求的商品，夸大、隐瞒与消费者有重大利害关系的信息误导消费者两项违法行为，被依法处以合计100万元罚款。而当事人之间则达成和解，最终的解决方案主要包括了5点：换车、全额退还金融服务费、邀请车主参观德国工厂、赠送车主10年“一对一”服务、为车主补办生日会等。

#### 2. 伪造产地

全国首例平行进口汽车欺诈案是一例伪造原产地案。2014年4月3日，游女士在重庆某汽车销售有限公司（以下简称销售商）以130万元的价格购买了一辆“原产地为意大利”的酒红色玛莎拉蒂轿车。销售商销售人员口头

---

〔1〕 已失效，现为《民法典》第148条。

承诺质保期为3年，特约维修商为重庆某维修服务有限公司。但游女士提车之后车辆相继出现无法点火、天窗漏水、爬坡无力、突然熄火等故障。游女士在问题出现之后多次到销售商处要求退车或换车，均遭到拒绝。双方协商不成，游女士将其诉至重庆市渝北区人民法院。该案中，该车的入境检验检疫《进口机动车辆随车检验单》标注该车为“改装车”，天津某汽车销售有限公司与销售商签署的《汽车销售合同》第2条约定，“保证所提供车辆为原装车”。游女士通过律师收集了大量证据，这些证据显示该车原产地为美国，制造商为和合加利福尼亚汽车有限公司，车辆为改装车而不是原装车，而且是一辆召回的车。游女士据此认为在车辆原产地的问题上，销售商构成欺诈。而销售商则辩称，《进口机动车辆随车检验单》上标注的“改装车”并非大家通常所理解的改装车，而是作为平行进口车的美规车进入中国境内的过户改装。这辆玛莎拉蒂车的改装项目为将英文标识改为中文标识，将中控仪表汉化，将转向灯颜色由银色改为琥珀色，上述整改都是经过我国出入境检疫部门认可的整改。货物进口证明书证明这辆玛莎拉蒂车从意大利经美国通达公司，于2014年4月14日办理完进口手续，起运点为意大利，并载明该车的产地为意大利。因此，销售商在销售过程中不存在欺诈行为。最终法院判决认为，该案构成欺诈。本案的价值在于率先在全国以产地和改装问题认定了消费欺诈，在消费领域起到了一个很好的社会导向作用。

3．篡改生产日期

对于篡改生产日期，本篇介绍的案件即比较典型。本案中，消费者对于生产日期和购买新车有着特定要求，而庞大公司隐瞒的这些信息均属于对消费者是否购买该车辆具有重大影响的信息，由于其隐瞒致使消费者陷于错误认识从而购买了汽车，且构成欺诈的要素较多，因此，法院作出退一赔三的判决。

本案之所以认定构成欺诈在于购买人在合同之中明确了生产日期必须是特定日期之后，而很多消费者在购买车辆时往往忽视生产日期，不会将特定生产日期明确写入合同之中，为此发生纠纷之时，就比较难以举证。

4．侵犯他人注册商标专用权

虽然平行进口汽车未经生产商直接授权即予以进口销售，但是车辆本身仍旧是该生产商生产，并被生产商销售到市场，后通过市场再行买卖，其依旧是正规的品牌车。而某些不良商家则是直接自行组装车辆，并冠以他人商标，侵犯他人注册商标专用权。

5．将二手车改装或者维修后以新车卖给消费者

在罗某某诉前海通利华公司、天津启隆公司买卖合同纠纷案中，广东省深圳市前海合作区人民法院一审判决天津启隆公司退还罗某某购车款107万元及利息，赔偿罗某某购买涉案车辆价款的三倍金额321万元。该案之中，罗某某委托他人向天津启隆公司购车，支付购车款107万元。涉案车辆由Kimberly Ann Murphy从美国4S店购买，后出售给美国环球公司，美国环球公司又出售给中信港通公司，之后转运到前海通利华公司仓库。罗某某提车后不久，发现所购车辆是事故车。经鉴定，涉案车辆的后备厢覆盖件、钣金件有焊接、修复痕迹。罗某某遂提起诉讼。广东省深圳市前海合作区人民法院经审理认为，前海通利华公司根据天津启隆公司委托出具发票，实际销售方应为天津启隆公司，前海通利华公司应为货物提供方，故罗某与天津启隆公司存在合同关系。被告和第三人均有举证义务证明涉案车辆来源。通过被告提交的海外购买进口涉案车辆的检验材料，以及车辆GPS定位记录，均无法证明涉案车辆是全新进口车。据此法院认为，天津启隆公司作为专业汽车销售商，未尽到严格审查义务，销售有质量瑕疵的商品，误导消费者作出不真实的意思表示，构成消费欺诈，为此进行了上述判决，天津启隆公司不服

提起上诉。深圳市中级人民法院二审判决驳回上诉，维持原判。

## 相关法条

**《中华人民共和国消费者权益保护法》**

**第五十五条第一款** 经营者提供商品或者服务有欺诈行为的，应当按照消费者的要求增加赔偿其受到的损失，增加赔偿的金额为消费者购买商品的价款或者接受服务的费用的三倍；增加赔偿的金额不足五百元的，为五百元。法律另有规定的，依照其规定。

**《中华人民共和国合同法》（已失效）**

**第五十四条** 下列合同，当事人一方有权请求人民法院或者仲裁机构变更或者撤销：

（一）因重大误解订立的；

（二）在订立合同时显失公平的。

一方以欺诈、胁迫的手段或者乘人之危，使对方在违背真实意思的情况下订立的合同，受损害方有权请求人民法院或者仲裁机构变更或者撤销。

当事人请求变更的，人民法院或者仲裁机构不得撤销。

**《中华人民共和国民法典》**

**第一百四十八条** 一方以欺诈手段，使对方在违背真实意思的情况下实施的民事法律行为，受欺诈方有权请求人民法院或者仲裁机构予以撤销。

**《最高人民法院印发〈关于贯彻执行《中华人民共和国民法通则》若干问题的意见（试行）〉的通知》**

68．一方当事人故意告知对方虚假情况，或者故意隐瞒真实情况，诱使对方当事人作出错误意思表示的，可以认定为欺诈行为。

**《最高人民法院关于适用〈中华人民共和国民法典〉总则编若干问题的解释》**

**第二十一条** 故意告知虚假情况，或者负有告知义务的人故意隐瞒真实情况，致使当事人基于错误认识作出意思表示的，人民法院可以认定为民法典第一百四十八条、第一百四十九条规定的欺诈。

**自我思考**

# 合同纠纷与建设工程

# 合同性质之争
## ——是合作开发房地产还是房屋租赁

陈资长◎

### 律师办案笔记

**1. 在一审、二审败诉，再审申请被驳回的情况下，积极与检察机关沟通协调，促成广西壮族自治区高级人民法院（以下简称自治区高院）在广西壮族自治区人民检察院（以下简称自治区检察院）向其提出抗诉后提审该案。**

一审、二审法院在审理该案时，忽略案涉合同背后双方的真实意思表示，简单地以“建设工程项目用地未获得市人民政府的审批同意，未获得土地主管部门核发建设用地许可证”及“以教学用途的合法形式掩盖承包经营获利的非法目的”为由，判定案涉合同无效；自治区高院亦据此驳回了被告的再审申请。

基于上述情况，在代理该案后，代理律师针对一审、二审法院及自治区高院在实体认定和程序操作上存在的问题，积极与检察机关沟通协调，提出抗诉申请，促成广西壮族自治区百色市人民检察院提请自治区检察院抗诉。此后，自治区检察院以“二审民事判决认定的基本事实缺乏证据证明，适用法律错误”为由，向自治区高院提出抗诉。自治区高院遂提审该案。

**2. 针对案件争议焦点，直击合同各方真实的意思表示及实际合同目的，准确论述案涉合同的性质，最终反败为胜。**

该案诉争的起因是划拨土地的使用问题。经过缜密研究，代理律师从当事人签订合同的真实意思表示及目的出发，就案涉合同并不属于合作开发房地产合同，而是房屋租赁合同进行了详细论述，推导出案涉合同不存在虚假的意思表示或违反法律、行政法规的强制性规定等无效情形。最终，自治区高院采纳了代理律师的意见。

## 案例信息

**再审原告：**百色某学校

**再审被告：**百色某公司

**案号：**（2017）桂民再 321 号

## 基本案情

2006 年 12 月 23 日，百色某学校与百色某公司签订《投资建设百色某学校学生公寓及配套设施合同书》，约定百色某学校将“学生公寓及其配套设施”项目交由百色某公司投资建设，双方共同配合办理项目用地报建手续，建好后交由百色某公司承包经营 25 年，百色某公司分期向百色某学校缴纳 500 万元的承包费。之后，双方就上述事项陆续签订了 5 份相关的补充协议。

2008 年 3 月 24 日，百色某学校申报的第一栋单体楼获得批准备案，并陆续取得建设用地规划许可证、建设工程规划许可证、建设工程施工许可证。之后，百色某公司将该项目发包给百色某建筑公司施工并建好地下 1 层及地上 6 层，且向其支付了 3,423,175.6 元工程款，还支付了百色某学校款项

300,000 元。

2013 年年初，百色某学校的上级主管部门认为百色某学校与百色某公司签订的《投资建设百色某学校学生公寓及配套设施合同书》违反财政部及国资委的相关规定，将维持教学事业正常发展的非经营性资产转为经营性资产，且未办理报批手续。百色某学校便与百色某公司协商，要求百色某公司停止投资行为，解除投资合作关系。

因百色某公司未同意，百色某学校遂向法院提起诉讼，要求确认《投资建设百色某学校学生公寓及配套设施合同书》及相关 5 份补充协议（以下简称案涉合同及补充协议）为无效合同。一审法院以“投资合作协议涉及以划拨土地作为投资用于开发房地产项目，该项目未经有批准权的市人民政府批准，直到起诉前亦未办理批准手续”为由，判决确认上述合同无效。

百色某公司不服一审判决提起上诉。二审法院以“建设工程项目用地未获得市人民政府的审批同意，未获得土地主管部门核发建设用地许可证”及“以教学用途的合法形式掩盖承包经营获利的非法目的”为由，判决确认上述合同无效。

百色某公司不服二审判决，委托陈资长律师代理其向检察机关提出抗诉申请。自治区高院在自治区检察院向其提出抗诉后提审该案，采纳了代理律师的意见，以案涉合同及补充协议所设立的是房屋租赁法律关系而非合作开发房地产关系及没有违反法律、行政法规效力性强制性规定为由，撤销一审、二审判决。

## ▷▷ 争议焦点

该案的争议焦点在于，案涉合同属于什么性质，以及案涉合同是否为无效合同。陈资长律师结合案件情况，就案涉合同的性质和效力，总结分析如下。

（一）合同的性质认定

合同性质的认定应当探究合同当事人的意思表示和缔约目的，并结合其实际履行情况等因素进行综合判断。

1. 该案中，按照双方签订的案涉合同及补充协议的约定，该项目建成后，百色某学校无须投入建设资金，即可取得房屋及配套设施所有权和500万元的债权利益，而百色某公司除了投入项目工程建设的资金，余下还需分期支付承包费500万元。这属于其单方债务，其投资收益和风险，均体现在使用该房屋及配套设施上，与百色某学校并无关联性。由此可见，百色某学校及百色某公司并无“利润”可分配，也无经营风险可分担，双方实质上没有“共享利润、共担风险”的意思表示，百色某公司只是以租赁形式使用建成后的房屋。因此，案涉合同及补充协议并不符合最高人民法院《关于审理涉及国有土地使用权合同纠纷案件适用法律问题的解释》（法释〔2005〕5号）第14条[1]对于合作开发房地产合同规定的“共同投资、共享利润、共担风险”的基本特征。

2. 从该案双方签订合同的真实意思表示及目的来看，百色某公司签约的真实意思表示并不是与土地使用权人百色某学校合作进行利益分配，而是通过出资建设百色某学校的“学生公寓及其配套设施”项目及支付一定数额费用的行为，换取项目建成后的房屋一定年限的使用权以收回其投资，其缔约目的最终落在对所建房屋的租赁上；而百色某学校签约的真实意思表示是通过预先收取租金，以完成房屋的建设并通过将房屋出租获取收益，其缔约目的落在通过租赁房屋获取租金收益上。可见，百色某学校与百色某公司的真

〔1〕 已失效，现为最高人民法院《关于审理涉及国有土地使用权合同纠纷案件适用法律问题的解释》第12条。

实意思表示符合租赁合同的法律特征。

综上，该案案件事实完全符合最高人民法院《关于审理涉及国有土地使用权合同纠纷案件适用法律问题的解释》（法释〔2005〕5号）第27条〔1〕关于“合作开发房地产合同约定提供资金的当事人不承担经营风险，只以租赁或者其他形式使用房屋的，应当认定为房屋租赁合同”之规定，依照该司法解释的规定，应当认定案涉合同及补充协议的性质为房屋租赁合同，而非合作开发房地产合同。

### （二）合同的效力认定

合同效力的认定应当审查案涉合同是否存在虚假的意思表示或违反法律、行政法规的强制性规定等无效情形。

1. 该案中，百色某学校与百色某公司系租赁合同关系，而根据《城市房地产管理法》第56条以及《城镇国有土地使用权出让和转让暂行条例》第44条、第45条、第46条之规定，在满足一定条件时，划拨土地是可以出租的，未经批准出租的应由相关土地管理部门依法处理。前述法律规定没有直接否认未经批准将取得的国有划拨土地出租行为的效力，由此可见，法律并未禁止房屋所有权人将以划拨方式取得使用权的国有土地上建成的房屋出租。因此，双方订立合同的目的并不具有违法性。同时，百色某学校向上级主管部门上报调整学校总平面规划时，已将项目的建筑设计方案和案涉合同及补充协议一同上报，且明确“该项目是由投资商出资建设与经营的，在投资商经营期内学校收取一定的经营承包金（经营期25年，但楼房产权归学校所有，合同项目称学生公寓及配套设施）”，该规划已经主管部门审批。可见，百

〔1〕 已失效，现为最高人民法院《关于审理涉及国有土地使用权合同纠纷案件适用法律问题的解释》第24条。

色某学校就案涉交易情况、案涉合同订立的目的等事项，已向政府有关部门进行了充分的披露，百色某学校及百色某公司并不存在掩盖该项目的建筑设计、建设资金的来源、建筑物的使用方案及双方订立合同目的的行为。因此，百色某学校及百色某公司不存在“以合法形式掩盖非法目的”的行为，且案涉合同的签订程序亦符合法律法规的规定。

2. 最高人民法院《关于审理城镇房屋租赁合同纠纷案件具体应用法律若干问题的解释》第2条规定：“出租人就未取得建设工程规划许可证或者未按照建设工程规划许可证的规定建设的房屋，与承租人订立的租赁合同无效。但在一审法庭辩论终结前取得建设工程规划许可证或者经主管部门批准建设的，人民法院应当认定有效。”由该规定可知，出租人出租的房屋是否取得建设工程规划许可证，是房屋租赁合同有效与否的核心要件。该案中，百色某学校不但已取得建设工程规划许可证，还取得了土地使用权证、建设用地规划许可证、建筑工程施工许可证。因此，百色某学校预租给百色某公司的房屋已取得合法建房的手续，租赁标的具有合法性。

3. 案涉建设工程已报经政府规划部门审核通过，并核发建设工程规划许可证，这足以说明案涉建设工程设计方案已通过审核，并不存在改变土地用途的情形。另外，根据《城市房地产管理法》第23条第2款关于“依照本法规定以划拨方式取得土地使用权的，除法律、行政法规另有规定外，没有使用期限的限制”的规定，划拨土地并无使用期限，该案中百色某学校将划拨土地上建成的房屋出租一定期限的使用权，并不等同于改变土地用途。因此，案涉合同及补充协议并不涉及违反土地管理相关法律法规的情形。

4. 《合同法》第214条[1]规定：“租赁期限不得超过二十年。超过

---

〔1〕 已失效，现为《民法典》第705条。

二十年的，超过部分无效。租赁期间届满，当事人可以续订租赁合同，但约定的租赁期限自续订之日起不得超过二十年。”而该案中，案涉合同及补充协议所约定的租期为25年，该期限已超出法定最长租赁期限5年，除该超出的5年无效以外，其余部分由于并未违反法律、行政法规的强制性规定，仍具备法律效力，故不属于无效合同。

综上，案涉合同及补充协议均系当事人的真实意思表示，不存在掩盖非法目的的虚假意思表示情形，未违反社会公共利益及第三人合法权益，亦未违反法律、行政法规的强制性规定，案涉合同及补充协议在法定最长租赁期限（20年）内合法有效，双方均应按照合同约定全面履行各自的义务。

## 案件解析

该案诉争的起因是划拨土地的使用问题。实际上，对于划拨土地使用权的流转问题，最高人民法院的态度是——不宜轻易认定以划拨土地使用权为标的的合同无效。但由于部分法院在审理此类案件时，容易忽略合同背后双方的真实意思表示从而导致对合同性质的认定存在偏差，最终导致对合同效力的判定存在错误。因此，在代理此类案件时，代理律师应结合合同签订的背景、划拨用地取得的程序、划拨用地上建设项目的报批报建情况等因素，关注合同各方真实的意思表示及实际合同目的。

## 相关法条

**《中华人民共和国合同法》（已失效）**

**第二百一十四条** 租赁期限不得超过二十年。超过二十年的，超过部分无效。

租赁期间届满，当事人可以续订租赁合同，但约定的租赁期限自续订之日起不得超过二十年。

**《中华人民共和国民法典》**

**第五十二条** 有下列情形之一的，合同无效：

（一）一方以欺诈、胁迫的手段订立合同，损害国家利益；

（二）恶意串通，损害国家、集体或者第三人利益；

（三）以合法形式掩盖非法目的；

（四）损害社会公共利益；

（五）违反法律、行政法规的强制性规定。

**第一百四十六条** 行为人与相对人以虚假的意思表示实施的民事法律行为无效。

以虚假的意思表示隐藏的民事法律行为的效力，依照有关法律规定处理。

**第一百五十三条** 违反法律、行政法规的强制性规定的民事法律行为无效。但是，该强制性规定不导致该民事法律行为无效的除外。

违背公序良俗的民事法律行为无效。

**第七百零五条** 租赁期限不得超过二十年。超过二十年的，超过部分无效。

租赁期限届满，当事人可以续订租赁合同；但是，约定的租赁期限自续订之日起不得超过二十年。

**《最高人民法院关于审理涉及国有土地使用权合同纠纷案件适用法律问题的解释》（法释〔2005〕5号）**

**第十四条** 本解释所称的合作开发房地产合同，是指当事人订立的以提供出让土地使用权、资金等作为共同投资，共享利润、共担风险合作开发房地产为基本内容的协议。

**第二十七条** 合作开发房地产合同约定提供资金的当事人不承担经营风险，只以租赁或者其他形式使用房屋的，应当认定为房屋租赁合同。

**《最高人民法院关于审理涉及国有土地使用权合同纠纷案件适用法律问题的解释》（法释〔2020〕17号）**

**第十二条** 本解释所称的合作开发房地产合同，是指当事人订立的以提供出让土地使用权、资金等作为共同投资，共享利润、共担风险合作开发房地产为基本内容的合同。

**第二十四条** 合作开发房地产合同约定提供资金的当事人不承担经营风险，只以租赁或者其他形式使用房屋的，应当认定为房屋租赁合同。

**《最高人民法院关于审理城镇房屋租赁合同纠纷案件具体应用法律若干问题的解释》**

**第二条** 出租人就未取得建设工程规划许可证或者未按照建设工程规划许可证的规定建设的房屋，与承租人订立的租赁合同无效。但在一审法庭辩论终结前取得建设工程规划许可证或者经主管部门批准建设的，人民法院应当认定有效。

**《中华人民共和国城市房地产管理法》**

**第二十三条** 土地使用权划拨，是指县级以上人民政府依法批准，在土地使用者缴纳补偿、安置等费用后将该幅土地交付其使用，或者将土地使用权无偿交付给土地使用者使用的行为。

依照本法规定以划拨方式取得土地使用权的，除法律、行政法规另有规定外，没有使用期限的限制。

**第四十条第一款** 以划拨方式取得土地使用权的，转让房地产时，应当按照国务院规定，报有批准权的人民政府审批。有批准权的人民政府准予转让的，应当由受让方办理土地使用权出让手续，并依照国家有关规定缴纳土地使用权出让金。

**第五十六条** 以营利为目的，房屋所有权人将以划拨方式取得使用权的国有土地上建成的房屋出租的，应当将租金中所含土地收益上缴国家。具体办法由国务院规定。

**《中华人民共和国城镇国有土地使用权出让和转让暂行条例》**

**第四十四条** 划拨土地使用权，除本条例第四十五条规定的情况外，不得转让、出租、抵押。

**第四十五条** 符合下列条件的，经市、县人民政府土地管理部门和房产管理部门批准，其划拨土地使用权和地上建筑物、其他附着物所有权可以转让、出租、抵押：

（一）土地使用者为公司、企业、其他经济组织和个人；

（二）领有国有土地使用证；

（三）具有地上建筑物、其他附着物合法的产权证明；

（四）依照本条例第二章的规定签订土地使用权出让合同，向当地市、县人民政府补交土地使用权出让金或者以转让、出租、抵押所获收益抵交土地使用权出让金。

转让、出租、抵押前款划拨土地使用权的，分别依照本条例第三章、第四章和第五章的规定办理。

**第四十六条** 对未经批准擅自转让、出租、抵押划拨土地使用权的单位和个人，市、县人民政府土地管理部门应当没收其非法收入，并根据情节处以罚款。

**《中华人民共和国城乡规划法》**

**第三十七条** 在城市、镇规划区内以划拨方式提供国有土地使用权的建设项目，经有关部门批准、核准、备案后，建设单位应当向城市、县人民政府城乡规划主管部门提出建设用地规划许可申请，由城市、县人民政府城乡规划主管部门依据控制性详细规划核定建设用地的位置、面积、允许建设的范围，核发建设用地规划许可证。

建设单位在取得建设用地规划许可证后，方可向县级以上地方人民政府土地主管部门申请用地，经县级以上人民政府审批后，由土地主管部门划拨土地。

自我思考

# 合同性质之争
## ——是买卖不是委托

黄少力　刘佩莉 ◎

### 律师办案笔记

**1. 把握案件的关键节点，积极与法院沟通，以最高人民法院指导意见支持特殊背景下的特事特办。**

本案原告公司注册地在境外，按照《民事诉讼法》及其司法解释的规定，原告应当提交委托材料的公证认证文件。但本案发生在新冠疫情期间（2020年），案件本身也是抗疫物品买卖合同纠纷，律师在接受委托时，原告注册地所在国家的公证认证机构闭馆，不再办理任何公证认证业务，原告无法提供相应材料，因此本案不符合常规立案要求，无法立案。

因事态紧急，为最大限度维护客户权益，律师陪同原告赶赴广东省深圳市前海合作区人民法院，当场与立案庭法官积极沟通，耐心解释，并提出最高人民法院《关于依法妥善审理涉新冠肺炎疫情民事案件若干问题的指导意见（三）》的相关规定作为疫情背景下特事特办的依据，获得了法院的信任和支持，最终得以顺利立案和开庭。

**2. 明晰涉案合同法律性质，充分论证连环买卖交易链中的买卖合同关系和委托合同关系的区别以维护客户权益。**

本案涉及连环交易，不同主体之间法律关系复杂，但根据合同约定、交易事实分析，以及当时有效的《合同法》对买卖合同之规定[1]，原告、被告之间为非常典型的买卖合同关系。被告辩称其是受原告委托，代理原告向第三方购买涉案物资，目的是逃避承担违约责任。若如被告所说成立的是委托合同关系，其作为被委托人向委托人披露第三方后，原告应向第三方主张违约，被告无须担责。而事实是原告与第三方之间不存在任何合同往来或交易合意，被告与第三方签订了买卖合同，只能证明原告与被告之间、被告与第三方之间成立了两个独立的买卖合同关系。律师在庭审中充分论证了连环买卖交易链中的买卖合同关系与委托合同关系的区别，获得了法院全部支持。

## 案例信息

**原告：**寰球国际有限公司

**被告：**深圳市富运通实业发展有限公司

**案号：**（2020）粤0391民初4168号

## 基本案情

原告与被告于2020年4月28日在深圳市签订了买卖合同。由原告作为买方向被告采购3M公司生产的30万件N95口罩用于抗疫，产品型号为1860，单价为4.665美元，合同总价款为1,399,500美元。被告指定两个收款账户：一为被告本身，收款金额为136,500美元；二为越南某公司，收款金额

---

〔1〕 目前有效的《民法典》合同编与其规定一致，为了便于读者理解，本文援引法条全部以现行有效的《民法典》为准。

为 1,263,000 美元。根据合同约定被告应当于原告付款后 7 天内向原告交付货物。合同有效期为 2020 年 4 月 28 日至 2020 年 5 月 14 日。合同签订后，原告已按照合同约定于 2020 年 5 月 4 日前全额支付了合同总价款 1,399,500 美元。但被告违反合同约定未按时交货，原告多次催要，截至起诉之日被告仍未交付货物，甚至连货物状态都无法确认。现合同已过有效期，不具备履行的可能性。原告本次采购的口罩为出口之用，系某国政府采购的防疫物资。被告的违约行为导致原告无法按期履行与某国法人实体之间的采购合同从而遭受巨额损失。经原告多次催促，被告仍然无法提出合理的解决方案。被告在与原告沟通过程中提交虚假的发货信息等欺骗原告，原告认为被告没有能力继续履行本合同，合同目的无法实现，且合同已经到期，因此原告要求被告退还全部货款并赔偿损失。

代理律师于 2020 年 5 月 27 日接受原告委托，2020 年 7 月 29 日开庭审理，并于 2020 年 12 月 28 日收到法院胜诉判决书。

## ▷▷ 争议焦点

### （一）合同性质之争

原告主张其与被告于 2020 年 4 月 28 日签订的《买卖合同》系买卖合同，但被告主张为委托合同。

#### 1. 被告辩称

被告辩称其与原告虽然名义上签订的是买卖合同，但合同签订时原告明知被告是向越南某公司采购，被告非原始生产商，且原告已向越南某公司实际转账了 1,263,000 美元（仅余下的 136,500 美元转账给被告）。同时，在原告已提交的被告关于迟延交货的解释函中，原告已经自认了双方的委托采购关系，因此原告向被告已支付的人民币 964,835.64 元可视为被告应得的报酬，原告不可向被告主张返还。被告系以自己的名义在原告的授权范围内与越南某公司签订合同，且越南某公司不知道被告与原告之间的代理关系，现如今越南某公司迟延发货对原告不履行义务，鉴于被告已经向原告披露越南某公司，原告因此可以行使其介入权和被告对越南某公司的权利，即原告应要求越南某公司返还所欠的全部货款。

2. 代理意见

首先，原告与被告签订的合同应为买卖合同，其符合《民法典》对买卖合同的规定。

《民法典》第 595 条明确规定，买卖合同是出卖人转移标的物的所有权于买受人，买受人支付价款的合同。第 596 条规定了买卖合同的内容一般包括标的物的名称、数量、质量、价款、履行期限、履行地点和方式、包装方式、检验标准和方法、结算方式、合同使用的文字及其效力等条款。第 598 条规定了出卖人的义务，即出卖人应当履行向买受人交付标的物或者交付提取标的物的单证，并转移标的物所有权的义务。第 601 条规定交付时间，即出卖人应当按照约定的时间交付标的物；约定交付期限的，出卖人可以在该交付期限内的任何时间交付。此外，《民法典》第 596 条至第 647 条均是对买卖合同的具体规定。

本案原告与被告签订的合同中约定原告作为买方应向卖方指定的收款账户支付货款，被告作为卖方应当按照合同约定的时间交付货物，即交易方式为原告将钱款汇至被告及被告指定的账户，被告向原告交付货物。合同第 1.1 条约定了交货地点为上海机场，商品为 3M N95 1860 型号口罩，产地为 3M 工厂，同时还约定了质量标准、包装规格、运输标准等，并且明确被告系将该等货物“转售”给原告；第 3 条明确约定了购货数量为 30 万件，货物总价为 1,399,500 美元，并再次约定交货地点、交货时间、交货方式；合同附件约定了如果原告在 SGS 检测中发现货物瑕疵则由被告承担责任；第 3.3 条约定了原告向被告指定的账户支付货款；第 4.2 条约定了被告的交货义务；第 5.2 条约定了原告的付款义务、检验义务等。该合同条款符合买卖合同的所有构成要件，且合同中关于货物数量、价款、质量、交货、付款方式等内容的约定，符合出卖人转移标的物的所有权于买受人和买受人支付价款的买卖合同基本特征，双方签订的合同是典型的买卖合同。

其次，原告与被告不成立委托合同关系，双方签订的合同并非委托合同。

《民法典》第 919 条明确规定委托合同是委托人和受托人约定，由受托人处理委托人事务的合同。第 924 条规定了受托人服从指示的义务，即受托人应当按照委托人的要求，报告委托事务的处理情况。委托合同终止时，受托人应当报告委托事务的结果。第 933 条规定了随时解除权，即委托人或者受托人可以随时解除委托合同。此外，《民法典》第 920 条至第 936 条对委托合同进行了具体规定。委托合同是典型的劳务合同。委托合同的法律特征主要为：（1）标的是处理委托事务；（2）性质上属于行为之债；（3）具有人身性质；（4）受托人以委托人的名义和费用处理委托事务。

本案原告、被告双方从未签订委托合同，买卖合同中也并不存在关于委托授权的任何条款，原告、被告双方从未达成委托购买的合意。原告、被告双方不但没有签订任何委托合同，而且也没有关于委托代理事项、范围和报酬的约定。本案被告也并非在原告授意下与越南某公司签订买卖合同，完全系被告自行向其购买货物然后转售给原告。双方从始至终的共同意思表示就是建立货物买卖关系。至于委托合同下的任意解除权，本案原告、被告签订的合同中多次约定任何一方均无权随意解除合同（合同第 4.2 条、第 5.2 条）。这一点也能佐证双方从始至终建立的并非委托合同关系。综上，原告、被告之间签订的合同完全不符合法律关于委托合同特征和定义的要求，根本不构成委托合同关系。所谓委托关系完全是被告逃避承担卖方违约责任的托词。

3．法院裁判

法院裁判完全采纳了代理律师的庭审意见和代理意见：首先，本案中，原告、被告双方签订的合同名称为“买卖合同”，合同主要条款亦是围绕买方支付价款、卖方交货等主要权利义务展开，文字上完全没有就原告委托被告进行采购的意思表示、具体事项以及原告预付处理委托事务费用等进行相关的约定。且被告对双方为何不直接签订委托采购合同亦不能作出合理解释。因此，无法看出双方存在原告委托被告进行采购的意思表示。其次，对于被告辩称原告仅向其支付了少部分价款，大部分价款直接支付至越南某公司账户的理由，由于越南某公司账户是作为被告的指定收款账户进行收款，故上述付款方式符合合同的约定，且不违反通常的买卖合同交易习惯。最后，被告与原告签订买卖合同后，又与案外人越南某公司签订了买卖合同，被告从中赚取的货款差价，应是被告牟取的盈利，而非其劳务报酬或为处理委托事务垫付的费用。综上，法院认为原告、被告之间的交易行为符合买卖合同的构成要件，双方应为买卖合同关系。

（二）被告是否违约之争

1．被告辩称

被告已履行合同应尽义务，货物未如期交货系越南某公司给3M工厂方打款延误、飞行员感染新冠的不可抗力因素以及3M工厂方自身原因综合造成的结果，被告并无过错。且涉案合同中约定为CIF[1]货运方式，按照国际航运的相关手续，被告已经安排了发货，并且将提货单及提货信息转给了原告，

〔1〕国际贸易术语，Cost Insurance Freight，即成本、保险费和运费。

原告使用被告方提供的收货二维码就可以提货。根据合同约定，风险转移点在货物的生产地墨西哥，墨西哥的生产厂家已经发货，所以风险已经转移给原告，因此原告应根据国际贸易惯例去追索货运公司或保险公司，而不应向被告要求赔偿。

2．代理意见

首先，原告履行了合同约定的付款义务，被告也应按照合同约定于2020年5月11日前完成交货，但是截至庭审时，被告仍未能交货，被告上述行为属于根本违约，导致原告非但收不到货，而且连货款也无法收回。被告的违约行为给原告造成了巨额经济损失，被告理应向原告承担返还货款、赔偿损失的责任。

其次，本案涉及的货物系口罩，为某国政府抗疫所需。因此，本案合同系特定期间具有特定作用与目的的合同，具有很强的时效性，被告违约未能按时交货已经导致合同目的不能实现，双方买卖合同已经没有继续履行的必要。

最后，对于被告以合同英文文本约定CIF条款为由推卸责任，代理律师认为：原被告双方签订的合同以中英文书写，但并未约定中英文不一致情况下适用何种语言，鉴于合同签订地、合同履行地、被告所在地均在中国境内，因此应当适用中文。该合同中文版本没有关于CIF的约定，而且被告为境内卖方，收货目的地为上海机场，无须适用国际贸易术语。即便合同以英文为准，该CIF条款也旨在说明合同价款是包含运费的，仅是一条明确价格构成的条款，并不涉及其他。国际贸易中，CIF贸易术语也称为成本加保险费及运费条款，是指卖方除负有交货、安排运输义务外，还必须就运输中的货物灭失或损坏的风险为货物购买保险，卖方应当签订保险合同并支付保险费。在CIF条款下，卖方义务如下：负责租船或订舱，将货物装上船并支付到目的港的运费，向买方发送装船通知；负责办理货物保险，支付保险费；负责办理货物出口手续，提供出口许可证和其他核准证书（如原产地证明、商检证书等）；负责提供货运单据、提单、保险单、清关证明等文件。本案中，按照被告当庭陈述及其提供的证据材料，该批货物的运输路径为墨西哥—香港—广州—未知目的地，但是作为卖方的被告从未向原告提供出口许可证、原产地证明、商检证书、提单、保险单、清关证明等文件。卖方唯一提供的一份从所谓的物流公司网站查询的物流记录也无法证实真伪，该货运单据所示货运航班通过各种途径均未能查证属实，也没有任何证据证明该批货物与本案所涉货物的关联性，并且该份物流记录显示的发货地为香港，也与被告所述墨西哥工厂发货不符，充分证明被告当庭做虚假陈述。被告作为卖方负责货物的运输，却当庭多次承认其不知货物去向，相当于其当庭承认违约事实。因此即便采用CIF贸易术语，被告也严重违背了国际贸易规则及合同约定，没有完成交货的义务，且存在伪造货运单据的可能。

3．法院裁判

法院裁判采纳了代理律师的庭审意见和代理意见：首先，依法成立的合同，对当事人具有法律约束力。当事人应当按照约定履行自己的义务，不得擅自变更或者解除合同。双方签订涉案买卖合同后，原告已经依约向被告支付了全部货款，被告尚未依约向原告交货，被告在其出具的解释函及庭审中亦对此予以确认，故被告的行为已经构成违约，依法应承担相应的违约责任。其次，根据合同约定的CIF条款内容，该条款应是关于合同价款含税的相关约定，并非被告所称的有关货运方式或风险转移的条款，故被告所称与事实不符。再次，被告称双方约定了变更货物方式，但对此并未提交充分的证据予以证明，依法应承担举证不能的法律后果。最后，根据合同相对性原则，被告与案外人越南某公司之间的买卖合同关系属于另外一个法律关系，对于该买卖合同的履行情况及是否存在违约，被告应另寻法律途径解决。

## ▶▶ 案件解析

此案为涉及金额特别巨大的涉外案件，且发生在疫情暴发时期，无论是案件流程推进还是案件内容主张均对律师提出了巨大挑战。代理律师以过硬的专业素质与机敏的处事方法维护了当事人合法权益，获得多方肯定。本案难点有二，具体如下所述。

### （一）连环买卖交易链条下买卖合同与委托代理的区分

产业分工高度细化的当下，一条产业链往往涉及若干企业的沟通合作，由此产生连续复杂的购销买卖合同关系，如连环买卖关系等。任意一个环节发生差错，风险会沿着产业链传导，此时双方法律关系认定将会对责任承担产生重要影响。对于买卖合同与委托合同的区分，可从以下四点展开。

第一，合同双方的主给付义务不同。买卖合同中，出卖人的主给付义务是转移标的物所有权，即交付货物；买受人的主给付义务是支付相应对价，即支付货款。委托合同中，委托人的主给付义务是指示受托人处理委托事务，即指示和委托；受托人的主给付义务是按照委托人的指示处理委托事务，即按指示行事。本案原告、被告之间的交易模式为买方付款、卖方交货，双方签订的合同是典型的买卖合同。

第二，营利模式不同。买卖合同中，卖方通过加价销售、赚取差价的方式营利，商品买卖的差价即为卖方的经营利润。委托合同中，受托人可以无偿也可以有偿为委托人处理委托事务。有偿的情况下，受托人收取的钱款属于劳务报酬或佣金。本案原告、被告之间通过合同明确约定此为买方购进、卖方售出货品的合同，且合同第 3 条约定了货物价格和付款方式，第 3.3 条清楚表明合同款项的性质为货款。并且被告提供的其与越南某公司之间的买卖合同充分说明被告是通过加价销售、赚取差价的方式获得经营利润，被告与原告之间以及被告与越南某公司之间均属于典型的买卖合同关系，三者构成连环买卖关系。

第三，债的种类不同。买卖合同中的债属于财物之债，债务人应当给付一定的财产来履行债务，也即出卖人应当交付货物来履行其债务 / 义务。财物之债既有标的，也有标的物。委托合同中的债属于劳务之债 / 行为之债，债务人应当提供一定的劳务来履行债务，也即受托人应当按照委托人的指示处理委托事务。劳务之债有标的，但没有标的物。本案所涉合同之债属于财物之债，标的为交货，标的物为 30 万件 3M N95 1860 型号口罩，属于被告应当履行而未履行的债务和义务。本案不存在劳务之债，原告从未授权委托被告处理过任何事务，被告也从未按照原告指示、以原告的名义处理任何事务，原被告之间纯属买卖合同关系。

第四，是否拥有任意解除权。买卖合同中，买卖双方不得擅自变更或解除合同，本案涉及的合同中也多次明确约定任何一方不得单独解除合同。《民法典》第 933 条规定，委托合同中的委托人或者受托人可以随时解除委托合同。

本案涉及的合同不仅名称和内容上与委托合同毫无关联，也并无关于委托事项、范围、报酬的约定，更有与委托合同任意解除权相反之约定，根本不属于委托合同，而是买卖合同。

### （二）疫情之下特事特办的争取

本案为疫情大暴发背景下的涉外诉讼，情况复杂棘手且紧急。本案在疫情之下有两点挑战：

一是流程阻碍。按照《民事诉讼法》及其司法解释的规定，原告应当提交委托材料的公证认证文件，但受疫情影响，原告注册地所在国家的公证认证机构闭馆，不再办理任何公证认证业务。鉴于情况紧急（原告面临损失巨额货款且无法收到货物的风险），代理律师接受了原告的委托，与原告签订了法律服务协议，并在第一时间带领原告法定代表人一同前往法院现场立案。如律师所料，立案庭法官要求原告提供公证认证文件才可立案，代理律师将最高人民法院《关于依法妥善审理涉新冠肺炎疫情民事案件若干问题的指导意见（三）》的相关规定作为疫情背景下特事特办的依据，并安排原告法定代表人在法官面前签署授权委托书，承诺原告注册地所在国一旦恢复公证认证业务就立即办理相关业务并提交给法院。在代理律师和当事人的共同努力及法院积极采纳最高人民法院指导意见的灵活举措下，本案最终得以顺利立案和开庭。为了最大可能挽回委托人的损失，代理律师在立案当天便向法院申请了财产保全，冻结了被告的银行账户，最大限度确保原告合法权益得到保障。

二是疫情之下买卖合同纠纷的不可抗力免责认定。不可抗力是指"不能预见、不能避免并不能克服的客观情况"。为遏制疫情的扩散，各国政府均采取了不同程度的防疫措施，商业活动中的合同履行也受到了相应的影响，出现了大量因为受到疫情或防疫措施的影响而使合同无法履行的案件。为统一相关案件的审判思路，最高人民法院发布了 3 个《关于依法妥善审理涉新冠肺炎疫情民事案件若干问题的指导意见》，多地高院也以通知和问答等形式将新冠疫情及防疫措施原则上定性为不可抗力。经代理律师检索，司法实践中认为以下情况不构成不可抗力：在疫情暴发后签订合同的，因双方当事人对疫情应有较强的预见性，疫情不属于该类合同履行中的不可抗力。本案合同是在疫情暴发后签订的，且货物也为疫情防护口罩，在此情况下双方当事人对于全球疫情情况都应有较强的预见性，因此疫情不属于本案合同履行过程中的不可抗力。

## 相关法条

**《中华人民共和国涉外民事关系法律适用法》**

**第八条** 涉外民事关系的定性，适用法院地法律。

**第四十一条** 当事人可以协议选择合同适用的法律。当事人没有选择的，适用履行义务最能体现该合同特征的一方当事人经常居所地法律或者其他与该合同有最密切联系的法律。

**《最高人民法院关于适用〈中华人民共和国涉外民事关系法律适用法〉若干问题的解释（一）》**

**第八条第二款** 有下列情形之一，涉及中华人民共和国社会公共利益、当事人不能通过约定排除适用、无需通过冲突规范指引而直接适用于涉外民事关系的法律、行政法规的规定，人民法院应当认定为涉外民事关系法律适用法第四条规定的强制性规定：

……

（二）涉及食品或公共卫生安全的；

……

**《中华人民共和国民法典》**

**第四百六十五条** 依法成立的合同，受法律保护。

依法成立的合同，仅对当事人具有法律约束力，但是法律另有规定的除外。

**第五百零九条第一款、第二款** 当事人应当按照约定全面履行自己的义务。

当事人应当遵循诚信原则，根据合同的性质、目的和交易习惯履行通知、协助、保密等义务。

**第五百六十三条** 有下列情形之一的，当事人可以解除合同：

……

（四）当事人一方迟延履行债务或者有其他违约行为致使不能实现合同目的；

……

**第五百六十六条** 合同解除后，尚未履行的，终止履行；已经履行的，根据履行情况和合同性质，当事人可以请求恢复原状或者采取其他补救措施，并有权请求赔偿损失。

合同因违约解除的，解除权人可以请求违约方承担违约责任，但是当事人另有约定的除外。

主合同解除后，担保人对债务人应当承担的民事责任仍应当承担担保责任，但是担保合同另有约定的除外。

**第五百九十五条** 买卖合同是出卖人转移标的物的所有权于买受人，买受人支付价款的合同。

**第五百九十八条** 出卖人应当履行向买受人交付标的物或者交付提取标的物的单证，并转移标的物所有权的义务。

**第九百一十九条** 委托合同是委托人和受托人约定，由受托人处理委托人事务的合同。

**自我思考**

______________________________

______________________________

# 建设工程造价中社会保险费的争议

杨唐全　潘韦虹 ◎

## 律师办案笔记

本案所争议的社会保险费既是用人单位应当依法缴纳的费用，也是建设工程造价的重要组成部分（规费），双方对建设工程行政主管部门发布的政策文件是否会对建设工程的计价方式产生影响存在争议。在工程施工过程中，各方参建主体应当适用建设行政主管部门的规定，但由于其法律层级较低，争议解决的结论可能因此与实践脱节。在建设工程管理中，一直存在公法和私法的矛盾，公法侧重于管制，而私法更关注具体的协议以及协议各方合理的期待。除确定工程造价的组成之外，本案对工程法应是公法还是私法的争论也有一定的参考意义。

本案所涉工程系重点工程之一，案涉工程款关系财政资金的结算审计，时间紧、任务重，接受委托后，代理律师迅速整理工程相关资料，研究招投标文件、合同约定及过程往来函件，先从双方合意着手，以确定双方是否已经协商，是否有过任何一致意见。在工程招投标时，双方均更倾向于采用固定价计价；在合同文件签订时，双方均未就社会保险费部分作出特别约定。为推进项目进度，双方在工程施工过程中搁置争议，未就该问题形成任何合意。之后，代理律师着眼于住建部门颁布的政策规定对各参建单位均有事实上的强制性，并根据工程造价的基理提出抗辩，主张社会保险费属于建筑安装工程费中规费的范畴，属于不可竞争性费用，应当根据国家或省级、行业建设主管部门的规定计算。招标文件提及采用工程量清单报价时，应执行《关于调整本市建设工程造价中社会保险费及住房公积金费率的通知》（沪建市管〔2016〕43号文，以下简称43号文）的规定。在案涉合同履行过程中，上海住建委发布《关于社会保险费取费和缴交核付办法的通知》（已失效，沪建建管〔2017〕899号，以下简称899号文），且国家多年来不断调整社会保险缴费，从建设工程造价角度来看，申请人需依法缴纳的规费也不断减少，继续按照原招投标时43号文规定的费率结算社会保险费不符合《建设工程工程量清单计价规范》（GB 50500—2013）的强制性规定，明显损害了被申请人的利益。而且根据社保缴纳凭证按实结算社会保险费，有利于敦促申请人履行为现场作业人员购买社会保险的法定责任，同时有助于防止国有资金变相成为企业利润。

## 案例信息

**申请人：**A制造公司（以下简称A公司）

**被申请人：**B建筑公司（以下简称B公司）

**案号：**（2021）沪仲案字第5537号

## 基本案情

2016年，A公司与B公司签订一体化合同，约定由B公司承揽一建设项目的勘察、设计、施工等工作，合同金额61亿元，其中社会保险费1.8亿元。该合同第13条约定：“……合同价格调整包括以下情况：（1）合同签订后，因法律、国家政策和需遵守的行业规定发生变化，影响到合同价格增减的……”

第 14 条约定："除根据第 13 条变更和合同价格的调整，以及合同中其他相关增减金额的约定进行调整外，土建工程施工费、机电工程施工费不做调整。"案涉工程于 2016 年 12 月开工，2019 年 12 月竣工。

竣工结算中，A 公司要求 B 公司按照上海市住房和城乡建设管理委员会 2017 年 10 月 13 日发布的 899 号文的要求，提交项目执行期间的社保费支付凭证，并依此凭证按实结算施工现场作业人员的社保费。B 公司认为该要求违背合同关于固定总价的计价约定，且招标文件中明确项目报价应执行 43 号文，43 号文并未要求按实结算，故 A 公司应按照合同约定的固定社保费金额结算社保费。

## ▷▷ 争议焦点

本案中，双方的争议焦点是案涉合同价款中的社保费是应当按照合同约定的固定金额结算还是应当按实结算。

### （一）合同是否约定社保费为固定总价结算

B 公司认为，根据合同与招标文件的约定，本案所涉的社保费系固定包干价，该价格已综合考虑到现场条件、人工、材料、机械价格波动，法律、法规和政策性文件规定及合同包含的所有风险、责任等一切因素，除合同另有约定外，不得以任何方式调整或变更。社保费率的取费（按什么费率进行造价取费）是造价层面的问题，而社保费的支付（是固定包干还是按实结算）是结算层面的问题。也就是说，社保费的调整是 B 公司在施工过程中支出成本的问题，而 A 公司应当如何支付工程款的问题，是合同结算层面的问题。因为案涉合同是闭口包干的，所以 B 公司在施工过程中的成本支出与 A 公司应当支付的工程款是没有任何关联的。

A公司认为，双方约定的社保费计价方式并非固定总价，在出现约定的合同价格调整情形时，应作相应的调整后经结算审定确定。招标文件不是当事人之间最终的意思表示，无论是基于民法的要约、承诺制度，还是合同中关于合同文件的解释顺位的约定，双方关于社保费的计价方式都应以合同约定为准。合同明确约定："……除根据合同约定的在工程实施过程中需进行增减的款项外，合同价格不做调整。"第13条、第14条对包括社保费在内的合同价款的调整进行了约定，应根据合同约定及相关政策、规定调整后结算。双方于2021年8月签订的《补充协议（关于社保费取费的仲裁）》也明确："……发包人应向各承包人支付的社保费用以结算审定金额为准。"而且，从相关规范性文件来看，社保费也并非固定不变。案涉工程施工期间，相关部门发布了人力资源和社会保障部、财政部《关于阶段性降低失业保险费率有关问题的通知》（人社部发〔2017〕14号）、《关于调整本市建设工程造价中社会保险费及住房公积金费率的通知》（已失效，沪建市管〔2017〕105号）、上海市建筑建材业市场管理总站《关于调整本市建设工程造价中社会保险费率的通知》（沪建市管〔2019〕24号）、上海市人民政府《关于调整本市城镇职工社会保险缴费比例的通知》（沪府〔2017〕48号），多次对社保费进行调整。

（二）社保费应适用的规范文件与支付方式

B公司认为，A公司应按照合同约定的固定社保费金额结算。原因在于：（1）双方并未约定899号文在案涉合同中的适用，而且899号文的发布日期为2017年10月13日，此时案涉工程的招投标已经完成，根据"法不溯及既往"的原则，899号文对案涉工程不具有溯及力。此外，899号文与上海市城乡建设和管理委员会《关于调整社会保险费取费和缴交核付办法的通知》（已失效，沪建管〔2014〕1065 号，以下简称 1065 号文）的内容是一致的，在案涉工程招投标之前已有 1065 号文对社保费可按实结算进行规定，故 899 号文也不属于合同第 13 条约定的“合同签订后，因法律、国家政策和需遵守的行业规定发生变化”的情形。（2）双方并未约定 1065 号文在案涉合同中的适用。案涉工程的招标时间是 2016 年 9 月，此时 1065 号文已发布一年多，但 A 公司并未选择适用该文件，故 1065 号文不应作为认定本案事实的证据材料。（3）案涉工程是一个包括勘察、设计、施工在内的工程总承包项目，在招标时，勘察、设计尚未进行，更不用说施工图纸和工程量清单，故其不可能采用工程量清单计价进行招标的施工项目。899 号文第 1 条就明确“采用工程量清单计价进行招标的施工项目……”，故包括 899 号文在内的相关文件不应适用于案涉工程的结算。（4）发文机关上海住建委不认为包括 899 号文在内的相关文件是 B 公司与 A 公司必须要遵守的政策性文件。双方曾向 899 号文的发文机关上海住建委进行咨询，但上海住建委也无法给出明确意见。如果上海市住房和城乡建设管理委员会认为包括 899 号文在内的相关文件是必须执行的文件，自然会给出明确意见。（5）在案涉合同履行过程中，B 公司的每期进度款支付证书中均列明了社保费金额，A 公司亦是按照招投标文件以及案涉合同的约定进行的审核，并未要求 B 公司每月提交社保费缴纳凭证再进行核付。

A 公司认为，应根据 1065 号文和 899 号文的规定，据实结算案涉工程所涉社保费。理由是：（1）上海住建委负责管理辖区内的住房和城乡建设管理工作，其发布的 899 号文属于 A 公司与 B 公司必须遵守的行业规定、政策文件。（2）上海住建委 2014 年 12 月 11 日发布的 1065 号文亦明确规定社保费应按实结算。（3）43 号文仅规定投标人在投标时应如何确定社保费金额，进而确定投标总价，该规定与施工合同履行过程中，社保费应当按实结算并不冲突。（4）43 号文的制定机关上海市建筑建材业市场管理总站，属于上海住建委的直属机构，按照新规定优于旧规定、上级单位发布的文件效力应当优先于下级的原则，本案应当适用899号文的规定。（5）社保费属于建筑安装工程费中规费的范畴，属于不可竞争性费用，应当根据国家或省级、行业建设主管部门的规定计算。国家多年来不断调整社会保险缴费基数，B公司须缴纳的规费不断减少，继续按照招投标时43号文规定的费率结算社保费不符合《建设工程工程量清单计价规范》（GB 50500—2013）的强制性规定，明显损害A公司的利益。（6）根据社保缴纳凭证按实结算社保费，有利于敦促B公司履行为现场作业人员购买社会保险的法定责任，同时有助于防止国有资金变相成为企业利润。

## 案件解析

关于“合同是否约定社保费为固定总价结算”的争议，本质上是“社保费应适用的规范文件与支付方式”问题的一部分，故此处一并讨论。

招标文件第1.3条约定：“新建建筑物和构筑物的土建施工费按照招标文件的设计深度进行报价；如果采用工程量清单（GB 50500—2013）报价，应执行上海市建筑建材业市场管理总站《关于实施建筑业营业税改增值税调整本市建设工程计价依据的通知》（沪建市管〔2016〕42号）和沪建市管〔2016〕43号。应涵括完成土建施工的全部人工费、材料费、机械费、管理费、保险、规费、税金及投标人的期望利润等，并应综合考虑现场条件、人工、材料、机械价格波动及法律、法规和政策性文件规定及合同包含的所有风险、责任等一切因素。承包金额除按本合同的规定外，不得以任何方式调整或变更，闭口包干。”招标文件第4条约定：“投标人的中标价为勘察、设计、施工一体化招标的投标价，其中勘察费、设计费、土建施工费、机电工程各子项施工费和措施费均为闭口价。”合同第14条则约定：“勘察费、设计费为闭口包干固定价格，第 13 条变更和合同价格调整条款不适用。土建工程施工费、机电工程施工费，除根据第 13 条变更和合同价格的调整，以及合同中其他相关增减金额的约定进行调整外，不做调整。”

案涉工程合同无疑属于固定总价合同。且通过招标文件和合同约定可知，有的费用绝对固定，如勘察费、设计费，即便是第 13 条变更和合同价格调整条款也不适用；而有的费用则是相对固定，当发生第 13 条所约定的情形时，允许调整合同价格。问题是，社保费属于二者中的哪一类呢？

不难看出，以土建施工费为例（机电工程施工费同理），虽然招标文件第 4 条将土建施工费与勘察费、设计费并列，但根据招标文件第 1.3 条中“承包金额除按本合同的规定外，不得以任何方式调整或变更，闭口包干”之表述，可知土建施工费属于相对固定费用，符合条件时存在变动之可能。由招标文件第 1.3 条还可知，此处所述“土建施工费”包括规费（社保费的上位概念）。因此，社保费应认定为相对固定费用，在发生第 13 条约定的变更或合同价格调整情况时，双方仍可对其金额进行调整。

需要指出的是，A 公司所述“招标文件不是当事人之间最终的意思表示，双方关于社保费的计价方式，应以合同约定为准”这一抗辩理由，暗含了其亦认为招标文件关于社保费的约定为固定总价，只是合同对招标文件进行了调整。且不论即便根据招标文件，社保费在特定情形下亦允许进行调整，单就招标文件与合同存在不一致时以何者为准这一问题，A 公司的理由也并无说服力。因为根据《招标投标法》第 46 条第 1 款的规定，“招标人和中标人应当自中标通知书发出之日起三十日内，按照招标文件和中标人的投标文件订立书面合同。招标人和中标人不得再行订立背离合同实质性内容的其他协议”。《招标投标法实施条例》第 57 条第 1 款亦规定：“招标人和中标人应当依照招标投标法和本条例的规定签订书面合同，合同的标的、价款、质量、履行期限等主要条款应当与招标文件和中标人的投标文件的内容一致。招标人和中标人不得再行订立背离合同实质性内容的其他协议。”而社保费的价格属于合同价款的组成部分，该项目的计价方式会影响合同价款的确定，故在性质上属于合同“主要条款”“实质性内容”。因此，根据上述两个条款，合同中社保费的计价方式应当与招投标文件保持一致。当合同与招投标文件相悖时，应认定合同约定无效，而以招投标文件为准。

综上，社保费属于相对固定费用，在发生变更或合同价格调整情况时，应允许对其金额进行调整。故社保费能否调整就要看是否属于“合同签订后，因法律、国家政策和需遵守的行业规定发生变化，影响到合同价格增减”的情况。由此，问题就转化为：（1）1065号文与899号文是否属于合同双方须遵循的规范性文件；（2）1065号文与899号文是否属于“合同签订后……法律、国家政策和需遵守的行业规定发生变化”的情形。

### （一）1065号文与899号文不属于合同双方须遵循的规范性文件

首先，1065号文与899号文不具有强制执行力。合同通用条款第1.4条约定：“本合同遵循中华人民共和国法律，指中华人民共和国法律、行政法规、部门规章以及工程所在地的地方法规、自治条例、单行条例和地方政府规章。需要明示的国家和地方的具体适用法律的名称在专用条款中约定。在基准日期之后，因法律变化导致承包人的费用增加的，发包人应合理增加合同价格……”在专用条款中约定：“合同双方需要明示的法律、行政法规、地方性法规：《中华人民共和国合同法》、《中华人民共和国建筑法》、《中华人民共和国招标投标法》。”1065号文与899号文的发文机关均是上海住建委，均不属于合同约定的法律、行政法规、部门规章或工程所在地的地方法规、自治条例、单行条例、地方政府规章范围，而是当地主管部门出台的政策性文件。根据《全国法院民商事审判工作会议纪要》的精神，1065号文与899号文也不涉及金融安全、市场秩序、国家宏观政策等，不属于效力性强制性规定。因此，1065号文与899号文对双方当事人不具有强制执行力。

其次，合同未明确政府相关文件是合同的组成部分。合同对组成合同的文件进行了约定，但并未明确政府相关文件是合同的组成部分。招标文件第2.1条亦约定："如果采用工程量清单报价，措施费、规费、税金按照沪建建管〔2016〕42号和沪建建管〔2016〕43号执行。"故1065号文与899号文也不能通过双方约定的方式在案涉工程中予以适用。

（二）1065号文与899号文的发布，不属于合同价款可调整情形

1065号文的发布时间是2014年12月11日，案涉工程的招标时间是2016年9月，1065号文的发文时间在案涉工程招标之前，不存在"合同签订后……法律、国家政策……发生变化"之可能。899号文于2017年10月13日发布，其中有关社保费的内容与1065号文基本一致，故899号文的发布也不属于"……需遵守的行业规定发生变化"的情形。因此，双方当事人不能依据合同价款调整条件对社保费进行调整。

而且，即便认为899号文的发布属于法律、国家政策和需遵守的行业规定发生变化影响到合同价格增减的情形，双方也应当按照合同约定，在相关情形发生后30日内增减合同价款。但是双方并未在合同约定的有效期内达成调整合同价款的意见。在长达三年的合同履行过程中，A公司支付工程进度款时也未曾要求过B公司提交当月缴纳社保的凭证作为工程进度款支付依据。

最终，仲裁庭裁决A公司按照合同及相关文件规定的社保费向B公司进行结算。同时考虑双方虽未约定案涉工程结算时适用899号文，但该文件对规范建筑市场和保护农民工的合法权益具有重要意义，B公司应当自觉执行。

因此，仲裁庭酌情决定B公司在此问题上也承担一定责任。

## 相关法条

**《中华人民共和国招标投标法》**

**第四十六条第一款** 招标人和中标人应当自中标通知书发出之日起三十日内，按照招标文件和中标人的投标文件订立书面合同。招标人和中标人不得再行订立背离合同实质性内容的其他协议。

**《中华人民共和国招标投标法实施条例》**

**第五十七条第一款** 招标人和中标人应当依照招标投标法和本条例的规定签订书面合同，合同的标的、价款、质量、履行期限等主要条款应当与招标文件和中标人的投标文件的内容一致。招标人和中标人不得再行订立背离合同实质性内容的其他协议。

**《全国法院民商事审判工作会议纪要》（法〔2019〕254号）**

**第三十条第二款** ……下列强制性规定，应当认定为“效力性强制性规定”：强制性规定涉及金融安全、市场秩序、国家宏观政策等公序良俗的；……

### 自我思考

# 建设工程的真假实际施工人之辨

杨唐全　潘韦虹 ◎

## 律师办案笔记

**1. 去伪存真，把握案件争议焦点实质**

本案原告黄某持案涉工程的施工合同原件、施工过程管理资料原件，并据此主张其为实际施工人，要求承包人（本案被告）支付欠付的工程款。从证据材料形式来看，原告具备实际施工人的外观，且承包人因人员更替、工程管理脱节等原因，亦未能辨别原告的身份。代理律师接受当事人的委托后，研究原告提交的证据，抽丝剥茧，发现原告虽在工程签证、工程联系单上签字，但其非但未接收任何工程款，且从未独立对外支付款项，反而需与第三人协商或向第三人请示。后代理律师从实际施工人的实质角度抗辩，主张黄某对案涉工程的施工没有管理权、支配权，不具有实际施工人的实质特征，不应享有案涉工程的工程款请求权。最终法院采纳了代理律师的意见，驳回了黄某的全部诉讼请求，维护了施工单位的权益。

**2. 功为上道，专业律师应做好基本功**

实际施工人是每一位代理过建设工程合同纠纷的律师都耳熟能详的名词，实际施工人系实际完成工程建设的主体，其依法享有建设工程价款的请求权。为防止错付工程款，在判断某一主体是否为实际施工人时，不应局限于其表面含义，而应从本质分析。持有、管理建设工程施工管理资料的人员，并非绝对为实际施工人。实际施工人并非仅限于自然人，亦可能是法人、非法人组织等其他形式的主体，应当结合案件的实际情况综合判断。本案对实际施工人的认定具有相当的意义。

随着建筑业管理模式、组织模式的不断变化，涉及建设工程纠纷特别是施工合同纠纷的案件数量快速增长。但是从当前司法实践来看，虽然目前我国已经制定了相应的裁判规则，但仍然存在法律适用混乱、概念不清、同案不同判等问题，各地法院在部分问题的认定上存在巨大差异，且裁判尺度不一。因此，在建设工程领域，尤其需要专业律师。专业律师不仅可以更好地承担起维护当事人合法权益的基本职责，而且可以帮助构建健康、稳定的建设工程市场秩序。

## 案例信息

**原告（上诉人）：**黄某

**被告（被上诉人）：**M建设集团

**案号：**（2018）沪0101民初23190号、（2020）沪02民终4948号

## 基本案情

2014年6月，M建设集团中标W公司一装修改造项目，并于同年8月与W公司签订工程施工合同。2015年，该工程竣工。2018年7月，黄某提起诉讼，主张其系案涉工程的实际施工人，要求M建设集团向其支付工程款及相应利息。M建设集团则主张案涉工程系其与第三人合作，案涉工程实际施工人系第三人肖某与毕某。第三人肖某称，其与第三人毕某共同出资合作案涉工程，由其负责招投标和前期款项出资，毕某负责剩余款项的出资和后期施工工作。

肖某主张其在招投标期间向毕某支付前期款项 450 万元，并作为总承包方签订承接案涉工程的协议，故实际施工人是其与毕某。第三人毕某称，其与黄某系朋友，替黄某为案涉工程垫资 800 余万元，并受黄某委托代为收取案涉工程中由 M 建设集团支付给黄某的工程款，其与 M 建设集团、肖某之间没有与案涉工程相关的任何关系。

## ▷▷ 争议焦点

本案中，双方的争议焦点是黄某是否是案涉工程的实际施工人。

黄某主张，案涉工程系由其开始施工至竣工；案涉工程材料款均由其委托并指定的资金管理方毕某筹集、支付；所有款项由发包人 W 公司支付至 M 建设集团，再由 M 建设集团扣除管理费后支付给其委托的毕某；尾款亦由其进行完税。故其作为实际施工人，有权向 M 建设集团催讨应付的工程款。

M 建设集团认为，其与黄某不存在任何事实或书面合同关系，黄某并非实际施工人。成为实际施工人的一个基本要件是当事人采取投入资金、设备、劳力等方式，对工程进行实际施工或组织施工。黄某既不是工程施工合同的签约当事人，也未曾参与投标或施工合同的订立，施工过程中亦未曾代表承包人 M 建设集团签字捺印；在施工过程中对各项事务黄某均请示毕某，对案涉工程并无实际支配权；且黄某也从未收取工程款。黄某在会议纪要、签到表、回复函等工程资料上签字或代表 M 建设集团缴税的行为并不能证明黄某的实际施工人身份。因此，没有任何证据证明黄某实际施工或组织了施工、与承包人 M 建设集团或发包人 W 公司建立了施工关系或结算关系。实际上，黄某仅是案涉工程的一名项目管理人员，实际施工人是肖某和毕某。M 建设集团在收到发包人 W 公司支付的工程款后不久即向毕某支付相当金额，且黄某在支付工程材料款等时均向毕某申请，可见毕某对案涉工程拥有实际支配权，工程实际施工人之一是毕某而非黄某。

## 案件解析

实际施工人在建设工程合同纠纷中是常见的建设工程参与主体。最高人民法院《关于审理建设工程施工合同纠纷案件适用法律问题的解释（一）》（法释〔2020〕25号，以下简称《施工合同司法解释》）第43条第2款规定："实际施工人以发包人为被告主张权利的，人民法院应当追加转包人或者违法分包人为本案第三人，在查明发包人欠付转包人或者违法分包人建设工程价款的数额后，判决发包人在欠付建设工程价款范围内对实际施工人承担责任。"也就是说，实际施工人依法享有请求支付工程款的权利。然而，实践中实际施工人并不都与施工单位签订书面协议以明确其身份，因此，如何对实际施工人的身份进行认定，对于许多建设工程合同争议的解决至关重要。

### （一）关于"实际施工人"的理解

"实际施工人"这一概念首次出现在最高人民法院《关于审理建设工程施工合同纠纷案件适用法律问题的解释》（已失效，法释〔2004〕14号）中，其第1条、第4条、第25条、第26条规定实际施工人存在于无效的建设工程施工合同中，并明确了实际施工人对转包人、违法分包人和发包人的诉权。《施工合同司法解释》第44条增加了满足一定条件时实际施工人对转包人或者违法分包人的代位权诉讼。但两部司法解释均未对"实际施工人"的法律概念作出明确界定，进而导致在司法实务中，各地法院对"实际施工人"的理解也不甚一致。

最高人民法院《关于统一建设工程施工合同纠纷中"实际施工人"的司法认定条件的建议的答复》（2016年），北京市高级人民法院《关于审理建设工程施工合同纠纷案件若干疑难问题的解答》（京高法发〔2012〕245号），山东省高级人民法院《关于审理建设工程施工合同纠纷案件若干问题的解答》（2020年），重庆市高级人民法院、四川省高级人民法院《关于审理建设工程施工合同纠纷案件若干问题的解答》（2022年），《河北省高级人民法院建设工程施工合同案件审理指南》（冀高法〔2023〕30号）等文件都曾对"实际施工人"的含义作出过解释。综合上述文件，并结合《最高人民法院新建设工程施工合同司法解释（一）理解与适用》一书中关于"实际施工人"的理解〔1〕，对于"实际施工人"，可以从两个方面加以理解：从其适用情形来看，实际施工人是指依照法律规定被认定为无效的施工合同中实际完成工程建设的施工主体，包括转承包人、违法分包的承包人、借用资质的承包人、超越资质等级的承包人、挂靠施工人等，可以是法人、非法人企业、个人合伙、包工头等民事主体，但不包括施工企业的内部职工、合法的专业分包工程承包人、劳务作业承包人、直接提供劳动力的农民工；从其本质来看，实际施工人应当是采取投入资金、材料、设备、劳力等方式，对工程建设进行了实

〔1〕"实际施工人"旨在描述无效合同中实际承揽工程干活的低于法定资质的施工企业、非法人单位、农民工个人等，包括：（1）转包合同的承包人；（2）违法分包合同的承包人；（3）缺乏相应资质而借用有资质的建筑施工企业名义与他人签订建设工程施工合同的单位或者个人。"实际施工人"出现的前提条件是建设施工合同存在转包、违法分包及借用有施工资质的企业名义承揽建设工程等无效情形。"实际施工人"一般是"无效合同的承包人，转承包人、违法分包合同的承包人、没有资质借用有资质的建筑施工企业的名义与他人签订建筑工程施工合同的承包人"。通俗地讲，实际施工人就是在上述违法情形中实际完成了施工义务的单位或者个人。建设工程层层多手转包的，实际施工人一般指最终投入资金、人工、材料、机械设备实际进行施工的施工人。一般而言：（1）实际施工人是实际履行承包人义务的人，既可能是对整个建设工程进行施工的人，也可能是对建设工程部分进行施工的人。（2）实际施工人与发包人没有直接的合同关系或者名义上的合同关系。实际施工人如果直接与发包人签订建设工程施工合同，则属于承包人、施工人，无须强调"实际"二字。（3）实际施工人同与其签订转包合同、违法分包合同的承包人或者出借资质的建筑施工企业之间不存在劳动人事关系或劳务关系。司法实践中，对于在合法专业分包、劳务分包中的承包人不认定为实际施工人。参见最高人民法院民事审判第一庭编著：《最高人民法院新建设工程施工合同司法解释（一）理解与适用》，人民法院出版社2021年版。

际施工或组织施工的民事主体。

（二）“实际施工人”的认定

通过其定义，可见认定“实际施工人”需要具备三个条件：一是存在无效的建设施工合同；二是作为实际完成工程建设的主体，承担了施工过程中的人工、材料、机械设备、资金；三是不属于内部承包行为。实践当中欲证明某一主体是否为“实际施工人”，亦应从这三个条件着手进行判断。

1．是否存在无效的建设施工合同

这一条件包括两层含义：一是存在建设施工合同，二是合同无效。需要说明的是，“存在建设施工合同”并不要求该施工合同的当事人之一是实际施工人。挂靠情形下，实际施工人通常并不签订施工合同；而在非法转包、违法分包中，实际施工人既有可能与对方签订、也有可能不签订施工合同。因此，实际施工人是不是无效施工合同的当事人并不必然导致本条件的成立或不成立。而“施工合同无效”，则是如《最高人民法院新建设工程施工合同司法解释（一）理解与适用》一书中所述，实际施工人与发包人之间如果存在有效的施工合同，则属于承包人、施工人，无须使用“实际施工人”的概念。合同无效的原因，既包括《民法典》第一编第六章第三节规定的合同无效情形，也包括《施工合同司法解释》规定的承包人未取得建筑业企业资质或者超越资质等级、没有资质的实际施工人借用有资质的建筑施工企业名义、建设工程必须进行招标而未招标或者中标无效、承包人因转包或违法分包建设工程与他人签订建设工程施工合同等情形。

2．争议主体是否实际承担了施工过程中的人工、材料、机械设备、资金

主张实际施工人身份的主体，需要举证其通过投入人工、材料、机械设备、资金等方式，对工程建设进行了实际施工或组织施工的事实。一般而言，

如能证明该主体对案涉工程的施工享有支配性权利，便足以证明其实际施工人身份。笔者认为，可以从以下几个方面进行判断：（1）争议主体是否独立投入相关资金，如案涉工程的投标保证金、履约保证金、施工人员工资、材料费、机械设备租赁费等。（2）争议主体是否实际实施了工程管理人员和工程施工人员的聘用、工程材料物资的采购、机械设备的购买或租赁、劳务分包、专业分包等行为。（3）争议主体是否参加施工过程中的工程例会等活动。（4）争议主体是否参与施工过程中与建设单位、监理单位等的书面文件签署。（5）争议主体是否向承包人支付管理费。（6）争议主体是否实际参与工程的竣工验收及结算。（7）争议主体是否有权主张工程进度款与工程结算款项的支付，是否收取发包人支付的工程款且对工程款具有独立的支配权。（8）争议主体是否独立承担案涉工程风险。

综上，如确为实际施工人，应能提供由其个人垫付资金凭证、调度机械、接收工程进度款凭证、缴纳税款、施工人员工资发放凭证、施工物资供货协议、材料支付凭证、施工签证、施工日记、施工过程中的来往函件等完整施工资料。但基于目前建设工程领域的实际情况，并非所有实际施工人均具备上述全部要素。譬如，在实践当中，项目经理、项目负责人等工程管理人员也可能被授权在一些工程资料上签字，所以上述材料的签字主体并不必然是实际施工人，实际施工人也并非必须提供上述全部材料。审判员需要综合各种证据材料进行认定。

3．是否属于内部承包行为

实际施工人的概念只存在于非法转包、违法分包、借用资质、超越资质等情形中，尤其是在借用资质（也就是俗称的“挂靠”）中。实践中，存在一种与挂靠极易混淆的行为，即建设单位内部承包。为实现对“实际施工人”的准确认定，有必要对此二者的区别加以辨析。

所谓建设单位内部承包，是指建筑施工企业就其承包的全部或部分工程与其下属分支机构或职工签订工程承包合同。它是建筑施工企业的一种内部经营方式，法律和行政法规对此并不禁止。在建设单位内部承包中，建筑施工企业对工程施工过程及质量等进行管理，对外承担施工合同的权利义务。发包人或其他利害关系人以内部承包人缺乏施工资质为由主张施工合同无效的，不予支持。而挂靠则是指实际施工人借用有资质的建筑施工企业名义承揽建设工程，该实际施工人与被挂靠企业间并不存在隶属或管理关系，构成独立主体间的承包合同关系，如果挂靠方并无相应施工资质，应认定该承包合同关系无效。当合同为建设单位内部承包合同时，并不存在实际施工人的认定问题，对此需要特别注意。

那么，如何区分挂靠与内部承包呢？根据二者的定义，笔者认为应从施工合同双方当事人之间是否存在劳动或隶属管理关系，以及承包工程所需的资金、材料、技术等是否由建筑施工企业提供等角度进行判断。实践中，可以结合下列情形综合认定属于内部承包：（1）合同的发包人为建筑施工企业，承包人为建筑施工企业下属分支机构或在册的项目经理等本企业职工，两者之间存在管理与被管理的行政隶属关系的；（2）发包给个人的，发承包人之间有合法的劳动关系以及社会保险关系的；（3）承包人使用建筑施工企业的建筑资质、商标及企业名称等是履行职责行为，在建筑施工企业的管理和监督下进行项目施工，承包人根据承包合同约定向建筑施工企业交纳承包合同保证金的；（4）施工现场的项目经理或其他现场管理人员接受建筑施工企业的任免、调动和聘用的；（5）承包人组织项目施工所需的人、财、物由建筑施工企业予以协调支持的；（6）承包人在建筑施工企业统一管理和监督下独立核算、自负盈亏，承包人与建筑施工企业按照承包合同约定对经营利润进行分配的。内部承包的对外民事权利义务主体为该合同发包人即建筑施工企业。

实践当中，存在“内部承包型”的挂靠施工。例如，苏州中级人民法院民二庭《关于涉建工程中项目经理等对外从事买卖、租赁等民事行为的责任认定》认为，“挂靠施工”除了常见的“借用资质型”，还包括“内部承包型”，即根本不具备建设工程施工能力的个人（俗称“包工头”）寻找一个符合项目要求的施工企业，由施工企业与发包人签订施工合同，施工企业任命或聘用个人为其员工，并委以施工负责人或项目经理职务。双方签订内部承包合同，约定由个人承担该工程项目的全部经济责任，负责组织施工所需的人、财、物及施工管理职责，施工企业负责处理与业主、监理等单位有关的对外事务，个人向施工企业支付内部承包管理费。这种情形属于“有资质的建筑施工企业通过名义上的联营、合作、内部承包等其他方式变相允许他人以本企业的名义承揽工程”，亦属于“没有资质的实际施工人借用有资质的建筑施工企业名义”承揽建设工程（“挂靠”）。〔1〕这种名为“内部承包”、实为“挂靠”的情形，不属于“实际施工人”认定的排除情形。此时，尤其需要认真对是真实的内部承包还是虚假的内部承包进行辨别、区分。

具体到本案中，原告黄某持案涉工程的施工合同原件、施工过程管理资料原件，能证明其全程参与案涉工程相关事项，具备实际施工人的外观。但本案代理律师从实际施工人的实质角度进行抗辩，指出虽然本案不属于内部承包行为，但从实际施工人概念的适用情形来看，黄某未提供充分证据证明其与发包人 W 公司之间存在无效建设工程施工合同，或与承包人 M 建设集团之间存在违法分包、非法转包法律关系，或其借用 M 建设集团资质承建案涉工程；从实际施工人的定义来看，黄某未能充分证明其实际投入资金、设备、

〔1〕 参见北京市高级人民法院《关于审理建设工程施工合同纠纷案件若干疑难问题的解答》（京高法发〔2012〕245 号）第 2 条。

材料，对案涉工程施工享有支配权，并以其个人名义与M建设集团进行工程款结算。最终法院认定黄某非实际施工人，驳回了其全部诉讼请求。

本案中，法院的判决理念对于建设工程合同纠纷中实际施工人的认定具有典型意义，被告代理律师从实际施工人的实质角度予以抗辩的思路也有相当的借鉴意义。希望通过本案例的梳理和撰写，能够给其他涉及“实际施工人身份认定”的合同纠纷案件带来一些启发。

## 相关法条

**《最高人民法院关于审理建设工程施工合同纠纷案件适用法律问题的解释（一）》（法释〔2020〕25号）**

**第一条第一款** 建设工程施工合同具有下列情形之一的，应当依据民法典第一百五十三条第一款的规定，认定无效：

（一）承包人未取得建筑业企业资质或者超越资质等级的；

（二）没有资质的实际施工人借用有资质的建筑施工企业名义的；

（三）建设工程必须进行招标而未招标或者中标无效的。

**第四十三条** 实际施工人以转包人、违法分包人为被告起诉的，人民法院应当依法受理。

实际施工人以发包人为被告主张权利的，人民法院应当追加转包人或者违法分包人为本案第三人，在查明发包人欠付转包人或者违法分包人建设工程价款的数额后，判决发包人在欠付建设工程价款范围内对实际施工人承担责任。

**第四十四条** 实际施工人依据民法典第五百三十五条规定，以转包人或者违法分包人怠于向发包人行使到期债权或者与该债权有关的从权利，影响其到期债权实现，提起代位权诉讼的，人民法院应予支持。

**《最高人民法院关于统一建设工程施工合同纠纷中“实际施工人”的司法认定条件的建议的答复》**〔1〕

“实际施工人”是指依照法律规定被认定为无效的施工合同中实际完成工程建设的主体，包括施工企业、施工企业分支机构、工头等法人、非法人团体、公民个人等。

**《北京市高级人民法院关于审理建设工程施工合同纠纷案件若干疑难问题的解答》（京高法发〔2012〕245号）**

**2**、《最高人民法院关于审理建设工程施工合同纠纷案件适用法律问题的解释》（以下简称《解释》）第一条第（二）项规定的“没有资质的实际施工人借用有资质的建筑施工企业名义”承揽建设工程（即“挂靠”）具体包括哪些情形?

具有下列情形之一的，应当认定为《解释》规定的“挂靠”行为：

（1）不具有从事建筑活动主体资格的个人、合伙组织或企业以具备从事建筑活动资格的建筑施工企业的名义承揽工程；

（2）资质等级低的建筑施工企业以资质等级高的建筑施工企业的名义承揽工程；

（3）不具有施工总承包资质的建筑施工企业以具有施工总承包资质的建筑施工企业的名义承揽工程；

（4）有资质的建筑施工企业通过名义上的联营、合作、内部承包等其他方式变相允许他人以本企业的名义承揽工程。

**18**、《解释》中“实际施工人”的范围如何确定?

《解释》中的“实际施工人”是指无效建设工程施工合同的承包人，即

---

〔1〕 参见《最高人民法院关于统一建设工程施工合同纠纷中“实际施工人”的司法认定条件的建议的答复》，载微信公众号“滟之有理”2021年11月18日。

违法的专业工程分包和劳务作业分包合同的承包人、转承包人、借用资质的施工人（挂靠施工人）；建设工程经数次转包的，实际施工人应当是最终实际投入资金、材料和劳力进行工程施工的法人、非法人企业、个人合伙、包工头等民事主体……

**《山东高院关于审理建设工程施工合同纠纷案件若干问题的解答》（2020年）**

**1**、建设工程施工合同纠纷案件中，实际施工人如何认定？

实际施工人是指依照法律规定被认定为无效的施工合同中实际完成工程建设的施工主体，包括转承包人、违法分包的承包人等。当事人以实际施工人身份主张权利的，应当对其实际投入工程的资金、设备、材料、人工等事实进行举证。

**《重庆市高级人民法院、四川省高级人民法院关于审理建设工程施工合同纠纷案件若干问题的解答》（2022年）**

**九**、建设工程施工合同纠纷中实际施工人范围如何确定？

答：实际施工人是指依照法律规定被认定无效的施工合同中，实际完成工程建设的主体。实际施工人身份的界定，应当结合最终实际投入资金、材料，组织工程施工等因素综合予以认定。仅从事建筑业劳务作业的农民工、劳务班组不属于实际施工人范畴，其依据《最高人民法院关于审理建设工程施工合同纠纷案件适用法律问题的解释（一）》第四十三条的规定向发包人、转包人、违法分包人主张权利的，人民法院不予支持。

**《河北省高级人民法院建设工程施工合同案件审理指南》（冀高法〔2023〕30号）**

**22.** 实际施工人与名义上的承包人相对，一般是指转包合同、违法分包合同、没有资质借用有资质的建筑施工企业的名义签订建筑工程施工合同的承包人。具有下列情形可认定为实际施工人：（一）存在实际施工行为，包括在施工过程中购买材料、支付工人工资、支付水电费等行为；（二）参与建设工程承包合同的签订与履行过程；（三）存在投资或收款行为。

具有下列情形的，不能认定为实际施工人：（一）属于施工企业的内部职工；（二）与转包人、违法分包人无施工合同关系的农民工、建筑工人或者施工队、班组成员。上述人员不能直接向发包人主张权利，只能依据劳动关系或劳务关系向实际施工人（承包人）主张权利。

**自我思考**

# 大型设备维修合同纠纷中保险理赔与延迟交货责任的认定

王　平　余支前 ◎

## 律师办案笔记

**1. 把握案件的背景信息，从办案背景层面积极与两级承办法官沟通，推进案件向取得公正、公平的判决结果的方向发展。**

维修方系注册资金50万元的微型民营企业，被维修方系全国吊装行业10强、注册资金1亿多元的大型企业，且诉讼法院均在被维修方所在地。两次一审判决均不利于维修方，如不改判，维修方有可能不仅损失1400多万元维修费，还要赔偿被维修方800多万元的延期损失，公司也会因此破产。

**2. 把握案件切入点，细致入微地分析一审案件错误，充分利用案件关键证据与法律规定争取二审法官的支持并改判。**

虽然两次一审均以维修方败诉告终，但代理律师仔细分析败诉原因后发现系一审判决错误地认定案件事实，遗漏关键证据，且适用法律错误。因此，在上诉状及二审过程中针对性地就一审法院的上述错误从案件事实、证据及法律规定角度予以明确而充分的阐述，最终两个案件均获得二审法院的支持并改判。

## 案例信息

**原告（反诉被告）：**山东海湾吊装工程股份有限公司（委托维修方，以

下简称海湾公司）

**被告（反诉原告）：**南昌钰煌重科科技有限公司（受托维修方，以下简称钰煌公司）

**第三人：**太平财产保险有限公司河北分公司（承保方，以下简称太平公司）

**案号：**（2021）鲁0305民初3144号、（2021）鲁03民终3779号、（2021）鲁0305民初3599号、（2022）鲁03民终2923号

## 基本案情

2020年5月1日海湾公司就其所有的车辆中联重科ZCC型800t−9800履带式起重机在太平公司处投保综合险，保险期间为2020年5月1日至2021年4月30日。

2020年5月16日案涉履带式起重机在山东省德州市平原县作业时发生倾覆事故，事故发生后海湾公司及太平公司共同委托钰煌公司对案涉履带式起重机进行维修，2020年6月14日，海湾公司、太平公司和钰煌公司签订了《车辆维修委托协议》，该协议约定：维修地点为海湾公司院内，钰煌公司自协议签订之日起3个月内，将事故车辆修复完好，经淄博市市场监管局验收后交付给海湾公司；协议为三方自愿协商之结果，一经签署，不得违约，否则应承担违约所产生的后果。协议签订后，钰煌公司对案涉起重机进行了维修。在维修案涉起重机期间，钰煌公司和海湾公司签订借款协议和委托付款协议，分别向海湾公司借款300万元、300万元、100万元，合计700万元用于维修涉案履带式起重机，双方在借款协议中明确约定："基于2020年6月14日达成的《车辆维修委托协议》，补充约定如下：1.甲方同意向乙方借款……4.还款约定，由甲方在太平财产保险公司针对甲方事故的车辆维修金中予以扣除。"之后，钰煌公司向海湾公司出具了维修完工交付确认书，确认书载明该设备

已于 2021 年 3 月 16 日经海湾公司验收合格后交付。2021 年 3 月 16 日，钰煌公司和海湾公司就案涉起重机签订了《车辆维修补充协议》，该补充协议约定，合同总价开具发票预估为人民币 1600 万元，最终结算金额以双方确认金额为准开具发票。之后钰煌公司将其出具的维修支付告知函（落款时间为 2021 年 4 月 30 日）快递邮寄给了海湾公司，该维修费用告知函载明，该设备最终维修费用不含税金合计人民币 14,016,193.32 元，要求海湾公司在 2021 年 5 月 15 日前结清上述费用，海湾公司一直拖延未支付上述款项。

钰煌公司遂以海湾公司与太平公司为被告向法院起诉要求支付维修费用及利息。上述案件诉讼过程中，海湾公司又以钰煌公司及太平公司为被告，要求两公司赔偿因延误修复给海湾公司造成的损失 8,176,000 元、鉴定费 40,000 元，共计 8,216,000 元，同时钰煌公司提出反诉主张海湾公司应自行承担延期损失，且海湾公司与太平公司应赔偿因两公司原因给钰煌公司造成的延期损失。

钰煌公司起诉海湾公司案件中，山东省淄博市临淄区人民法院一审判决驳回钰煌公司的诉讼请求。海湾公司起诉钰煌公司案件中，山东省淄博市临淄区人民法院一审判决钰煌公司赔偿海湾公司经济损失 654.08 万元，并承担鉴定费及诉讼费，驳回钰煌公司的全部诉讼请求。

代理律师结合两个案件情况分别提出如下理由：

1. 钰煌公司起诉海湾公司案件：（1）一审法院对案件事实没有查清，对借款协议的内容与效力认定错误，进而对案件作出有悖于事实与法律的错误主观判断。（2）一审法院不仅无视借款协议是否有效的问题，还未正确理解其中的部分条款，将海湾公司应向钰煌公司支付维修费的付款义务转嫁到保险理赔款上。一审法院存在严重的主观认定错误。

基于上述事实与理由，对于一审法院驳回钰煌公司的诉讼请求的判决，钰煌公司依法上诉要求改判。二审法院依法改判海湾公司于判决生效后 10 日内向钰煌公司支付维修费 7,016,193.32 元（扣除已借支的 700 万元）以及赔偿相应的利息损失。

2. 海湾公司起诉钰煌公司、太平公司案件：（1）一审法院忽略了本案车辆委托维修关系的建立是以保险理赔款支付维修费为前提的基本事实。（2）一审法院对案涉关键证据《车辆维修委托协议》的内容及履行过程认定错误。（3）一审法院认定中遗漏了在维修费支付及时的情况下钰煌公司完全有能力在 3 个月内维修好案涉设备这一关键事实。（4）一审法院认定被太平公司不应承担延期交付的赔偿责任与事实及法律不符。（5）一审法院对海湾公司直接经济损失的认定依据及认定结果错误，违背了基本的市场规律与客观事实。（6）一审法院认定“上诉人并未依约履行在维修的起重机上进行进口钢丝绳实际替换原上海君威钢丝绳的维修合同义务”，系事实认定错误。

基于以上事实与理由，对于一审法院判决“钰煌公司赔偿海湾公司经济损失 654.08 万元，并承担鉴定费及诉讼费，驳回钰煌公司的全部诉讼请求”的结果，钰煌公司依法上诉要求改判。二审法院改判钰煌公司赔偿海湾公司经济损失 1,962,240 元，海湾公司赔偿钰煌公司上海君威钢丝绳折旧损失 112,573.5 元。

上述案例的最终结果是，钰煌公司的合法权益得到救济，在两案一审败诉的情况下上诉均获得改判，获得了应得的维修费用，且让对方承担了延期维修损失的主要责任及赔偿了钰煌公司的钢丝绳损失费用。

## ▷▷ 争议焦点

1. 钰煌公司起诉海湾公司案件：一审法院认定维修金应理解为太平公司依保险合同约定就涉案车辆向海湾公司支付的保险理赔金。案涉维修金的支付需以太平公司向海湾公司支付了案涉维修车辆的保险理赔金为前提，在太平公司尚未支付保险理赔金的情况下，法院驳回了钰煌公司的诉讼请求。合同双方在借款协议中约定从保险理赔款中支付借款是否可理解为双方同意在保险理赔款支付后再向钰煌公司支付全部维修费用？

2．海湾公司起诉钰煌公司、太平公司案件：对于钰煌公司超过合同约定的维修期限迟延 182 天才修好设备交付给海湾公司的事实，依法应予认定，那么因迟延修复案涉设备给海湾公司造成的合法经济损失应该是多少，导致迟延交付设备的责任完全应由钰煌公司承担还是三方均有责任，且责任的大小如何分配？海湾公司是否应对未返还钰煌公司的钢丝绳承担赔偿责任？

## ▶▶ 案件解析

1．钰煌公司起诉海湾公司案件：一审法院将借款协议中约定以保险理赔款抵扣借款的内容理解为从保险理赔款中支付维修费的约定。维修合同的主体是钰煌公司与海湾公司，钰煌公司履行完维修义务后要求委托方海湾公司支付双方均认可的维修费用有充分的合同与法律依据，一审法院将维修费的支付认定为以保险理赔款的支付为前提属错误理解双方的合同约定条款，缺乏相应的法律依据。经过钰煌公司上诉，二审法院对于“海湾公司应向钰煌公司支付 14,016,193.32 元维修费用的事实”予以认定并依法进行了改判，支持了钰煌公司的诉讼请求。

2．海湾公司起诉钰煌公司、太平公司案件：一审法院简单地以钰煌公司超出合同约定维修期限为由，在未考虑合同是否约定了维修费数额、维修费的支付期限及海湾公司是否支付维修费的情况下，直接认定钰煌公司对延期交付设备造成的损失承担 100% 的责任，且在有充分证据及海湾公司认可收到钰煌公司提供的两套钢丝绳的事实基础上，仍不支持钰煌公司要求海湾公司承担未返还钢丝绳损失的诉讼请求。一审法院认定延期交付的责任完全由钰煌公司承担明显与事实不符，一审判决钰煌公司承担延期交付的全责且驳回钰煌公司的全部反诉请求明显系违背事实与法律的错误判决。经过钰煌公司依法上诉，二审法院查明相关案件事实后认为：《民法典》第511条规定，“当事人就有关合同内容约定不明确，依据前条规定仍不能确定的，适用下列规定：……（二）价款或者报酬不明确的，按照订立合同时履行地的市场价格履行；……（四）履行期限不明确的，债务人可以随时履行，债权人也可以随时请求履行……”第778条规定，“承揽工作需要定作人协助的，定作人有协助的义务。定作人不履行协助义务致使承揽工作不能完成的，承揽人可以催告定作人在合理期限内履行义务，并可以顺延履行期限；定作人逾期不履行的，承揽人可以解除合同”。案涉《车辆维修委托协议》未对报酬、材料的提供等内容进行约定。案涉起重机在海湾公司院内进行维修，在2020年6月14日签订《车辆维修委托协议》后，直至维修期限届满（2020年9月14日），起重机仍没有修复，海湾公司对此是清楚和明知的。在此期间，2020年7月31日，钰煌公司工作人员通过微信分别向海湾公司郭某及太平公司公估人员赵某发出《物资情况工作联系函》，要求尽早支付配件采购资金，但海湾公司并未对配件采购所需资金问题积极与钰煌公司及太平公司进行协商。根据上述法律规定，海湾公司负有在起重机维修过程中对采购配件资金的协助提供义务，海湾公司在收到钰煌公司发出的《物资情况工作联系函》后，未及时与钰煌公司进行协商履行协助义务，导致案涉起重机维修期限拖延并造成经济损失，海湾公司对此应当承担主要过错责任。钰煌公司在明知配件资金不到位会严重影响维修期限的情形下，仅向海湾公司发出过一份工作联系函，并没有采取积极有效的措施进行解决，对案涉起重机拖延修复所造成的经济损失承担次要责任。根据查证的事实，法院确定海湾公司对维修期限延误所造成的经济损失承担 70% 的民事责任，钰煌公司承担 30% 的民事责任。一审判决将延期交付工作任务的责任完全归于钰煌公司不符合本案事实，二审法院予以纠正。钰煌公司于 2021 年 4 月 12 日将用于更换上海君威钢丝绳的迪帕钢丝绳交付海湾公司，但案涉起重机一直在外地施工，不能及时进行更换，责任在于海湾公司，海湾公司一直使用钰煌公司的上海君威钢丝绳，应当赔偿上海君威钢丝绳折旧损失。钰煌公司主张海湾公司按照 50% 计算折旧损失 112,573.5 元，符合客观实际，法院予以支持。并依法改判海湾公司承担延期交付的 70% 的责任和承担钢丝绳折旧损失。

## 相关法条

**《中华人民共和国民法典》**

**第五百零九条第一款、第二款** 当事人应当按照约定全面履行自己的义务。

当事人应当遵循诚信原则，根据合同的性质、目的和交易习惯履行通知、协助、保密等义务。

**第五百一十条** 合同生效后，当事人就质量、价款或者报酬、履行地点等内容没有约定或者约定不明确的，可以协议补充；不能达成补充协议的，按照合同相关条款或者交易习惯确定。

**第五百一十一条** 当事人就有关合同内容约定不明确，依据前条规定仍不能确定的，适用下列规定：

……

（二）价款或者报酬不明确的，按照订立合同时履行地的市场价格履行；依法应当执行政府定价或者政府指导价的，依照规定履行。

……

（四）履行期限不明确的，债务人可以随时履行，债权人也可以随时请求履行，但是应当给对方必要的准备时间。

……

**第五百七十七条** 当事人一方不履行合同义务或者履行合同义务不符合约定的，应当承担继续履行、采取补救措施或者赔偿损失等违约责任。

**第五百九十二条** 当事人都违反合同的，应当各自承担相应的责任。

当事人一方违约造成对方损失，对方对损失的发生有过错的，可以减少相应的损失赔偿额。

**第七百七十条** 承揽合同是承揽人按照定作人的要求完成工作，交付工作成果，定作人支付报酬的合同。

承揽包括加工、定作、修理、复制、测试、检验等工作。

**第七百七十一条** 承揽合同的内容一般包括承揽的标的、数量、质量、报酬，承揽方式，材料的提供，履行期限，验收标准和方法等条款。

**第七百七十八条** 承揽工作需要定作人协助的，定作人有协助的义务。定作人不履行协助义务致使承揽工作不能完成的，承揽人可以催告定作人在合理期限内履行义务，并可以顺延履行期限；定作人逾期不履行的，承揽人可以解除合同。

**自我思考**

# 跨国保险合同纠纷
## ——中资公司约定适用英国法律带来的不同法律预期

徐剑锋 ◎

### 律师办案笔记

本案是一起适用英国法的国际船舶保险合同纠纷，涉及保险、国际再保险、境外事故与外国法院诉讼事实、在中国进行仲裁却适用外国法律等因素，法律适用问题复杂。而作为中国律师，很难深入地、实质性地了解英国法律，故代理律师与英国的专业律师合作，通过英国事务律师委托两位资深的英国皇室大律师（QC）对案件中较为尖锐的时效问题出具法律意见书，并及时、完整地将法律意见书和己方代理意见递交仲裁庭，给对方施压，这对最终双方以较低金额和解起到了极大的促进作用。

本案还涉及索赔金额是否合理、未经我国法院承认的外国判决（在中国司法程序中）的证明力、保险责任范围等诸多法律问题，代理律师做了非常多的研究工作，咨询了我国国际私法领域的著名教授，向仲裁庭提交了多份论述相关问题的代理意见。最终代理律师帮助客户以索赔额的较低比例和解，避免了继续进行法律程序的不确定性风险。

同时，本案虽然国内当事人不多，但是出于国际保险业务的特殊性，实际涉及国际上近 10 家保险人的利益、涉及国际再保人的身份定位和配合。代理律师同时协助委托人与国际再保人保持沟通、告知再保险人案件的最新进展，取得其对于和解的支持；与我国香港特区的保险经纪人进行沟通、查询投保过程与被保险人在投保时提供的有关资料文件、督促其务必就和解的建议和数字方案通知各再保险人（委托人与许多再保险人无直接联系，按国际保险惯例，所有沟通、款项往来均通过保险经纪人进行）。最终经若干家再保险人分摊保险赔款后，委托人的损失进一步大幅降低。

此外，本案所涉的巴西的诉讼在经历近10年的程序后，被保险人仍然承受了极为不利的诉讼结果，即为2个多月占用码头泊位而不得不承担数百万美元的补偿。我们不知道这背后，被保险人是否事先了解过停靠泊位的费用、是否曾经考虑移至其他更合适的修理场所、是否得到了当地律师的适当建议、当地的司法环境是否极其不公正、是否分析考虑过诉讼的前景，但从结果看，被保险人对于该外国法院诉讼的应对是不妥当的，对于该外国诉讼缺乏积极跟踪管理，缺乏对诉讼所在地律师的协调、组织、配合。

从本案中，我们得出这样的结论：应根据当地的法律体系和国内、国际大型律师事务所的网络寻求国内外专业律师的协助，帮助企业组织、跟踪诉讼，做好委托人、组织者、协调者、决策者的角色，妥善应诉（追诉），根据律师的意见在不同阶段及时调整谈判、诉讼策略或者和解策略，以求最大限度保护自身利益，同时也兼顾业务拓展而不得不承担的法律不确定性。

## 案例信息

**申请人：**A船运公司

**被申请人：**B保险公司、C保险公司、D保险公司

## 基本案情

A 船运公司在境外保险经纪人安排下，就其注册在境外的船队整体投保，由保险经纪人联系国内 B 保险公司、C 保险公司、D 保险公司三家保险公司共同承保船舶的海洋船壳险，三家保险公司分别承保特定的份额。其中，同样由保险经纪人安排，B 保险公司承保的份额中，大部分进行了国际分出安排，由世界各地的多个再保险人分保。B 保险公司盖章出具了船舶保险单，其中记载 A 船运公司是被保险人，保单适用伦敦保险协会定期船壳险条款（1983 年版），约定适用法律为英国法，承保人是 B 保险公司、C 保险公司、D 保险公司，各自份额以及 B 保险公司分出的份额和承接保险公司各自份额均记载清楚；准据法和管辖权条款约定适用英国法律和实践，争议提交中国某仲裁委员会解决。

2009 年，船队中的一艘大型船舶在巴西某港卸货期间，系泊缆绳因天气原因断裂；船舶漂流过程中与另一船舶相撞，导致两船损坏。涉案船舶后停泊于当地某码头公司的泊位进行维修，其间因为码头停泊费用事宜断续发生争执，码头方向 A 船运公司发出了天价泊位费账单，A 船运公司对此有异议，并开始一系列的争端处理程序直至诉讼。2 个月后，涉案船舶完成修理离开码头。2009 年当年，保险人对船舶修理费进行了赔偿。

A 船运公司与码头方在巴西就泊位费争议进行了多轮诉讼程序，直至诉讼至巴西最高法院。2018 年，巴西法院一审判决 A 船运公司赔偿码头方各种款项共计 1400 余万雷亚尔。A 船运公司向保险人提出索赔，并要求保险人确认是否提起上诉。因 A 船运公司对于诉讼和诉讼的具体细节、判决的损失性质、与美元如何换算等实质性问题一概不知，巴西法院判决的英文翻译也很久后才作出，保险人拒绝赔偿并要求 A 船运公司如同未保险的人一样自行合理行事。

A 船运公司随后提起上诉和三审程序，这些程序在 2019 年结束。A 船运公司均败诉。A 船运公司称，按巴西法院规定的某种国民消费指数（National Consumer Price Index），判决判定的泊位费随指数调整，最后达 1800 余万雷亚尔。经过后续的和解谈判，最终以 A 船运公司支付码头方数百万美元告终。

随后 A 船运公司向保险人再次提起索赔。再保险人暨首席理赔人、欧洲某保险公司主管奔赴中国，经与 A 船运公司、B 保险公司会谈协商后，以索赔已过时效为由拒绝赔偿。

之后，A 船运公司向中国某仲裁委员会提起了仲裁，要求 B 保险公司、C 保险公司、D 保险公司分别按比例承担保险责任，包括对码头方赔偿的数百万美元和相关的巴西法院费用，英国、巴西、中国律师在不同阶段中的法律费、利息、仲裁费等 200 余万元人民币。

## ▷▷ 争议焦点

1．D 保险公司对仲裁管辖权的异议（D 保险公司认可有承保，但未在保险单上签章，保险单上的仲裁条款是否约束其）。

2．适用法律。

3．在英国法下保险合同的索赔时效是否已经届满。

4．未经中国法院承认的外国判决的证明力问题。

5．被保险人的索赔金额是如何构成的（包括巴西法院判决金额的具体构成、性质、计算过程），是否合理。

6．保险责任范围问题。

7．被保险人减损义务问题。

8．被保险人可否将泊位费当作保险合同中的“施救费”进行索赔。

9．本案的保险经纪人是哪一方的代理人？

## 案件解析

以下就本案主要争议点作一介绍。

### （一）时效问题

本案突出的争议是法律适用以及在英国法下保险合同的索赔时效是否已经届满。

英国《1980年时效法案》（Limitation Act 1980）第5条规定，基于简单合同的诉讼，自诉因产生之日起六年后不得提起，双方围绕这一规定的适用、何为诉因、诉因何时产生及可否中断等问题展开激烈争论。

A船运公司认为《1980年时效法案》第5条所述诉因“bring action”是关于程序性事宜的规定，程序性事宜应当适用中国法，而中国法并未将时效是否届满作为审查是否有权起诉/提起仲裁的条件。同时，结合本案案情来看，本案合同的时效应该自“被保险人应当对第三人做出赔付之日”起算，巴西当地法院判决生效之日起，被保险人才正式有义务对第三方支付相关费用。A船运公司提交了英国QC的法律意见书，其认为本案时效应当从A船运公司应对码头方作出赔付之日，即巴西当地法院判决生效之日起算；英国法下被保险人的仲裁请求时效并未届满。

保险人方认为根据《1980年时效法案》第5条的规定，时效应自2009年保险事故发生时起算，早在2015年已经届满。办案律师针对时效问题，通过和英国HFW律师行合作，聘请了一位英国QC和一位英国高等法院退休法官对时效问题出具了法律意见书，以反驳A船运公司的观点，并向仲裁庭展现本案时效问题适用合同准据法英国法。同样，时效的起算、终结、中断等时效制度的各个方面均应适用准据法；法律规定和合同约定并没有说英国法仅限于实体法律，在我国，实体法和程序法是理论上的概念，在《涉外民事关系法律适用法》没有明文限制的情况下，应当根据文义直接理解，即所谓英国法当然包括全部英国法律；只要英国《1980 年时效法案》是英国法律，就当然适用，至于英国法律理论将第 5 条视为程序法还是实体法并不重要；适用何国法律系法院地（仲裁地）冲突法规范所决定的问题，不是准据法法域（英国）冲突规范解决的问题；故被保险人 QC 的法律意见认为英国《1980 年时效法案》不能适用于外国进行的诉讼 / 仲裁。

本案保险合同的时效期间是 6 年，自 2009 年 5 月 4 日事故发生之日起算 6 年，到 2015 年 5 月 3 日。法律依据是英国《1980 年时效法案》第 5 条关于“基于简单合同的诉讼，自诉因产生之日起六年后不得提起”的规定。

“诉因产生之日”就是合同被违背之日。对于海上保险合同，因其属于补偿性保险合同，一旦损失发生，保险人即处于因未能使被保险人不受损害而违背合同的状态。

“提起诉讼”是指向法院（或仲裁员）提起主张索赔的法律程序，英国法律下一旦被保险人发函指定仲裁员或要求他方指定仲裁员，时效即中断。根据本案仲裁委的仲裁规则和国内的普遍实践，应是仲裁委收到仲裁申请书后才可中断时效。本案无论是仲裁委收到被保险人申请仲裁书还是签发仲裁通知，都在事故发生之日起 6 年后，故被保险人的索赔已过时效。

一旦时效开始，几乎难以被打断，直到时效到期或者诉讼（仲裁）开始，或者由当事人双方明示延长时效期间，例外情形极少。本案无此种例外情形。

（保险合同下的）损失金额不确定不能中止或影响时效期间的经过。

上述英国有关诉讼（仲裁）时效的法律规定和理解与中国法律异曲同工，甚至比中国《海商法》规定的时效期间更长，适用英国的自事故之日起6年的时效期间并不违背被保险人的预期（假如其有此预期）。中国《海商法》第264条规定，根据海上保险合同向保险人要求保险赔偿的请求权，时效期间为2年，自保险事故发生之日起计算。结合《海商法》第十三章“时效”部分的其他条文可见，中国海商法律对于时效的规定完全不同于《民法典》的自知道或应当知道权利受损时开始起算时效的规则，为何这样？笔者认为，《海商法》的学理渊源和法条文字更多来自英国法律和以普通法为基础的一些国际公约，《海商法》有关海上保险合同的时效规则与英国时效规则异曲同工，虽抛弃大陆法系所没有的“诉因”概念，但实际采用了基本一致的具体起算规则，即自保险事故发生之日起计算，而不考虑索赔人此时是否知道权利被侵害，即不考虑保险人是否有过拒赔或事故发生时被保险人的所谓损失是否明确。

（二）巴西法院判决内容的明确性和效力

鉴于被保险人系根据巴西法院的判决来主张其被判应对码头方赔偿的金额及其和解的合理性，而该巴西法院判决系以葡萄牙文作出，双方对其法律概念、行文习惯均不熟悉，葡萄牙文译成中文后更是佶屈聱牙、晦涩难明，双方对该判决的内容和效力有很大争议。

保险人方面，主张：判决本身文字基本上不能反映被保险人主张的其必须履行的判决确定的支付金额，即除一审判决列明的4,048,165.12雷亚尔外，被保险人主张的其他损失项目在判决中均未见直接的金额，都需要后续计算，且巴西法院判决本身并无特定的计算过程，被保险人也并未提供有足够说服力的计算依据和过程，有关解释也含糊不清。例如，其称判决规定4,048,165.12

雷亚尔要适用“通货膨胀调整”，但其证据的英译文是“price adjustment”（价格调整），而不是“通货膨胀调整”，故这个调整到底如何进行，判决本身并没有记载。对于其是否属于巴西其他法律规定的、意义明确而无须判决额外表述的事项或金额（如中国法律下法定的迟延履行判决中发生的债务利息），被保险人并无合理解释或者证明。又如，被保险人声称判决要求支付每月 1% 的利息，时间为自“起诉之日到实际支付之日”。对此，就利息起算时间判决英译文是“the intimation for presenting appeal to the Cross Complaint”［对反索赔提出上诉的通知（之日起）］*，而对结束时间没有记载，但肯定没有被保险人描述的“到实际支付之日”之类的字眼，故被保险人主张的利息没有明确依据。

巴西法院的有关判决并非证明被保险人主张的损失金额合理性及其属于保险赔偿范围的绝对证据，仲裁庭应结合其他证据综合审查认定有关事实问题。根据国家主权原则，一国法院对涉外民事案件所作出的判决，只在该国领域内有效，而在该国领域之外并不当然具有法律效力，根据我国相关规定，外国法院判决只有经过我国法院承认，才能在我国产生法律效力，而不是自动在我国发生效力。本案中，被保险人并未根据我国规定向我国法院申请承认其提供的巴西法院判决，因此，巴西法院判决在我国无法律效力，不具有既判力，故也不能作为被保险人泊位费损失认定的依据。即使只把外国法院判决作为事实认定的证据，也必须经我国法院承认，除非对方当事人认可相应待证事实。这一点，有最高人民法院过往判决书予以支持。

巴西法院判决的文本，尽管晦涩，但是从英文译本可以看出，判决只是说 A 船运公司船舶占用了码头泊位，根据该国法律有关规定，应当支付相应

* 英文本本身系翻译文本，此处英文原文意思不明。——笔者注

的费用。法院文书从未认定其所认可的码头方的索赔额是被保险人修理船舶使用了码头泊位而需合理支出的费用。故此，就算认可巴西法院的有关判决的证明力，其也无法证明被保险人因修理船舶而发生了多少泊位费（还有可能是被保险人因其他自身原因占用码头而发生了费用，从判决文字来看，似乎也包含了对于泊位经营人无法获取泊位经营收益的补偿，而不仅仅是一般使用泊位的合理价格）。

被保险人方面，则一力强调有关泊位费金额的合理性已由巴西法院判决认定，不应再做审查。其提出：涉案泊位费的性质属于修理费（repairing cost），保险人一直对该码头方提出的泊位费的金额是否合理存疑，因此才不得不选择在巴西法院进行旷日持久的诉讼。现在巴西法院已经判决认定了其应当承担的泊位费金额，保险人却又对法院判决的合理性和泊位费的合理性提出了疑问，那么保险人认为合理的判定标准是什么呢？

退一步说，即使保险人有权对泊位费合理性的判定方式提出疑问（如其认为应当由其他有管辖权的法院或理算机构审理等），其也应当在涉案巴西法院诉讼启动之前提出并给出合理的解决方案。保险人自始至终未否认巴西法院诉讼的合理性，现在又以所谓的其他港口的收费规则来否认巴西法院判决的合理性。

本案中被保险人已经对巴西法院判决通过和解的形式履行完毕，不存在任何国内“承认与执行”程序适用的前提。换句话说，涉案巴西法院判决是一份证据资料，而不是一份待国内法院执行的涉外判决。并且，涉案争议解决方式是适用英国法进行的仲裁，对境外判决的审查与执行应当由境内有权法院完成，而仲裁机构没有必要也没有权利对“是否承认与执行境外判决”作出认定。

最终，经过长期的争论、磋商，双方达成和解。

## 相关法条

**《中华人民共和国仲裁法》**

**第七十四条** 法律对仲裁时效有规定的，适用该规定。法律对仲裁时效没有规定的，适用诉讼时效的规定。

**《中华人民共和国涉外民事关系法律适用法》**

**第七条** 诉讼时效，适用相关涉外民事关系应当适用的法律。

**第八条** 涉外民事关系的定性，适用法院地法律。

**第九条** 涉外民事关系适用的外国法律，不包括该国的法律适用法。

**第十条** 涉外民事关系适用的外国法律，由人民法院、仲裁机构或者行政机关查明。当事人选择适用外国法律的，应当提供该国法律。

不能查明外国法律或者该国法律没有规定的，适用中华人民共和国法律。

**自我思考**

# 重大误解的认定规则

张　文　廖武豪◎

## 律师办案笔记

**1. 牢牢把握相关法律行为的构成要件**

本案系上海市青浦区练塘镇人民政府（以下简称练塘镇政府）主张其对相关补偿项目的权利人身份存在错误认知进而构成重大误解，并以此为由主张撤销其与上海龙哲混凝土制品有限公司（以下简称龙哲公司）的减量化补偿协议。依据最高人民法院《关于适用〈中华人民共和国民法典〉总则编若干问题的解释》第19条的规定，构成重大误解须满足以下条件：一是行为人因陷入错误认识作出不当行为；二是不当行为非基于错误认识不可能发生。本案中，练塘镇政府因为龙哲公司占有使用涉案土地及地上物而与龙哲公司签订减量化补偿协议，对于本案减量化补偿协议中合同相对人的身份是明知的，故不存在重大误解。

**2. 及时提出时效抗辩**

重大误解的当事人自知道或者应当知道撤销事由之日起90日内没有行使撤销权。本案第三人上海太阳岛国际俱乐部有限公司（以下简称太阳岛俱乐部）在（2018）沪0118民初6053号案件的2018年6月22日第二次庭审中提出其应享有减量化补偿款的一部分，故即使练塘镇政府认为构成重大误解，其撤销权也应当在自2018年6月22日起的90日除斥期间内行使。但是直至2020年4月，练塘镇政府才提起诉讼，此时除斥期间早已经过，其诉讼请求不应得到支持。

## 案例信息

**原告：**练塘镇政府

**被告：**龙哲公司

**第三人：**太阳岛俱乐部

**案号：**（2020）沪 0118 民初 9539 号

## 基本案情

2004 年 2 月 25 日，太阳岛俱乐部（甲方）与龙哲公司（乙方）签订第一份《租赁协议书》，约定：甲方将朱枫路 ××× 号占地 68 亩的东方红基地租赁给乙方做成型钢筋、钢筋混凝土生产基地使用；租赁期限为 2004 年 3 月 1 日至 2009 年 2 月 28 日；甲方保证东方红基地的现有设施归乙方使用，乙方可对内部的一些破旧房屋进行改造、场地基础施工、设备安装，但对内部标准性建筑不能改建，更不能拆除。

后经双方两次续签协议，租赁期限延续至 2019 年 2 月 28 日，除租金变更外，其余内容与第一份协议基本相同。龙哲公司承租土地实际用于混凝土生产制作，并依约交纳租金至 2015 年 2 月。

2015 年 4 月 17 日，太阳岛俱乐部送达《解除租赁协议书通知书》给龙哲公司，称：2015 年 3 月，原上海市规划和国土资源管理局执法队经调查确认，上述生产基地的建立系擅自改变土地的使用性质并且擅自扩大土地的使用面积，违反相关法律的强制性规定，应当依法将相关土地及擅自扩大使用的土地恢复到生产基地建立前的状态。基于此，太阳岛俱乐部决定解除双方之间的《租赁协议书》，同时龙哲公司应停止使用东方红基地，并将东方红基地及擅自扩大使用的土地恢复到该生产基地建立前的状态。

2015年9月9日，经上海市青浦区练塘镇建设用地减量化工作办公室委托，上海立信资产评估有限公司出具的《龙哲公司实物资产搬迁和拆除损失补偿费评估咨询报告书》（以下简称评估报告）写明：位于朱枫公路东方红大桥码头的被搬迁和拆除的实物资产在评估基准日2015年6月30日的拆除补偿价值总计9,524,300元，其中本案涉及的固定资产补偿为配电房（北）58,065元、办公室北道路307,357元、土方工程2,288,880元、绿化37,750元、400#下水管道50,592元、下水管道13,709元、上水238,030元。

2015年9月11日，练塘镇政府（甲方）、龙哲公司（乙方）与上海市青浦区练塘镇泖甸村村民委员会（丙方）签订《青浦区练塘镇建设用地减量化搬迁补偿协议》，三方就乙方建设用地减量化搬迁补偿等事宜达成如下协议：（1）乙方自愿关闭企业，搬迁设备，腾空厂房，甲方对该建设用地实施减量化，并同意对乙方的房屋、土地使用权、设备搬迁、停产停业损失及职工经济补偿金等采用货币方式进行补偿；（2）乙方所有的房屋坐落在朱枫公路东方红大桥码头，实际用地面积43.43亩，实际建筑面积825.53平方米……（4）经上海立信资产评估有限公司评估，乙方建筑物综合评估总价为9,524,272元（详见评估报告）；（5）乙方停产停业损失补偿1,797,075元；（6）按照本协议第3条、第4条、第5条，甲方共应补偿乙方合计11,321,347元……此款由练塘镇政府统筹补偿；（7）乙方应于2015年10月11日之前完成全部厂房搬迁（乙方自行负责房屋使用人搬迁），协议另对其他内容进行了约定。

另外，2018年，龙哲公司以实际承租土地面积少于合同约定且前述减量化事宜导致其无法继续履行土地租赁合同为由，起诉太阳岛俱乐部要求赔偿损失，上海市青浦区人民法院于2018年4月9日受理，案号为（2018）沪

0118 民初 6053 号，并追加练塘镇政府和上海市青浦区练塘镇泖甸村村民委员会为第三人。（2018）沪 0118 民初 6053 号案件 2018 年 6 月 22 日的第二次庭审过程中，练塘镇政府提交上述评估报告作为证据。上海市青浦区人民法院于 2018 年 7 月 5 日作出判决，驳回龙哲公司诉讼请求。龙哲公司提起上诉，上海市第二中级人民法院于 2018 年 10 月 17 日作出（2018）沪 02 民终 8018 号判决，驳回上诉、维持原判。

龙哲公司已经实际领取到上述协议所涉补偿给协议“乙方”的全部款项 11,321,347 元。

2020 年 4 月 2 日，练塘镇政府向上海市青浦区人民法院起诉请求撤销练塘镇政府与龙哲公司签订的《青浦区练塘镇建设用地减量化搬迁补偿协议》，称其不知晓相关道路、下水管道、配电房、绿化等由谁投资，因为当时是龙哲公司在使用系争场地，练塘镇政府没有向太阳岛俱乐部核实过建造情况，没有向太阳岛俱乐部发布过减量化通知，就与龙哲公司签订补偿协议。2020 年 1 月 3 日，太阳岛俱乐部向练塘镇政府提出本案所涉减量化补偿款的主张，练塘镇政府才知道其与龙哲公司签订的减量化补偿协议系因重大误解而订立，故请求撤销。

## ▷▷ 争议焦点

### （一）关于练塘镇政府是否存在重大误解

练塘镇政府称其不知晓相关道路、下水管道、配电房、绿化等由谁投资，因为当时是龙哲公司在使用系争场地，练塘镇政府没有向太阳岛俱乐部核实过建造情况，没有向太阳岛俱乐部发布过减量化通知，就与龙哲公司签订了补偿协议。2020 年 1 月 3 日，太阳岛俱乐部向练塘镇政府提出本案所涉减量化补偿款的主张，练塘镇政府才知道发生重大误解。

龙哲公司称本案争议的固定资产项目均由龙哲公司投入建造。2015 年减量化之后，土地被收走，村委会不再向太阳岛俱乐部收取租金，且龙哲公司一直与太阳岛俱乐部沟通减量化事宜，太阳岛俱乐部知道减量化的事情。并且 2018 年 1 月，太阳岛俱乐部与朱家角政府签订清退项目补偿协议，已就朱枫公路 ××× 号东方红基地上的资产和经营性损失取得补偿，其中已包含龙哲公司的资产。

太阳岛俱乐部称 2015 年接到执法大队的通知称太阳岛俱乐部擅自改变土地使用状态，所以太阳岛俱乐部向龙哲公司发出解除协议通知书，但是龙哲公司没有停止生产，太阳岛俱乐部对本案减量化协议确实不知情。当时太阳岛俱乐部一直在处理其会员服务和员工劳动关系问题，没有时间和精力处理减量化权益被侵害的事宜。在（2018）沪 0118 民初 6053 号案件审理过程中，太阳岛俱乐部才从练塘镇政府处拿到减量化评估报告，得知自己的权益被龙哲公司享有。

法院认为，重大误解系行为人对行为的性质、对方当事人及标的物品种、质量、规格和数量等存在错误认识。但练塘镇政府自认，其系基于龙哲公司占有使用相关土地及地上物，而与龙哲公司签订减量化补偿协议，本案减量化补偿协议对合同相对人的身份和应付款项的性质、金额等的描述清楚明确，故练塘镇政府不构成重大误解。

### （二）关于练塘镇政府起诉撤销合同是否已过除斥期间

太阳岛俱乐部在（2018）沪 0118 民初 6053 号案件的 2018 年 6 月 22 日第二次庭审过程中，已经提出其应享有减量化补偿款的一部分，故即使练塘镇政府和太阳岛俱乐部确实是当天才知晓部分补偿款应由太阳岛俱乐部获得，练塘镇政府当时也应已知晓补偿对象、补偿款金额可能存在错误，练塘镇政府应当在自2018年6月22日起的3个月除斥期间内行使撤销权。太阳岛俱乐部亦自认曾在2019年10月19日函告练塘镇政府主张减量化补偿款。故练塘镇政府至2020年4月才提起本案诉讼，已过除斥期间。

综上，练塘镇政府的诉讼请求无法得到支持。

## ▶▶ 案件解析

### （一）重大误解的认定

1．重大误解的概念

重大误解指行为人对于与民事法律行为有关的重大事项产生错误认识并基于此种误解作出与自己的真实意思表示不一致的表示行为。意思自治原则是民法的核心原则，民事法律行为中的行为人可在法律允许的范围内自由表达自己的真实意思，追求并承担因其意思表示而产生的法律后果。若因自己原因但非出于故意而造成意思与表示不一致，应给予行为人救济的机会。但为了维护市场交易秩序，保护善意相对人，应对上述救济加以限制，故我国法律规定误解须达到“重大”的程度，行为人才可申请撤销民事法律行为。

2．重大误解的构成要件

重大误解属于意思表示瑕疵的一种。意思表示瑕疵可分为两大类：意思表示不一致与意思表示不自由。意思表示不一致即意思与表示不一致，意思表示不自由即意思与表示虽然表面上一致，但非出于自由意思，而是由于他人不当干涉。《民法典》中将意思表示不真实情况下实施的民事法律行为主要分为虚假表示、重大误解、欺诈（第三人欺诈）、胁迫、显失公平几种类型，可依据行为人实施行为时是否对行为存在正确认知、是否受外部干扰等予以区分。

最高人民法院《关于适用〈中华人民共和国民法典〉总则编若干问题的解释》第19条规定："行为人对行为的性质、对方当事人或者标的物的品种、质量、规格、价格、数量等产生错误认识，按照通常理解如果不发生该错误认识行为人就不会作出相应意思表示的，人民法院可以认定为民法典第一百四十七条规定的重大误解。行为人能够证明自己实施民事法律行为时存在重大误解，并请求撤销该民事法律行为的，人民法院依法予以支持；但是，根据交易习惯等认定行为人无权请求撤销的除外。"

依据上述规则，构成重大误解需满足两个条件：一是行为人因陷入错误认识作出不当行为；二是不当行为非基于错误认识不可能发生，其在瑕疵分类中归属于表意失真。对于什么是错误认识，法官具有一定的自由裁量权，需根据日常经验进行判断，评判标准可围绕规则所述"按照通常理解如果不发生该错误认识行为人就不会作出相应意思表示"进行评判。

本案中，练塘镇政府主张其对本案相关补偿项目的权利人身份，即减量化补偿协议的相对人资格存在错误认知，进而构成重大误解。龙哲公司则主张所有涉案补偿项目均由其出资添附，其应当享有减量化补偿协议中的权益。双方对本案中练塘镇政府是否存在重大误解有分歧。笔者认为，本案中练塘镇政府不存在重大误解，分析如下：

首先，考察练塘镇政府的行为。练塘镇政府于1993年与太阳岛俱乐部签订土地租赁协议将涉案土地出租给太阳岛俱乐部，即练塘镇政府知晓太阳岛俱乐部是涉案土地的第一手承租人，涉案地块系太阳岛俱乐部出租给龙哲公司使用。依据减量化的工作流程，政府在签订减量化补偿协议之前，应当向作为涉案地块一手承租人的太阳岛俱乐部发出涉案地块进入减量化范围的通知，要求太阳岛俱乐部提供相关证据来对补偿对象、补偿项目和金额进行审查。

并且，太阳岛俱乐部的经营场所在涉案地块附近，练塘镇政府向太阳岛俱乐部发出通知没有操作上的困难。然而，练塘镇政府仅与实际土地使用人龙哲公司协商补偿事宜，可以发现练塘镇政府一开始即没有将太阳岛俱乐部列入补偿对象的范围，即练塘镇政府向龙哲公司发出减量化通知并与龙哲公司签订减量化补偿协议，表明练塘镇政府的前述补偿仅针对涉案土地的实际使用人。事实上，练塘镇政府与龙哲公司签订的减量化补偿协议中也明确：龙哲公司自愿关闭企业，搬迁设备，腾空厂房，练塘镇政府对涉案土地实施减量化，并同意对龙哲公司的房屋、设备搬迁、停产停业损失及职工经济补偿金等进行赔偿。

换言之，练塘镇政府因为龙哲公司占有使用涉案土地及地上物而与龙哲公司签订减量化补偿协议，对于本案减量化补偿协议中合同相对人的身份是明确的，不存在重大误解。

其次，涉案土地的地上物确系龙哲公司出资添附，龙哲公司作为涉案补偿项目的出资人应当获得补偿利益。本案涉案土地上的固定资产均由龙哲公司出资投入建造，龙哲公司在涉案土地上建成钢筋混凝土生产基地并已经运营多年。减量化补偿协议中明确的房屋、设备搬迁、停产停业损失及职工经济补偿金等补偿项目，是针对龙哲公司作出的补偿，龙哲公司应当享有前述补偿利益。

### （二）因重大误解所产生的撤销权

因重大误解所产生的撤销权，属于形成权。撤销权人依其单方意思表示就能否认合同效力并使之归于无效。撤销权的存在影响着撤销权人和相对人之间法律关系的稳定性。鉴于撤销权的强大效力，为避免撤销权的滥用，撤销权人须在法律规定的期限内行使撤销权，否则撤销权消灭。这一期间为除斥期间，不发生中断或终止，除斥期间一旦经过，撤销权即消灭。

此前的《合同法》第55条〔1〕规定，有下列情形之一的，撤销权消灭：（1）具有撤销权的当事人自知道或者应当知道撤销事由之日起1年内没有行使撤销权；（2）具有撤销权的当事人知道撤销事由后明确表示或者以自己的行为放弃撤销权。之后颁布的《民法典》第152条吸收了《合同法》（已失效）的前述规定，但有些更改：首先，将基于重大误解产生的撤销权的除斥期间改为90日，重大误解的当事人自知道或者应当知道撤销事由之日起90日内没有行使撤销权的，撤销权消灭。其次，设定了撤销权的最长保护期限为5年，当事人自民事法律行为发生之日起5年内没有行使撤销权的，撤销权消灭。

本案中，太阳岛俱乐部在（2018）沪0118民初6053号案件的2018年6月22日第二次庭审过程中，已经提出其应享有减量化补偿款的一部分，故即使练塘镇政府和太阳岛俱乐部确实是当天才知晓部分补偿款应由太阳岛俱乐部获得，练塘镇政府也应当在自2018年6月22日起的90日除斥期间内行使撤销权。但是直至2020年4月，练塘镇政府才提起诉讼，此时除斥期间早已经过，其诉讼请求不应得到支持。

综上，练塘镇政府在与龙哲公司签订减量化补偿协议时不存在重大误解，并且即使存在重大误解，基于重大误解所产生的撤销权除斥期间也已经过，其诉讼请求无法得到支持。

## 相关法条

**《中华人民共和国民法典》**

**第一百四十七条** 基于重大误解实施的民事法律行为，行为人有权请求人民法院或者仲裁机构予以撤销。

---

〔1〕 已失效，现为《民法典》第152条。

**第一百五十二条** 有下列情形之一的，撤销权消灭：

（一）当事人自知道或者应当知道撤销事由之日起一年内、重大误解的当事人自知道或者应当知道撤销事由之日起九十日内没有行使撤销权；

（二）当事人受胁迫，自胁迫行为终止之日起一年内没有行使撤销权；

（三）当事人知道撤销事由后明确表示或者以自己的行为表明放弃撤销权。

当事人自民事法律行为发生之日起五年内没有行使撤销权的，撤销权消灭。

**自我思考**

# 争议解决

# 只要未履行，出租人依然可以继续主张租赁物物权

陈龙飞　孟华蝶 ◎

## 律师办案笔记

本案的典型意义在于，对于融资租赁法律关系项下的物权和债权主张，实践中一直存在不同理解。有些法院认为，融资租赁公司在选择债权获得生效判决后不能再继续主张物权，这是对法律的片面理解。最高人民法院《关于审理融资租赁合同纠纷案件适用法律问题的解释》第10条第2款规定，“出租人请求承租人支付合同约定的全部未付租金，人民法院判决后承租人未予履行，出租人再行起诉请求解除融资租赁合同、收回租赁物的，人民法院应予受理”。根据上述规定，融资租赁公司即便已主张债权，只要承租人未履行完毕，其依然有权继续对租赁物主张权利，包括所有权以及解除合同、收回租赁物的权利。

## 案例信息

**上诉人：**A公司

**被上诉人：**B公司

**案号：**（2022）鄂民终887号

## 基本案情

2016年7月，出租人A公司与承租人C公司签订融资租赁合同，约定C公司以融资租赁的方式，向A公司租赁转轮除湿机，C公司按约支付租金；承租人按照合同期末处理原则约定选择或视为选择购买租赁物的，租赁物的期末购买价格为100元；租赁物所有权于租赁期届满，在本合同项下并无任何其他应付未付款项，且前述期末购买款项全额到账后，由出租人按照届时状况转归承租人或者其中的任何一方（不附带出租人对租赁物的任何保证）所有；若承租人未作期末选择，或虽选择期末购买租赁物但未能按照约定支付期末购买款项，或承租人选择返还租赁物但未能按照约定期限返还，出租人有权将租赁物所有权转归承租人并要求承租人支付期末购买款项及全部应付未付款项。2016年9月9日，就该笔融资租赁业务，A公司在动产融资统一登记公示系统中进行了登记。

因C公司未能按约支付租金，A公司向深圳法院提起诉讼，主张案涉融资租赁合同加速到期，要求C公司支付全部未付租金、租赁物期末购买价款、违约金、律师费损失等，但未对案涉租赁物转轮除湿机提出任何主张。2019年1月9日，深圳法院出具判决书，支持了A公司的支付全部未付租金等诉求。该判决生效后，C公司未能履行生效法律文书确定的义务。A公司向深圳法院申请强制执行，2022年5月12日，因被执行人查无可供执行的其他财产线索，深圳法院出具终结本次执行程序的裁定。

本案中，B公司因与C公司存在买卖合同纠纷，向湖北省荆州市中级人民法院（以下简称荆州中院）提起诉讼。在诉讼过程中，B公司提出财产保全申请。2018年4月26日，荆州中院作出财产保全裁定，并于2018年5月

14 日根据前述保全裁定查封了案涉租赁物转轮除湿机。2020 年 5 月 9 日，荆州中院对案涉租赁物继续查封。

就荆州中院对案涉租赁物的查封行为，A 公司向荆州中院提起执行异议。2017 年 7 月 13 日，荆州中院驳回 A 公司的异议诉请。就该执行异议裁定，A 公司向荆州中院提起执行异议之诉，请求解除对案涉租赁物的查封，不得执行案涉租赁物。荆州中院审理后，认为深圳法院已支持 A 公司债权诉求，故 A 公司对租赁物不能再主张物权，因而判决驳回 A 公司的诉讼请求。

A 公司不服一审判决，向湖北省高级人民法院提起上诉。经过代理律师陈龙飞、孟华蝶的努力，在提交法律检索报告、呈送上诉意见并经激烈的庭审辩论后，湖北省高级人民法院采纳了代理律师的意见依法改判。

## ▷▷ 争议焦点

本案争议焦点在于在已有生效法律文书确认融资租赁合同项下加速到期债权的情况下，出租人是否对租赁物依然享有足以对抗第三人的所有权。

## ▶▶ 案件解析

本案的争议焦点可进一步拆解为两个子问题：一是 A 公司是否享有案涉租赁物所有权；二是如享有，在已有债权判决的情况下该种权利能否继续对抗第三人。

### （一）A 公司是否享有租赁物所有权

#### 1. A 公司对租赁物享有所有权

在 A 公司与 C 公司的融资租赁合同法律关系中，A 公司对案涉租赁物享有所有权，具体体现在如下几个方面：

（1）从现有证据的角度来看，融资租赁合同、买卖合同、租赁物购买款支付凭证、设备发票、租赁物验收证明书等证据材料能够形成完整证据链，足以证明 A 公司向供应商购买了案涉租赁物并出租给 C 公司使用，A 公司作为买方和出租人对案涉租赁物享有所有权。

（2）从合同约定的角度来看，融资租赁合同第 11 条约定，本合同中的租赁是指我国合同法规定的融资租赁形式，租赁物的完整所有权归出租人所有，即从当事人合意角度来看，案涉租赁物的所有权人为 A 公司。

（3）从法律规定的角度来看，《合同法》第 242 条〔1〕规定，出租人享有租赁物的所有权。承租人破产的，租赁物不属于破产财产。

（4）从深圳法院已出具的生效法律文书来看，该份判决书认可了 A 公司与 C 公司之间构成融资租赁法律关系，结合前述法律规定可知，该份判决书亦认可 A 公司对案涉租赁物享有所有权。

2．深圳法院法律文书生效不代表 A 公司放弃了租赁物所有权

在已有生效法律文书确认融资租赁合同项下加速到期债权的情况下，出租人是否对租赁物继续享有足以对抗第三人的所有权？就该问题，司法实践存在两种不同的观点。一种观点认为，出租人既已主张加速到期，即自动放弃了租赁物所有权，本案一审法院即持这种观点，该种观点的法律依据在于《民法典》第 752 条、最高人民法院《关于审理融资租赁合同纠纷案件适用法律问题的解释》第 10 条第 1 款，出租人只能在加速到期与解除合同并返还租赁物中择一行使权利。例如，江苏省无锡市中级人民法院在（2019）苏 02 民终 4458 号判决书中认为，“出租人已经明确主张租金加速到期，又要求确认案

〔1〕 已失效，现为《民法典》第 745 条。

涉融资租赁标的物所有权及优先受偿权，该诉讼请求无法律依据”，因此一旦出租人选择加速到期的诉讼请求且已有生效法律文书确认该项诉讼请求，出租人无法再主张解除合同并返还租赁物，出租人已丧失租赁物的所有权。

另一种观点认为，即便已有生效法律文书确认融资租赁合同加速到期，只要承租人未履行完义务，租赁物所有权仍属于出租人，出租人可就租赁物行使权利。租赁物所有权转移的条件是承租人履行完义务而非法院的判决生效。上海金融法院（2021）沪 74 民终 869 号判决书、湖北省武汉市中级人民法院（2020）鄂 01 民终 4775 号判决书、四川省成都市中级人民法院（2018）川 01 民终 12004 号判决书、北京市高级人民法院（2019）京民终 185 号判决书都支持在承租人履行完义务前出租人是租赁物的所有权人，本案二审法院也持这一观点。该种观点的理由如下：

首先，《民法典》第 757 条规定，出租人和承租人可以约定租赁期限届满租赁物的归属；对租赁物的归属没有约定或者约定不明确，依据本法第 510 条的规定仍不能确定的，租赁物的所有权归出租人。可见法律允许当事人约定租赁期间届满租赁物的归属。从行业惯例层面来看，融资租赁合同中当事人较为常见的做法是约定承租人履行完所有租金支付义务并支付租赁物购买价款后方能取得租赁物。因此，承租人未履行完义务，则租赁物所有权仍属于出租人是当事人意思自治，出租人在承租人履行完义务前保留所有权有一定的法律依据。

其次，加速到期与解除合同并返还租赁物只能择一的原因在于继续履行与解除合同的诉讼请求不可同时主张，而在加速到期的同时明确出租人在承租人履行完义务前仍享有租赁物所有权，其目的在于确保债权的实现而非请求解除合同，两者并不冲突。

最后，最高人民法院《关于审理融资租赁合同纠纷案件适用法律问题的解释》第 10 条第 2 款明确，出租人请求承租人支付合同约定的全部未付租金，人民法院判决后承租人未予履行，出租人再行起诉请求解除融资租赁合同、收回租赁物的，人民法院应予受理。该条规定表明，即便有生效法律文书确认融资租赁合同加速到期，在承租人全额履行款项支付义务之前，租赁物的所有权仍归属于出租人，否则出租人再行起诉请求收回租赁物将失去请求权基础。

结合本案来看，在深圳法院审理的融资租赁合同纠纷案件中，A 公司从未表示放弃租赁物所有权或将租赁物所有权转归承租人所有。A 公司在该案中起诉的依据是融资租赁合同第 21 条第 1 款第 1 项，即“承租人迟延或未能支付本合同项下任何租金或其他应付款项时即为违约，出租人可要求承租人立即支付本合同项下所有到期未付及未到期租金、迟延违约金、期末购买款及其他费用”，而非融资租赁合同第 16 条第 2 款，即“若承租人未作期末选择，或虽选择期末购买租赁物但未能按照约定支付期末购买款项，或承租人选择返还租赁物但未能按照约定期限返还的，出租人有权将租赁物所有权转归承租人并要求承租人支付期末购买款项及全部应付未付款项”。“转归租赁物所有权”系重大财产权利放弃行为，必须要有明确的意思表示或生效的判决主文加以明确，B 公司和本案一审法院认定 A 公司具有“转归租赁物所有权”的意思表示没有事实依据。

在本案二审中，代理律师提交了深圳法院于 2022 年 5 月 12 日出具的终结本次执行程序裁定作为新证据，用以证明深圳法院判决出具后发生了新的事实，承租人未履行生效法律文书确定的金钱给付义务，A 公司在深圳法院审理的融资租赁合同纠纷案件中债权未被清偿。

结合前述观点，一方面案涉融资租赁合同第 16 条明确约定，租赁物所有权转移的条件是“本合同项下并无任何其他应付未付款项，且前述期末购买款项全额到账”，从当事人合意层面来看案涉租赁物所有权转移条件未达成；另一方面现有证据表明A公司对C公司的融资租赁租金债权未能清偿，仅以已有生效法律文书确认融资租赁合同加速到期而否定A公司对案涉租赁物的所有权没有法律依据，因此现阶段A公司仍为案涉租赁物的所有权人。

### （二）A公司享有的所有权能够对抗第三人

根据最高人民法院《关于人民法院办理执行异议和复议案件若干问题的规定》第24条之规定，对案外人提出的排除执行异议，人民法院应当审查下列内容：（1）案外人是否系权利人；（2）该权利的合法性与真实性；（3）该权利能否排除执行。根据前述，A公司系案涉租赁物的所有权人，那么该种权利能否对抗第三人排除本案的执行呢？具体阐述如下。

#### 1.《民法典》施行前

《民法典》施行前，《全国法院民商事审判工作会议纪要》明确，从现行法律规则看，外观主义是为保护交易安全而设置的例外规定，一般适用于因合理信赖权利外观或意思表示外观而为的交易行为。对于实际权利人与名义权利人的关系，应注重财产的实质归属，而不是单纯考虑公示外观。且在本案中，B公司是一般债权人，与C公司之间就案涉租赁物不存在交易行为，无法适用外观主义或善意取得制度。

#### 2.《民法典》施行后

《民法典》第745条规定，出租人对租赁物享有的所有权，未经登记，不得对抗善意第三人；最高人民法院《关于适用〈中华人民共和国民法典〉有关担保制度的解释》第54条及第67条之规定明确了融资租赁法律关系中，出租人的所有权如经登记，可以对抗第三人。就本案而言，荆州中院作出查封行为时，A公司已就案涉租赁物在动产融资统一登记公示系统办理了登记，可见A公司对案涉租赁物享有的所有权具有对抗B公司的效力。

## 相关法条

**《中华人民共和国民法典》**

**第七百四十五条** 出租人对租赁物享有的所有权，未经登记，不得对抗善意第三人。

**第七百五十二条** 承租人应当按照约定支付租金。承租人经催告后在合理期限内仍不支付租金的，出租人可以请求支付全部租金；也可以解除合同，收回租赁物。

**第七百五十七条** 出租人和承租人可以约定租赁期限届满租赁物的归属；对租赁物的归属没有约定或者约定不明确，依据本法第五百一十条的规定仍不能确定的，租赁物的所有权归出租人。

**《最高人民法院关于适用〈中华人民共和国民法典〉有关担保制度的解释》**

**第五十四条** 动产抵押合同订立后未办理抵押登记，动产抵押权的效力按照下列情形分别处理：

（一）抵押人转让抵押财产，受让人占有抵押财产后，抵押权人向受让人请求行使抵押权的，人民法院不予支持，但是抵押权人能够举证证明受让人知道或者应当知道已经订立抵押合同的除外；

（二）抵押人将抵押财产出租给他人并移转占有，抵押权人行使抵押权的，租赁关系不受影响，但是抵押权人能够举证证明承租人知道或者应当知道已经订立抵押合同的除外；

（三）抵押人的其他债权人向人民法院申请保全或者执行抵押财产，人民法院已经作出财产保全裁定或者采取执行措施，抵押权人主张对抵押财产优先受偿的，人民法院不予支持；

（四）抵押人破产，抵押权人主张对抵押财产优先受偿的，人民法院不予支持。

**第六十七条** 在所有权保留买卖、融资租赁等合同中，出卖人、出租人的所有权未经登记不得对抗的“善意第三人”的范围及其效力，参照本解释第五十四条的规定处理。

**《最高人民法院关于审理融资租赁合同纠纷案件适用法律问题的解释》**

**第十条** 出租人既请求承租人支付合同约定的全部未付租金又请求解除融资租赁合同的，人民法院应告知其依照民法典第七百五十二条的规定作出选择。

出租人请求承租人支付合同约定的全部未付租金，人民法院判决后承租人未予履行，出租人再行起诉请求解除融资租赁合同、收回租赁物的，人民法院应予受理。

**《最高人民法院关于人民法院办理执行异议和复议案件若干问题的规定》**

**第二十四条** 对案外人提出的排除执行异议，人民法院应当审查下列内容：

（一）案外人是否系权利人；

（二）该权利的合法性与真实性；

（三）该权利能否排除执行。

**自我思考**

# 司法查封期间当事人拍卖标的物的效力

乐音果 ◎

## 律师办案笔记

本案是被告以委托拍卖公司拍卖公司全部土地、房产及机器设备的方式企图逃避债务的典型案例，代理律师接受原告委托之后，在起诉和诉讼过程中，主要从三个方面着手推进。

**1．准确地选择法律路径**

对整个案情与当事人作了深入的分析和讨论，提出：对于低价出售资产的逃废债行为，虽然第一判断应选择根据《民法典》第539条规定提起撤销之诉，但是本案特殊的地方在于被告低价出售资产的行为是以拍卖的方式进行的，在形式上有一定的市场竞价，因此撤销之诉可能存在难以证明交易是否明显不合理的风险，另外还有物权债权区分对待的法律争议，有较大的诉讼风险。后经与当事人反复讨论，代理律师选择从被告违反《拍卖法》禁止性规定、以合法形式掩盖非法目的和恶意串通损害第三人利益的角度提起确认拍卖成交确认书无效的诉讼思路。

**2．充分地收集整理事实证据**

代理律师收集了关于三被告恶意串通的大量证据材料，最关键的是利用了被告之间利益分配不公的矛盾，经沟通、询问和调查取证，从其中一被告处也获得重要的交易信息、评估信息和录音资料等证据，为后续的工作推进打下坚实的基础。

3．及时地将案件背景事实反馈给法官

本案虽是原告与被告之间的诉讼，但是被告其他的债权人也同样关注案件的进行，开庭时很多债权人也来旁听。代理律师认为这也是个很好的案件背景事实，所以让原告收集了其他债权人的意愿，并把债权人们共同签署的关于被告恶意逃避债务损害全体债权人利益的意见及时反馈给法庭，从而引起法庭对案件背景事实的重视。

## 案例信息

**原告：**南通A食品有限公司（以下简称A公司）

**被告：**江苏B拍卖有限公司（以下简称B拍卖公司）、南通C链条有限公司（以下简称C公司）、南通D链条有限公司（以下简称D公司）

**案号：**（2016）苏0602民初1917号、（2017）苏06民终2560号、（2020）苏民申4122号

## 基本案情

2015年7月21日，原告A公司与被告D公司因合同纠纷涉诉并在庭审中达成调解，由南通市如东县人民法院作出民事调解书，约定被告D公司应偿还原告A公司300万元及逾期利息。调解书生效后被告D公司未履行，原告A公司申请强制执行，后因被告D公司无可供执行的财产，法院依法裁定终结本次执行。

后经调查发现，被告D公司在诉讼期间私下已将全部财产转移过户到C公司名下，导致其名下无财产可执行。其操作路径为：被告D公司委托B拍卖公司以公开拍卖的方式将其名下土地、房产及机器设备全部拍卖给C公司

（财产仍在司法查封的状态下），C 公司竞买成功后，与 D 公司共同向法院申请解除司法查封（其他案件申请的查封），并办理了过户和完税手续。

基于上述情况，A 公司的债权可能会沦为坏账从而无法追回，故其委托乐音果律师为其提供法律服务，乐音果律师接受委托后数次与 A 公司管理层讨论和推演，反复比较各种方案，最终决定提起拍卖无效之诉。

2016 年 6 月 18 日，代理律师以 B 拍卖公司、C 公司和 D 公司的上述拍卖行为无效为由将三者诉至南通市崇川区人民法院，要求确认拍卖成交确认书无效，法院受理并数次开庭审理。

2017 年 4 月 10 日，南通市崇川区人民法院根据 2012 年最高人民法院《关于审理买卖合同纠纷案件适用法律问题的解释》（以下简称 2012 年《买卖合同解释》）第 3 条规定，驳回了原告 A 公司的全部诉讼请求，原告 A 公司不服上诉至江苏省南通市中级人民法院。

2019 年 6 月 3 日，江苏省南通市中级人民法院依照《合同法》第 52 条第 5 项[1]，《拍卖法》第 6 条、第 7 条规定，判决撤销一审判决，确认本案拍卖成交确认书无效，被上诉人不服向江苏省高级人民法院申请再审。

2021 年 10 月 18 日，江苏省高级人民法院裁决驳回再审申请。

## ▷▷ 争议焦点

本案实际案情十分复杂，但抽丝剥茧，双方的争议焦点最终落在：司法查封期间，当事人对标的物进行拍卖行为的法律效力如何认定？是适用 2012 年《买卖合同解释》第 3 条的规定认定为有效，还是适用《拍卖法》第 6 条、第 7 条和《合同法》（已失效）第 52 条的相关规定认定为无效？

---

〔1〕 已失效，现为《民法典》第 153 条。

## ▶▶ 案件解析

司法查封期间，当事人对标的物的拍卖是否有效？肯定和否定两种观点在司法实践中争议较为激烈，两种判决实践中均有案例。代理律师检索到广东省江门市中级人民法院作出的（2015）江中法民二终字第257号案是同类案件，其经历了一审、二审、发回重审、一审、二审、提审、提审后一审、二审8次不同级别法院的反复讨论，显示出对该问题的处理在实践中存在的巨大分歧，本案一审、二审和再审法院对该问题的观点亦是如此。

### （一）认为有效的观点

在本案中，一审法院持肯定的观点，认为虽然是在司法查封期间，当事人对标的物进行了拍卖，但拍卖之后，当事人向法院申请解除查封完成了交付，其拍卖行为不应认定为无效。

一审法院的理由为，根据2012年《买卖合同解释》第3条〔1〕的规定，出卖人无所有权或处分权订立的合同并非必然无效，但如果因此导致标的物所有权不能转移，买受人可以主张违约责任或要求解除合同并赔偿损失。本案中，涉案拍卖标的房地产、土地使用权及机器设备虽然在拍卖时处于司法查封状态，但所有权人D公司订立合同将涉案标的物委托拍卖并最终成交的行为并不因司法查封的存在而当然无效，即D公司通过B拍卖公司拍卖案涉标的物的债权行为的效力与物权能否发生变动应当区分，且本案中拍卖结束后，经当事人申请，如东县人民法院解除了相应的财产保全措施，拍卖标的物的所有权实现了转移。换言之，如果在案涉拍卖结束后，因财产保全措施

〔1〕 修正后的解释取消了该条内容。

没有解除导致拍卖标的物的所有权不能转移，买受人可以要求出卖人 D 公司承担违约责任或者要求解除合同并主张损害赔偿，而非主张合同无效。

《拍卖法》第 6 条规定："拍卖标的应当是委托人所有或者依法可以处分的物品或者财产权利。"第 7 条规定："法律、行政法规禁止买卖的物品或者财产权利，不得作为拍卖标的。"对于这两条禁止性规范是管理性禁止规范还是效力性禁止规范，一审法院没有给出论述和判断。

而被告 B 拍卖公司的代理人在二审和申请再审过程中，除坚持一审法院关于拍卖行为有效的观点之外，还认为《拍卖法》第 6 条、第 7 条均为管理性禁止规范，不能否定拍卖行为的效力，且从维护合同的稳定性角度来看也应认定拍卖行为有效。其认为："二审判决认定拍卖成交确认书无效，明显错误。涉案拍卖的标的物为房产、机械设备等，并非法律规定禁止拍卖的毒品、武器、弹药等限制流通物。标的物在拍卖时被司法查封，司法查封仅是限制了财产的处分。依据相关法律规定，无权处分并不影响合同的效力。拍卖成交后，如东县人民法院对涉案拍卖标的物进行了解封，该院未对案涉拍卖行为作出任何追究。上述事实足以证明涉案拍卖成交确认书合法有效。最高人民法院（2016）最高法民申 1365 号民事裁定亦已认定买卖被司法查封的财产，买卖合同并不因此无效。拍卖成交确认书签订后，如东县人民法院解除了案涉拍卖标的物的司法查封，后案涉拍卖标的物亦实际交付并登记至 C 公司名下，并由其使用 5 年有余……从维护合同的稳定性及保护交易安全的角度来看，亦不应判决涉案拍卖成交确认书无效。"

被告 B 拍卖公司的代理人提到的最高人民法院（2016）最高法民申 1365 号民事裁定所持观点与 2012 年《买卖合同解释》第 3 条的规定一致，均认为处分被司法查封的财产的合同行为并不因此无效。

上述观点均有相应的法律依据和法理依据，但代理律师认为本案如果仅放在合同法背景中讨论似乎是不充分的，而更应放在拍卖法的特别规定背景中进行讨论。

（二）认为无效的观点

二审法院否认了一审法院的观点，并从合同法和拍卖法的角度进行了论述，还提出了司法查封期间，拍卖标的物是"严重藐视司法权威"的行为的观点。

二审法院认为："《中华人民共和国合同法》第五十二条第五项规定，违反法律强制性规定的，合同无效。《拍卖法》第六条规定，拍卖标的应当是委托人所有或者依法可以处分的物品或者财产权利。第七条规定，法律、行政法规禁止买卖的物品或者财产权利，不得作为拍卖标的。本案D公司未经法院许可擅自拍卖查封资产，违反上述强制性规定，涉案拍卖成交确认书应为无效。首先，涉案财产拍卖时处于人民法院查封期间……虽然之后如东县人民法院解除了对涉案拍卖财产的保全措施，但不影响案涉财产拍卖时均处于法院司法查封期间事实的认定。其次，查封财产未经查封机关批准不得擅自处分。查封是指被司法机关签封，财产一经司法机关查封，未经查封机关批准不得擅自开封、使用，更不得变卖、转移，禁止进入流通领域。查封是司法强制措施，是通过对财产处分权的限制保障债权人利益，所有权人要处分查封财产必须经由查封机关批准或由查封机关主持财产处置。我国民事诉讼法及刑法对擅自转移、变卖已被司法机关查封、扣押财产均有相关规定，未经批准擅自处分查封财产，不仅严重破坏国家司法机关的正常诉讼活动，而且可能导致司法机关的裁判无法得到执行，造成国家、集体或者公民个人的财产损失。最后，D公司拍卖涉案财产未经查封机关批准，拍卖行为无效。拍卖是指以公开竞价的形式，将特定物品或者财产权利转让给最高应价者的一种买卖方式。本案中，D 公司从委托 B 拍卖公司拍卖涉案财产直至最终形成拍卖成交确认书，在此期间从未取得过查封机关如东县人民法院的批准。D 公司明知涉案财产被人民法院查封，在征得人民法院同意前，对被查封财产以公开的形式向公众竞价排名并最终拍卖成交，显然系擅自处分查封财产，违反了法律的强制性规定，故涉案拍卖行为无效。需要指出的是，表面上看，如东县人民法院在拍卖成交后依债权人申请解除了对查封资产的强制措施，拍卖资产均过户到C公司名下，对于债权人和买受人的权益未产生任何影响，但实际上，D 公司擅自处分查封财产，置司法强制措施的强制力和公信力于不顾，严重藐视司法权威。设若 D 公司处分的是动产，则极易产生查封财产灭失的风险，会给国家、集体和债权人的利益带来损害。放任这种擅自处分查封财产的行为，是对司法公信力的破坏和对社会公共利益的损害。综上所述，A 公司的上诉请求成立，应予支持。”

江苏省高级人民法院与二审持同样的观点，强调拍卖已被人民法院查封的财产，属于违反法律强制性规定的情形。但至于违反的法律强制性规定是指《拍卖法》第 6 条、第 7 条规定还是 2017 年《民事诉讼法》第 111 条〔1〕第 1 款第 3 项规定，对此未有非常明晰的阐述。

### （三）争议与思考

本案中江苏省高级人民法院在回应 B 拍卖公司代理人提出的最高人民法院（2016）最高法民申 1365 号民事裁定是否应该参照问题时指出，（2016）最高法民申 1365 号民事裁定，并非最高人民法院指导性案例，且该案审理的是商品房买卖合同效力纠纷，与本案确认拍卖成交确认书无效纠纷的事实基础并不相同，不符合应当参照的情形。

---

〔1〕 现为《民事诉讼法》第 114 条。

但是代理律师认为该案例的司法观点在本案中还是非常值得讨论的，最高人民法院在该案例中认为："……而涉案房产存在被查封的障碍，房产不能办理过户，属于物权变动问题，不影响买卖合同的效力。虽然《中华人民共和国民事诉讼法》第一百一十一条第一款第（三）项规定，转移、变卖已被查封的财产的诉讼参与人或者其他人，人民法院可以根据情节轻重予以罚款、拘留，构成犯罪的追究其刑事责任，但该规定并未明确处分查封财产合同的效力，金龙公司以此主张会议纪要与协议书无效，理由不能成立，山东高院在二审程序中适用法律并无不当。"该观点中阐述了 2012 年《民事诉讼法》第 111 条第 1 款第 3 项规定的适用问题。如果本案二审和再审法院认为本案拍卖行为违反的法律强制性规定仅是指 2017 年《民事诉讼法》第 111 条第 1 款第 3 项规定，那么该观点就与最高人民法院在上述案例中的观点相冲突。因此，尽管二审法院和再审法院均没有明确释明，但根据判决结果，可以认为二审法院、再审法院均认为《拍卖法》第 6 条、第 7 条规定属于效力性禁止规范。

但《拍卖法》第 6 条、第 7 条规定是否属于效力性禁止规范，仍然存在争议。比较类似的规定是《城市房地产管理法》第 38 条"下列房地产，不得转让：……（二）司法机关和行政机关依法裁定、决定查封或者以其他形式限制房地产权利的……"的规定，即涉及合同效力认定时，该条规定被认为是管理性禁止规范似乎已经在司法实践中达成共识。而《拍卖法》第 6 条、第 7 条的规定是否与《城市房地产管理法》第 38 条的规定同样具有管理性禁止规范的性质？这一问题值得思考。

（四）其他思路

鉴于存在上述讨论的法律争议，原告在诉讼中除主张拍卖行为违反了《拍卖法》第 6 条、第 7 条禁止性规范和 2017 年《民事诉讼法》第 111 条第 1 款第 3 项禁止性规范之外，还主张被告具有恶意串通损害第三人利益和以合法形式掩盖非法目的的情形，根据《合同法》（已失效）第 52 条规定，两种情况下均应认定该行为为无效行为。

为证明上述主张，庭审中原告提交了大量的证据，事实非常明确：拍卖品的买受人 C 公司，实际由拍卖的委托人 D 公司的法定代表人邵某代办工商注册（证据：工商登记信息），因此本案拍卖有重大的“自拍自买”恶意串通的嫌疑；本案标的物的成交价格远低于市场价格，根据交易双方自己委托评估鉴定的报告结果，也能确定本案标的物的拍卖价与市场价相差 4000 万元以上；全体债权人在向法庭提交的联名信中共同声明其认为被告是恶意串通躲避债权人的债务；本案交易的形式和实质显然也属于以拍卖的“合法形式”掩盖双方恶意逃避债务的非法目的；更关键的是，作为交易当事人之一的 D 公司在法庭中就上述事实既明确自认亦提交了相关证据来印证。

但遗憾的是二审和再审法院在判决中未对本案是否存在恶意串通损害第三人利益和以合法形式掩盖非法目的的情形作出分析，仅以拍卖行为违反法律强制性规定为由作出无效判决。

针对上述讨论的关于“法律强制规定”的争议，若本案法庭能从交易双方存在为逃避债务恶意串通损害债权人利益的非法行为的角度作出判决，确认拍卖交易行为无效，可能本案例就更具有借鉴价值了。

## 相关法条

**《最高人民法院关于审理买卖合同纠纷案件适用法律问题的解释》（已修正，法释〔2012〕8 号）**

**第三条** 当事人一方以出卖人在缔约时对标的物没有所有权或者处分权为由主张合同无效的，人民法院不予支持。

出卖人因未取得所有权或者处分权致使标的物所有权不能转移，买受人要求出卖人承担违约责任或者要求解除合同并主张损害赔偿的，人民法院应予支持。

**《中华人民共和国拍卖法》**

**第六条** 拍卖标的应当是委托人所有或者依法可以处分的物品或者财产权利。

**第七条** 法律、行政法规禁止买卖的物品或者财产权利，不得作为拍卖标的。

**《中华人民共和国合同法》（已失效）**

**第五十二条** 有下列情形之一的，合同无效：

……

（五）违反法律、行政法规的强制性规定。

**《中华人民共和国民法典》**

**第一百五十三条** 违反法律、行政法规的强制性规定的民事法律行为无效。但是，该强制性规定不导致该民事法律行为无效的除外。

违背公序良俗的民事法律行为无效。

**《中华人民共和国民事诉讼法》（2017年）**

**第一百一十一条** 诉讼参与人或者其他人有下列行为之一的，人民法院可以根据情节轻重予以罚款、拘留；构成犯罪的，依法追究刑事责任：

（一）伪造、毁灭重要证据，妨碍人民法院审理案件的；

（二）以暴力、威胁、贿买方法阻止证人作证或者指使、贿买、胁迫他人作伪证的；

（三）隐藏、转移、变卖、毁损已被查封、扣押的财产，或者已被清点并责令其保管的财产，转移已被冻结的财产的；

（四）对司法工作人员、诉讼参加人、证人、翻译人员、鉴定人、勘验人、协助执行的人，进行侮辱、诽谤、诬陷、殴打或者打击报复的；

（五）以暴力、威胁或者其他方法阻碍司法工作人员执行职务的；

（六）拒不履行人民法院已经发生法律效力的判决、裁定的。

人民法院对有前款规定的行为之一的单位，可以对其主要负责人或者直接责任人员予以罚款、拘留；构成犯罪的，依法追究刑事责任。

**《中华人民共和国民事诉讼法》**

**第一百一十四条** 诉讼参与人或者其他人有下列行为之一的，人民法院可以根据情节轻重予以罚款、拘留；构成犯罪的，依法追究刑事责任：

（一）伪造、毁灭重要证据，妨碍人民法院审理案件的；

（二）以暴力、威胁、贿买方法阻止证人作证或者指使、贿买、胁迫他人作伪证的；

（三）隐藏、转移、变卖、毁损已被查封、扣押的财产，或者已被清点并责令其保管的财产，转移已被冻结的财产的；

（四）对司法工作人员、诉讼参加人、证人、翻译人员、鉴定人、勘验人、协助执行的人，进行侮辱、诽谤、诬陷、殴打或者打击报复的；

（五）以暴力、威胁或者其他方法阻碍司法工作人员执行职务的；

（六）拒不履行人民法院已经发生法律效力的判决、裁定的。

人民法院对有前款规定的行为之一的单位，可以对其主要负责人或者直接责任人员予以罚款、拘留；构成犯罪的，依法追究刑事责任。

**自我思考**

# 互联网平台与合作人员的关系认定

刘佩莉　王娅琴 ◎

## 律师办案笔记

1. **与委托人充分沟通、梳理案情，明确案件事实的关键点并指导委托人收集证据以备应诉。**

刘佩莉律师、王娅琴律师在接受当事人委托并初步梳理案件材料后，要求委托人组织相关负责或对接人员与代理律师开会讨论，初步梳理了案件事实。原告、被告双方在签署《关于"超短小纯杰"自媒体的合作协议》（以下简称合作协议）后共同经营"超短小纯杰"自媒体账号并共享收益分成，后因合作发生分歧协商无果后，委托人以合同纠纷案由另案率先起诉本案原告承担民事违约责任，本案原告为逃避民事违约责任而发起本案劳动争议诉讼企图将原告、被告之间的合作关系确认为劳动关系。

在厘清以上本案关键事实后，代理律师认为证明本案双方形成的法律关系的性质系合作关系而非劳动关系是本案关键要点，其后结合委托人各部门的事实陈述情况，列举取证清单并指导委托人收集相关证据，并经过了多轮梳理、讨论及证据补充，确定最终的举证方案。

2. **在充分掌握案件事实的基础上，代理律师内部进行理论研讨分析，确定应诉策略。**

在充分掌握案件基础事实后，代理律师归纳本案难点在于双方签署合作协议后的履约过程在一定程度上符合劳动关系的表象特征：首先，本案原告是自然人，被告系依法成立并存续的企业主体，双方具有建立劳动关系的主体身份；其次，委托人为原告缴纳社保；最后，委托人在公司钉钉系统里为原告开设账户、为原告安排工位、发放公司门禁卡、委托人的员工与本案原告存在工作内容沟通记录、双方之间存在收益结算记录。

因此，本案的关键应诉要点在于穿透以上表象行为，抓住劳动关系的平等性、隶属性、人身性、财产性的实质特征，论证双方法律关系的性质不符合劳动关系的特征，而应认定为合作关系。在确定以上应诉方向后，代理律师紧抓本案关键事实，理论结合实际准备应诉策略，具体应诉要点详见案件解析部分。代理律师在庭审过程中准确把握开庭节奏，紧密围绕争议焦点进行举证、质证，逻辑清晰且重点突出地向法庭陈述辩论要点，最终说服法庭接受律师全部观点，法院判决认定原告、被告双方之间形成的并非劳动关系而系民事合作关系。

本案判决荣获全国法院系统2019年度优秀案例分析一等奖，成为互联网用工形态下劳动关系认定的典型性案例，对同类型案件的裁判标准具有重要的借鉴意义。

## 案例信息

**原告：**王某某

**被告：**上海某某文化传媒有限公司

**案号：**（2018）沪0115民初61915号

## 基本案情

原告王某某诉被告上海某某文化传媒有限公司劳动合同纠纷一案，于

2018 年 8 月在上海市浦东新区人民法院立案。原告王某某诉求确认原告、被告于 2017 年 12 月 27 日至 2018 年 4 月 23 日存在劳动关系并判令被告支付欠付工资、未签订劳动合同双倍工资差额以及解除劳动合同经济补偿金。原告主要依据的事实和理由为：双方签有合作协议，对原告的工作内容、试用期限、基本工资、收入分成、竞业限制、违约金等作了详细约定，具备劳动关系的主要内容。原告实际负责自媒体的内容生产、留言回复，按被告要求每天打卡考勤，每周提交工作计划与总结，定期在自媒体发文，被告为原告按约缴纳社保。因此双方具有建立劳动关系的合意，原告实际接受被告的工作安排、劳动管理，并由被告缴纳了社保，应认定存在劳动关系。被告一直未支付原告劳动报酬，亦未签订书面劳动合同。2018 年 4 月初，双方发生争执，被告收回工作账号。后，原告以未支付劳动报酬等为由提出解除劳动合同。

代理律师的意见为：双方系合作关系，并非劳动关系。合作协议对各自的职责分工、管理费用、合作分成、排他性合作等作了约定，并非劳动关系项下的内容。原告自主决定自媒体内容的生产、发布。发给原告的门禁卡仅作进出大门使用，并非对原告作考勤。“考勤记录”显示原告“离职”，系因该钉钉 App 系统中无“合作”选项，而与被告合作的原告等“大 V”无须到公司报到，可居家办公，故注明不在考勤组。社保、公积金系应原告要求代缴，并在合作分成中作了抵扣。原告草拟的解除协议、委托发送的律师函亦明确双方系合作关系。因此，协议签订时双方并无建立劳动关系的合意，实际履行过程中原告也没有受到被告的劳动管理，双方不存在事实劳动关系。

一审法院认定，2017 年 12 月 27 日，原告作为甲方、被告作为乙方签订合作协议，其中载有：被告本着利益捆绑，长期共赢的思维方式，建立设计了此合作协议，希望能跟签约“大 V”长期地合作下去。具体内容包括：（1）由被告注册“超短小纯杰”自媒体，包括但不限于微信公众号、新浪微博等，由双方共同经营。（2）该自媒体的收益分成方式为：年度营收在200万元以下时，被告分七成、原告分三成；年度营收在200万元至500万元时，双方五五分成。（3）原告全职管理“超短小纯杰”的，被告每月支付5000元管理费，时间为3个月；兼职管理的，被告不支付管理费。3个月内，原告管理能力无法满足被告需要的，被告有权单方解除本协议等。（4）原来有自媒体账号的，需要把粉丝都导到新号，并注销或闲置老号。（5）创建的公众号等自媒体账号，由被告统一注册，由双方共同所有等。（6）被告负责指导生产内容、涨粉服务、对接各种资源等，收入统一从被告处走账，在次月10日前结算给原告等。（7）原告主要负责在各大自媒体平台制作生产内容、回复留言。……（13）原告负有竞业限制义务。“超短小纯杰”微信公众号由原告于2016年8月注册。上述协议签订后，被告未注册新的微信公众号。被告未支付过上述每月5000元的管理费。2017年12月26日至2018年1月11日，被告相关人员与原告持续通过微信，就工作总结与计划的提交、发文的时间等进行交流等。被告为原告配备了进出办公区域的门禁卡。原告下载安装了钉钉App，被告提供的考勤记录表显示原告2018年3月和4月不在考勤组，注明离职。2017年11月底至12月底，被告相关人员询问原告“请问要交社保吗？温石最近开了社保，可以挂在温石上面，但是费用要自己承担”，原告回复同意，并表示社保和公积金均需缴纳。被告实际为原告缴纳了2017年12月至2018年3月的社保和公积金。2017年12月、2018年2月的“广告部结算款”中，原告结算了营收的50%，并扣除了社保和公积金的个人与单位负担部分。

最终，一审法院基于上述事实认为，原告、被告之间的人身和财产从属性较弱，且双方无明确的建立劳动关系的合意，因此不能认定双方之间存在劳动关系，判决驳回原告王某某的全部诉讼请求。

## ▷▷ 争议焦点

本案争议焦点是双方之间法律关系的性质，即双方之间是否存在劳动关系。原告主张系劳动关系，并据此提出支付工资、解除劳动合同经济补偿等诉讼请求；而被告认为系合作关系，双方之间不具备劳动关系的特征，原告的所有诉请均缺乏依据。因此，法院依据双方主张，对双方之间是否构成劳动关系进行了审查。

## ▶▶ 案件解析

要对本案争议焦点作出判断，首先我们应该回答的第一个问题是劳动关系有哪些特征，其实质要件有什么，什么样的关系会构成劳动关系？

### （一）劳动关系兼具平等关系和隶属关系的特征

我们常常用隶属关系和平等关系来比喻经济管理和商品交换关系。从这种比喻中我们可以寻找出这两类经济关系的特征：第一，隶属关系是国家在生产领域管理经济活动所产生的关系；平等关系是各个独立的商品生产者在交换领域中产生的关系。第二，隶属关系是按照指令和服从建立起来的行政关系；平等关系是按照协商原则建立起来的民事关系。第三，隶属关系是以全社会需要为宗旨而建立起来的无偿的关系；平等关系是按照局部需要建立起来的等价有偿关系。〔1〕隶属关系和平等关系都是经济组织的外部关系。而在经济组织内部，生产者和经营者之间的关系则兼具平等关系和隶属关系

---

〔1〕 参见梁慧星、王利明：《经济法的理论问题》，中国政法大学出版社 1986 年版，第 207-211 页。

的某些特征。

我们说劳动关系具有平等性的特征，是指劳动关系的双方主体在建立劳动关系上是可以自由互相选择的，劳动者作为劳动力的所有者可以自由支配其劳动力，通过其自主决策选择将其劳动力提供给哪一个企业。而企业作为生产资料的所有者，也能通过其自主决策的权利来根据其具体需要选择与哪一个劳动者建立劳动关系。双方之间在劳动关系的建立上是通过平等协商的原则来自由地确定劳动关系的建立的。

劳动关系具有隶属性的特征这一点相对更好理解。虽然在建立劳动关系的时候，双方均具有一定的自由选择权来通过平等协商的方式建立劳动关系，但是在劳动关系建立以后，会形成企业对于劳动者的管理。劳动者与劳动力实际上是不可分割的，劳动者向企业提供劳动力，则意味着其在一定程度上赋予了企业对其自身的支配权。劳动者将其所支配的劳动力提供给雇用其的企业，用以交换工资收入，而企业在获得对该等劳动力的支配权的同时，也在一定程度上获得了对劳动者本身的支配权。企业在对其自身生产需要进行安排从而将劳动者提供的劳动力纳入生产安排的过程中，就形成了对于劳动者的管理。因此，在建立劳动关系以后，劳动关系的双方主体之间就存在一定的隶属关系了。

### （二）劳动关系兼具人身关系和财产关系的性质

劳动力与劳动者是密不可分的。劳动力存在于劳动者或者其肌体内不能须臾分离，基于劳动力的使用而产生的社会关系是和劳动者的人身紧密关联的。劳动力的消耗过程即劳动者生存的实现过程，这种劳动力消耗过程和劳动者生存过程的高度统一是劳动关系的重要特征。[1]基于此，当劳动者向单

〔1〕 参见董保华：《十大热点事件透视劳动合同法》，法律出版社 2007 年版，第 10－11 页。

位让渡其劳动力的支配权的时候，也就在一定程度上与单位形成了涉及单位对其进行人身管理的关系，其与单位之间形成的劳动关系就具有了人身属性，劳动关系就具有了人身关系的特点。

劳动关系具有财产关系的属性。财产关系是经济关系的法律用语，是人们在社会物质资料生产、分配、交换和消费过程中形成的具有经济内容的社会关系。劳动关系从广义上说是经济关系的一部分，因此也具有财产关系的一般属性。〔1〕简单来说，劳动关系的一个非常重要的特征是，劳动者将其所拥有的劳动力提供给用人单位，而用人单位在获得劳动者的劳动力并将其作为生产资料的一部分纳入其生产经营管理后，会向劳动者支付其劳动力的对价。在这个过程中，劳动者通过付出其所拥有的劳动力来换取其所需要的生活资料，从而双方之间形成了劳动力与劳动对价的交换，这里的交换和普通意义上的商品与商品的交换类似，这就是劳动关系的财产属性。

### （三）关于劳动关系构成的相关规定及文件

在分析了劳动关系所具有的平等性、隶属性、人身性、财产性特征以后，我们再来看看相关法律法规中关于劳动关系构成要件的规定。就什么样的关系属于劳动关系这一问题，《劳动合同法》仅在第 2 条第 1 款规定了“中华人民共和国境内的企业、个体经济组织、民办非企业单位等组织（以下称用人单位）与劳动者建立劳动关系，订立、履行、变更、解除或者终止劳动合同，适用本法”，但是并未就如何界定劳动关系给出明确的答案。《劳动合同法》生效前，在原劳动和社会保障部《关于确立劳动关系有关事项的通知》（劳社部发〔2005〕12 号）中含有如下条款：“一、用人单位招用劳动者未订立

〔1〕 参见董保华：《十大热点事件透视劳动合同法》，法律出版社 2007 年版，第 10－11 页。

书面劳动合同，但同时具备下列情形的，劳动关系成立。（一）用人单位和劳动者符合法律、法规规定的主体资格；（二）用人单位依法制定的各项劳动规章制度适用于劳动者，劳动者受用人单位的劳动管理，从事用人单位安排的有报酬的劳动；（三）劳动者提供的劳动是用人单位业务的组成部分。二、用人单位未与劳动者签订劳动合同，认定双方存在劳动关系时可参照下列凭证：（一）工资支付凭证或记录（职工工资发放花名册）、缴纳各项社会保险费的记录；（二）用人单位向劳动者发放的'工作证'、'服务证'等能够证明身份的证件；（三）劳动者填写的用人单位招工招聘'登记表'、'报名表'等招用记录；（四）考勤记录；（五）其他劳动者的证言等。其中，（一）、（三）、（四）项的有关凭证由用人单位负举证责任。"

在上述通知文件中，我们可以看出原劳动和社会保障部就劳动关系成立的判断给出了相对明确的判断标准。如果双方之间要形成劳动关系，首先需要判断双方主体资格是否符合法律、法规关于建立劳动关系的规定，若一方不具备建立劳动关系的主体资格，则双方之间形成的关系就不是劳动关系。例如，在校大学生利用课余时间兼职实习的，一般而言不认为在校大学生具备建立劳动关系的主体资格，进而其与兼职实习单位之间不建立劳动关系。其次需要判断的是用人单位的规章制度是否适用于劳动者，劳动者是否受用人单位的管理从事其安排的有报酬的劳动。这一点的规定中集中体现了劳动关系的隶属性、人身性、财产性特征。用人单位的规章制度适用于劳动者，则意味着用人单位对劳动者进行了一定的管理，劳动者在用人单位的制度约束下向其提供劳动，这体现了隶属性和人身性的特征。而劳动者在用人单位的管理下从事的劳动是有报酬的，这就是劳动关系的财产属性。最后需要判断的是劳动者提供的劳动是不是用人单位业务的组成部分，即劳动者是否向用人单位让渡其劳动力，并由用人单位将其让渡的劳动力用于生产，且在这个过程中劳动者提供的劳动构成了用人单位的业务组成部分。

基于以上通知文件，本案主审法官进一步总结判断劳动关系需要从外部和内部两个视角进行审查。具体来说，从外部视角看，劳动关系是一种具有紧密的人身和财产从属性的社会关系，劳动者受用人单位依法执行的规章制度的约束，接受用人单位命令、检查考核等劳动管理，并且劳动者被纳入用人单位的生产组织体系中，从用人单位处获取劳动报酬。从内部视角看，劳动者出让劳动力的支配、使用权给用人单位，获得作为对价的劳动报酬，而用人单位支付劳动报酬，获得对相应劳动力的支配、使用权，建立劳动关系的双方之间存在劳动与报酬交换的合意。

讨论了以上关于劳动关系的特征及文件规定的构成要件后，我们回归本案的争议焦点，按照法院查明的事实，分析本案中双方之间是否构成劳动关系。

### （四）本案争议焦点分析

代理律师认为，虽然本案双方均具备建立劳动关系的主体资格，双方之间的合作关系也具备一定与劳动关系类似的特征，但从双方之间的合作协议内容约定及后续的实际履行来看，本案双方建立的是民事合作关系而非劳动关系：

1．本案双方之间不具备人身与财产从属性特征。

被告的各项劳动规章制度并不适用于原告，原告不受被告的劳动管理，原告从被告处领取的系合作分成而非劳动报酬。

具体来说双方签订的合作协议中对各自的职责分工、管理费用、合作分成、排他性合作等作了约定，该等约定不体现劳动关系的特征也无建立劳动关系的合意。原告系被告公司合作的“大 V”，双方合作过程中原告自主决定自媒体内容的生产、发布，被告不对原告的具体工作内容进行指导干涉；被告虽为了统计方便将其录入公司钉钉系统，但是实际上原告无须至被告处打卡上班，被告也从不对其进行日常考勤；被告为原告代缴社保、公积金系双方之间协商后决定，属于挂靠性质，产生的单位及个人应缴全部费用均由原告自行承担并在双方结算合作分成时由被告在应结算给原告的费用中进行扣除，原告对此进行了签字确认。

2. 本案双方之间无建立劳动关系的合意。

在合作伊始双方之间签订的即为合作协议，后续履行过程中也无任何建立劳动关系的协商，双方合作出现问题后原告草拟的解除协议、发送给被告的律师函中均表述双方之间系合作关系。本案双方自始至终从未有过建立劳动关系的合意。

综合上述理由，本案判决最终驳回了原告的诉请，后原告又上诉至上海市第一中级人民法院，二审法院亦维持了原判。

从本案劳动仲裁及两审法院裁判思路来看，判断双方之间是否成立劳动关系，应当着重考量双方之间关系的实质特征是否符合劳动关系的特点，是否具备劳动关系的实质要件。具体来说，就是判断双方之间关系是否存在人身与财产从属性，是否实质上形成了劳动者出让的劳动力与用人单位支付的劳动报酬的交换合意。

## 相关法条

**《中华人民共和国劳动合同法》**

**第二条第一款** 中华人民共和国境内的企业、个体经济组织、民办非企业单位等组织（以下称用人单位）与劳动者建立劳动关系，订立、履行、变更、解除或者终止劳动合同，适用本法。

**《劳动和社会保障部关于确立劳动关系有关事项的通知》（劳社部发〔2005〕12号）**

一、用人单位招用劳动者未订立书面劳动合同，但同时具备下列情形的，劳动关系成立。

（一）用人单位和劳动者符合法律、法规规定的主体资格；

（二）用人单位依法制定的各项劳动规章制度适用于劳动者，劳动者受用人单位的劳动管理，从事用人单位安排的有报酬的劳动；

（三）劳动者提供的劳动是用人单位业务的组成部分。

二、用人单位未与劳动者签订劳动合同，认定双方存在劳动关系时可参照下列凭证：

（一）工资支付凭证或记录（职工工资发放花名册）、缴纳各项社会保险费的记录；

（二）用人单位向劳动者发放的“工作证”、“服务证”等能够证明身份的证件；

（三）劳动者填写的用人单位招工招聘“登记表”、“报名表”等招用记录；

（四）考勤记录；

（五）其他劳动者的证言等。

其中，（一）、（三）、（四）项的有关凭证由用人单位负举证责任。

**自我思考**

# 比例原则在商标行政复议案件中的运用

骆顺耀 ◎

## 律师办案笔记

1. **把握案件的关键节点，积极与申请人及国家知识产权局沟通高效推进案件进程。**

在收到商标注册申请补正通知书后，代理律师立即着手进行回文补正工作，按照补正通知书要求对少数未达预期的商品和服务的名称进行修改。在收到商标注册申请不予受理通知书后，也迅速与国家知识产权局沟通，说明本次不予受理会导致待注册商标丧失欧盟商标申请的优先权，并请求再次给予补正机会。面对再次收到的否定答复，代理律师立即申请复议。

由于申请人为外国企业，其境外签字的授权委托书须进行公证认证。为了节约时间，代理律师一方面向国家知识产权局申请延长提供授权委托书的期限，另一方面积极与申请人协调，推进授权委托书的公证认证。

2. **把握案件切入点，突破性地以行政比例原则作为复议理由维护客户权益。**

本案中，虽然国家知识产权局发出商标注册申请不予受理通知书的行为并未违反相关具体条例，但该行为导致申请人因 4 项商品和服务名称未达到审查员的预期而丧失了申请其他 100 多项商品和服务中字样商标的权利，同时也会丧失欧盟商标申请的优先权。在此情况下，如何在双方均未违反具体条例的前提下，合理维护申请人权益成为一个难题。

经过深入讨论，代理律师决定采用行政比例原则作为维护客户权益的依据，并围绕该原则进行了详细缜密的论述。

## 案例信息

**申请人：**施瓦本机床有限公司

**被申请人：**国家知识产权局

**案号：**国知复商〔2021〕1240号

## 基本案情

2021年3月，施瓦本机床有限公司委托某律师事务所向国家知识产权局递交了商标申请，在7个类别中针对133项商品和服务申请了字样商标，该申请还要求获得欧盟商标申请的优先权。

2021年5月，国家知识产权局向申请人发出商标注册申请补正通知书，要求申请人对涉及7个类别的共101项商品和服务的名称进行修改，并建议申请人参照《类似商品和服务区分表》（2021年文本）中的标准名称进行修改。申请人随后在2021年6月提交了补正回文，根据补正通知书对商品和服务的名称进行修改。2021年7月，国家知识产权局向申请人发出商标注册申请不予受理通知书，认为申请人经修改后，仍存在2个类别共4项商品和服务的名称不符合补正要求，因此对该申请不予受理。

该公司不服上述通知书作出的决定，另委托骆顺耀律师向国家知识产权局申请复议。

骆律师结合案件情况提出如下理由：申请人并没有违反《商标法实施条例》

第 18 条的规定。国家知识产权局发出上述商标注册申请不予受理通知书的行为明显违反行政比例原则。

1. 2021 年 5 月，国家知识产权局发出的补正通知书中提出 101 项商品和服务的名称表述不规范，申请人通过补正使其中的 97 项商品和服务的名称表述变得规范，而仅仅只有 4 项未达到审查员的预期。申请人并没有违反《商标法实施条例》第 18 条的规定。因此发出不予受理通知书，不符合行政比例原则。

2. 申请人在提出该商标申请时，在国家知识产权局的申请系统中将涉及的 133 项商品和服务以阿拉伯数字一一编号。申请人在提交补正回文时，也对补正的 100 多项商品和服务按照不同类别，以阿拉伯数字一一编号。但国家知识产权局发出的商标注册申请补正通知书中，要补正的商品和服务并没有沿用申请人递交时使用的数字编号（该编号是国家知识产权局的申请系统自动生成的），也没有另行编号，而仅仅是将众多待补正的商品和服务按照类别分开后书写在一起，某些类别中堆叠有 30 多项待补正的商品和服务，在阅读上非常不友好，极易造成申请人遗漏待补正项目，违反了目的性原则。

3. 国家知识产权局在处理具有多个类别的商标申请时，如果认为只需要对其中某些类别进行驳回，则会向商标申请人发出分割通知书，建议申请人就该商标申请分割，国家知识产权局将所有商品与服务都不予受理的行为不符合最少侵害原则。

4. 该申请还要求获得欧盟商标申请的优先权。国家知识产权局向申请人发出了不予受理通知，即使申请人重新递交申请，也丧失了要求优先权的机会。而是否能够要求该优先权，对本申请是否能够获得授权、授权后权利是否能够稳定都有实质性的影响。

基于以上事实与理由，申请人并没有违反《商标法实施条例》第 18 条的规定，国家知识产权局发出不予受理通知书的行为不符合行政比例原则。因此，申请人请求撤销被申请人于2021年7月作出的商标注册申请不予受理通知书。

上述案例的最终结果是，申请人的合法权益得到救济，在商标注册行政复议中获得了胜利：申请人与国家知识产权局商标局协商达成一致意见，根据2017年《行政复议法》第25条[1]的规定，申请人撤回了行政复议申请，同时国家知识产权局商标局撤销不予受理通知书，受理了申请人的商标注册申请。

## ▷▷ 争议焦点

本案的争议焦点在于，初次补正后仍有不满足审查要求的项目是否属于《商标法实施条例》第18条第2款规定的“期满未补正的或者不按照要求进行补正的”情况及国家知识产权局仅因为存在少数不满足审查要求的项目就拒绝受理商标申请的做法是否符合行政比例原则。具体为，申请人认为自己已经在规定期限内根据补正通知书对商品和服务的名称进行补正，并且是按照国家知识产权局的要求进行补正的。补正结果中仅有4项不符合审查员的预期，而这4项补正，是补正结果未满足审查要求，而并非申请人未按照要求进行补正，故申请人并没有违反《商标法实施条例》第18条的规定，国家知识产权局据此发出不予受理通知书的做法不符合行政比例原则。但国家知识产权局却认为申请人初次补正后仍有4项补正不符合审查预期的情况属于“期满未补正的或者不按照要求进行补正的”，可依据《商标法实施条例》第18条的规定发出不予受理通知书。

---

〔1〕 现为《行政复议法》第41条。

## ▶▶ 案件解析

本案的特殊之处在于申请人要求了欧盟商标申请的优先权，且申请人自欧盟第一次提出商标注册申请之日起到在中国就相同商品以同一商标提出商标注册申请时，尚未超出 6 个月的有效期限，但在被商标局拒绝受理时已经超出了该有效期限，若采用重新提交申请的方式则会丧失优先权，这对本申请是否能够获得授权、授权后权利是否能够稳定都有实质性的影响。此时妥协会极大损害申请人的合法权益，因此申请人并没有选择常见的重新申请方式而是提起了较为复杂的行政复议，这恰好为我们提供了案例样本来讨论如何处理相似案件。

本案属于行政复议案件，其复议理由主要为《商标法实施条例》第 18 条及行政比例原则，关于《商标法实施条例》第 18 条的论述可见争议焦点部分，且对于未满足补正要求的项目究竟属于“不按照要求补正”还是“不符合审查员预期”是较难进行判断与论述的，故本案在申请复议时的主要论述点聚焦于国家知识产权局的上述做法是否符合行政比例原则这一方面。

关于行政比例原则，该原则是指行政主体实施行政行为时应兼顾行政目标的实现和相对人权益的保护，其包括至少三个方面：目的性原则，即行政主体实施行政行为必须能够实现或有助于实现行政目的；最少侵害原则，即行政主体实施行政行为不能超越实现行政目的的必要程度；均衡原则，即行政主体实施行政行为时，必须将行政行为能达成的利益与相对人合法权益进行衡平。

本案中，首先，国家知识产权局发出的补正通知书中并没有对要补正的项目进行数字编号，易造成申请人遗漏待补正项目，违反了目的性原则。其次，在第一次补正后申请人只有极少的未达标项，这意味着仅需要少量补正次数就可使所有申请项达到要求，但国家知识产权局未考虑上述情况及申请人优先权丧失的可能性并选择对申请人损害更小的发出第二次补正通知书的手段而是直接拒绝受理，这违背了最少侵害原则。最后，此案中，申请人对7个类别的商品和服务进行补正，其中仅有2个类别未达到要求；而101项待补正的商品与服务中仅有4项未达到要求。国家知识产权局即使认为申请人未按照要求进行补正，也完全可以按照对商标驳回的处理，让申请人对该申请进行分割，受理已经符合要求的商品与服务，而非全部都不予受理。相反，如果国家知识产权局给予申请人再次补正机会或允许申请人对本申请进行分割，并对符合要求的商品与服务进行审查，对不符合要求的4项商品与服务不予受理，并不会影响任何人的利益还可以最大化地保障申请人的权益。而现在仅因为极少部分的商品与服务补正不符合要求，就发出不予受理通知的做法不符合最少侵害原则及均衡原则。

本案还引出了另一个值得探讨的问题，即现有审查环节中默认一次补正机会的合理性。现行法律规范并未明确规定商标注册申请的补正次数，司法实践中默认的一次补正机会本意也许一是考虑到我国商标注册申请受理前不收取费用，而每次审查审理都要付出人力、物力，给予申请人多次补正机会，将会增加经济成本；二是考虑到审查效率的提高。

关于经济成本，可以要求商标注册申请人在提交申请时就缴纳一定费用，且每次合理补正时都需再缴纳一定的补正费用以减轻商标局对多次补正带来的经济成本增加的担忧。

关于对审查效率的影响，简单来看，补正次数的增加似乎会降低审查效率，但其实缩减补正机会反而会使审查效率降低。因为商标申请中缺少如专利申请中的复审程序般的驳回复审制度，故在首次补正未通过而被拒绝受理后，申请人只要不打算放弃申请就只能选择重新申请或进行行政复议以继续申请程序，而无论选择哪一做法都会实际上增加工作量。此外，当将观察点扩大至整个商标注册申请制度时，会发现商标注册程序过于冗长的主要原因在于全面审查原则在实质审查阶段的运用。按审理指南的描述，全面审查原则具化为商标局在作出是否驳回的决定时要同时依职权审查驳回申请的绝对理由（涉及违反商标法上的显著性、非功能性以及公共利益）及相对理由（涉及损害他人的在先商标权利）。但是依职权审查相对理由实际并不合理，有违商标权的私权本质且制约了审查效率。首先，他人的在先商标权利一般被认为是私人权益，处理该种权益纠纷时应只有在当事人请求公权力的帮助时，公权力才能够介入；〔1〕其次，中国商标注册制度设有异议程序，当在先权利人的合法权益受到损害时，其完全可以通过异议程序获得救济，并不需要由审查员在实质审查阶段花费时间精力去审查相关情况。因此，为提升审查效率可以对实质审查程序进行优化而非简单减少申请人的补正机会。

本案在行政复议理由中依据行政比例原则进行论述的思路一方面为从业者处理相似案件提供了参考，另一方面也从理论层面侧面论证了商标注册申请形式审查环节存在的程序上的不合理性，如形式审查环节的补正时间较短和司法实践中默认的一次补正机会过少，不对满足条件的部分项目进行分割和拒绝受理时未考量优先权等，为日后商标注册申请流程的优化提供了思路。基于上述分析，笔者在此尝试对商标注册申请流程的优化提出几点建议，以期减少实务中出现的程序性问题。

针对商标审理，世界上许多国家和地区很早就在包括形式审查在内的商标审查审理过程中建立了驳回前的意见交换制度，部分国家还设置了驳回复

〔1〕 参见张玉敏：《我国商标注册审查方式的改革设想》，载《理论探索》2016 年第 5 期。

审程序。[1]与其他国家或地区相比，中国现行商标注册制度中的形式审查环节并未设置驳回复审程序，虽然设有驳回前的意见交换制度但该制度的主要体现仅为30日的补正期限，较之其他国家或地区的相应制度，未能充分保障商标注册申请人在商标注册受理驳回前进行申辩和修改的权利。具体表现为：第一，审查意见的提出不是驳回的必经程序；第二，审查意见提出后未给予商标注册申请人陈述意见的机会；第三，给予申请人的补正期限较短[2]且司法实践中默认只有一次补正机会。

此外，对比中国的专利申请制度，商标局对于商标注册申请的受理是在申请书的形式审查通过之后，而专利申请制度中，只要申请人提交了专利申请，专利局就会受理，形式审查设于受理流程之后。这意味着对于专利局作出的驳回或视为撤回的决定，申请人只要有正当理由且愿意交费，均有补救措施及相应期限，申请人也可以对相关决定提出复审。

综上，笔者建议在商标注册申请的形式审查阶段适当增加补正时间和补正次数，同时在审查意见发出后给予申请人申辩的机会或设立复审程序，这样既保障了申请人的相关权利，又避免了行政机构重复审理的消耗。同时也建议行政机构在处理商标注册申请时，可以运用比例原则对个案进行多因素考量。

## 相关法条

**《中华人民共和国商标法》**

**第四条** 自然人、法人或者其他组织在生产经营活动中，对其商品或者

〔1〕参见周俊强、辛同军：《论商标注册申请中“审查意见书”制度的设置》，载《法学杂志》2011年第8期。

〔2〕参见周俊强、辛同军：《论商标注册申请中“审查意见书”制度的设置》，载《法学杂志》2011年第8期。

服务需要取得商标专用权的，应当向商标局申请商标注册。不以使用为目的的恶意商标注册申请，应当予以驳回。

本法有关商品商标的规定，适用于服务商标。

**第二十五条** 商标注册申请人自其商标在外国第一次提出商标注册申请之日起六个月内，又在中国就相同商品以同一商标提出商标注册申请的，依照该外国同中国签订的协议或者共同参加的国际条约，或者按照相互承认优先权的原则，可以享有优先权。

依照前款要求优先权的，应当在提出商标注册申请的时候提出书面声明，并且在三个月内提交第一次提出的商标注册申请文件的副本；未提出书面声明或者逾期未提交商标注册申请文件副本的，视为未要求优先权。

**《中华人民共和国商标法实施条例》**

**第十三条第一款** 申请商标注册，应当按照公布的商品和服务分类表填报。每一件商标注册申请应当向商标局提交《商标注册申请书》1份、商标图样1份；以颜色组合或者着色图样申请商标注册的，应当提交着色图样，并提交黑白稿1份；不指定颜色的，应当提交黑白图样。

**第十八条** 商标注册的申请日期以商标局收到申请文件的日期为准。

商标注册申请手续齐备、按照规定填写申请文件并缴纳费用的，商标局予以受理并书面通知申请人；申请手续不齐备、未按照规定填写申请文件或者未缴纳费用的，商标局不予受理，书面通知申请人并说明理由。申请手续基本齐备或者申请文件基本符合规定，但是需要补正的，商标局通知申请人予以补正，限其自收到通知之日起30日内，按照指定内容补正并交回商标局。在规定期限内补正并交回商标局的，保留申请日期；期满未补正的或者不按照要求进行补正的，商标局不予受理并书面通知申请人。

本条第二款关于受理条件的规定适用于办理其他商标事宜。

**《中华人民共和国行政复议法》（2017年）**

**第二条** 公民、法人或者其他组织认为具体行政行为侵犯其合法权益，向行政机关提出行政复议申请，行政机关受理行政复议申请、作出行政复议决定，适用本法。

**第十条** 依照本法申请行政复议的公民、法人或者其他组织是申请人。

有权申请行政复议的公民死亡的，其近亲属可以申请行政复议。有权申请行政复议的公民为无民事行为能力人或者限制民事行为能力人的，其法定代理人可以代为申请行政复议。有权申请行政复议的法人或者其他组织终止的，承受其权利的法人或者其他组织可以申请行政复议。

同申请行政复议的具体行政行为有利害关系的其他公民、法人或者其他组织，可以作为第三人参加行政复议。

公民、法人或者其他组织对行政机关的具体行政行为不服申请行政复议的，作出具体行政行为的行政机关是被申请人。

申请人、第三人可以委托代理人代为参加行政复议。

**第二十五条** 行政复议决定作出前，申请人要求撤回行政复议申请的，经说明理由，可以撤回；撤回行政复议申请的，行政复议终止。

**第四十一条** 外国人、无国籍人、外国组织在中华人民共和国境内申请行政复议，适用本法。

**《中华人民共和国行政复议法》**

**第二条** 公民、法人或者其他组织认为行政机关的行政行为侵犯其合法权益，向行政复议机关提出行政复议申请，行政复议机关办理行政复议案件，适用本法。

前款所称行政行为，包括法律、法规、规章授权的组织的行政行为。

**第十四条** 依照本法申请行政复议的公民、法人或者其他组织是申请人。

有权申请行政复议的公民死亡的，其近亲属可以申请行政复议。有权申请行政复议的法人或者其他组织终止的，其权利义务承受人可以申请行政复议。

有权申请行政复议的公民为无民事行为能力人或者限制民事行为能力人的，其法定代理人可以代为申请行政复议。

**第十六条** 申请人以外的同被申请行政复议的行政行为或者行政复议案件处理结果有利害关系的公民、法人或者其他组织，可以作为第三人申请参加行政复议，或者由行政复议机构通知其作为第三人参加行政复议。

第三人不参加行政复议，不影响行政复议案件的审理。

**第十七条** 申请人、第三人可以委托一至二名律师、基层法律服务工作者或者其他代理人代为参加行政复议。

申请人、第三人委托代理人的，应当向行政复议机构提交授权委托书、委托人及被委托人的身份证明文件。授权委托书应当载明委托事项、权限和期限。申请人、第三人变更或者解除代理人权限的，应当书面告知行政复议机构。

**第十九条** 公民、法人或者其他组织对行政行为不服申请行政复议的，作出行政行为的行政机关或者法律、法规、规章授权的组织是被申请人。

两个以上行政机关以共同的名义作出同一行政行为的，共同作出行政行为的行政机关是被申请人。

行政机关委托的组织作出行政行为的，委托的行政机关是被申请人。

作出行政行为的行政机关被撤销或者职权变更的，继续行使其职权的行政机关是被申请人。

**第四十一条** 行政复议期间有下列情形之一的，行政复议机关决定终止行政复议：

（一）申请人撤回行政复议申请，行政复议机构准予撤回；

（二）作为申请人的公民死亡，没有近亲属或者其近亲属放弃行政复议权利；

（三）作为申请人的法人或者其他组织终止，没有权利义务承受人或者其权利义务承受人放弃行政复议权利；

（四）申请人对行政拘留或者限制人身自由的行政强制措施不服申请行政复议后，因同一违法行为涉嫌犯罪，被采取刑事强制措施；

（五）依照本法第三十九条第一款第一项、第二项、第四项的规定中止行政复议满六十日，行政复议中止的原因仍未消除。

**第八十九条** 外国人、无国籍人、外国组织在中华人民共和国境内申请行政复议，适用本法。

**自我思考**

# 保全错误的认定规则

张 文 廖武豪◎

## 律师办案笔记

申请财产保全损害责任纠纷案件中，保全申请人是否存在“申请错误”、“申请错误”如何认定往往是诉讼各方争议的焦点，也是此类纠纷中法院审查的难点和重点。代理律师在拿到本案材料之后，充分研究案情，梳理案件争议焦点，掌握同类案件在不同层级法院尤其是最高人民法院的裁判规则，从而为办理案件打下事实和法理基础。

## 案例信息

**原告：** 上海密尔克卫化工储存有限公司（承租方，以下简称密尔克卫公司）

**被告：** 昆山开发区危险货物运输有限公司（出租方，以下简称开发区货运公司）

**案号：**（2019）苏0583民初17862号、（2020）苏05民终4132号

## 基本案情

开发区货运有限公司与密尔克卫公司、庞贝捷涂料（昆山）有限公司（管理方，以下简称庞贝捷公司）签订《国内仓储服务协议（托管）》一份，载明：密尔克卫公司租赁开发区货运公司位于昆山市千灯镇秦峰北路的仓库用

作货物储存，委托庞贝捷公司进行库存、进出仓、标签等仓储日常运营服务。出租方按每月 40.6 元 / 平方米（开发区货运公司称该手写部分为每日 40.6 元 / 平方米，密尔克卫公司和庞贝捷公司提供的合同均为每月 40.6 元 / 平方米）收取租金。由于庞贝捷公司已经代密尔克卫公司预付 2017 年 1 月到 9 月的租金，开发区货运公司同意在此期间租金由密尔克卫公司直接付给庞贝捷公司。协议期限为 2017 年 1 月 6 日至 2017 年 10 月 1 日，到期经三方协商一致则协议可顺延 1 年，如任何一方要求就顺延期限修改协议或到期不顺延，须在到期前 1 个月书面通知对方。

2017 年 9 月 29 日，开发区货运公司向庞贝捷公司发出 10 月租赁费发票总计开票金额为 6,558,077.4 元，即每日 40.6 元 / 平方米 ×30 天 ×5384.3 平方米。庞贝捷公司认为发票金额错误，即租金标准为每月 40.6 元 / 平方米，而不是每日 40.6 元 / 平方米。双方僵持不下，开发区货运公司遂向江苏省昆山市人民法院（以下简称昆山法院）提起诉讼，诉请解除租赁关系，并要求庞贝捷公司和密尔克卫公司承担以下连带责任：（1）10 月仓库租金 6,558,077.4 元及逾期利息；（2）仓库归还前的房屋使用费（费用参照每日 40.6 元 / 平方米计算）及逾期利息。

昆山法院参考昆山市千灯镇秦峰北路 5 号的仓库于 2011 年至 2016 年出租时的租金标准每月 39.6 元 / 平方米，采信两被告观点，涉案仓库租金标准应为每月 40.6 元 / 平方米，作出（2017）苏 0583 民初 19352 号判决，驳回开发区货运公司的全部诉讼请求。

开发区货运公司不服提起上诉，江苏省苏州市中级人民法院经审理后认为一审法院按每月 40.6 元计算合同内租金并无不当。同时认为，庞贝捷公司应当向开发区货运公司支付 2017 年 10 月 1 日至 2018 年 9 月 30 日的租金 40.6×5384.3×12=2,623,230.96 元。故判决撤销一审判决，并作出（2019）苏

05 民终 289 号判决，要求庞贝捷公司向开发区货运公司支付租金 2,623,230.96 元并支付逾期付款利息。

上述案件审理期间，因开发区货运公司向昆山法院申请财产保全冻结密尔克卫公司银行账户，昆山法院作出裁定冻结密尔克卫公司银行存款 1000 万元，并实际于 2018 年 1 月 22 日冻结密尔克卫公司账户存款 6,011,116.16 元，2018 年 1 月 26 日密尔克卫公司账户资金实际被冻结 1000 万元。上述账户资金后于 2019 年 1 月 22 日解除冻结。

因账户资金被冻结，密尔克卫公司通过其母公司密尔克卫化工供应链服务股份有限公司向银行申请贷款以度过资金短缺危机。密尔克卫公司于 2019 年 10 月 31 日向昆山法院提起诉讼，要求开发区货运公司承担因申请财产保全错误给密尔克卫公司造成的损失 510,028.04 元（计算方式：保全金额 6,011,116.16 元自 2018 年 1 月 22 日起算至 2019 年 1 月 22 日按银行流动资金贷款利率 5.0525% 计算为 307,929.86 元，以及保全金额 3,988,883.84 元自 2018 年 1 月 26 日至 2019 年 1 月 22 日按银行流动资金贷款利率 5.0525% 计算为 202,098.18 元）。

## ▷▷ 争议焦点

本案争议焦点在于：开发区货运公司在（2017）苏 0583 民初 19352 号案件中申请财产保全是否存在过错并造成密尔克卫公司损失。

法院认为，2017 年《民事诉讼法》第 105 条[1]规定，申请有错误的，申请人应当赔偿被申请人因保全所遭受的损失。

关于申请人开发区货运公司申请财产保全是否存在错误。申请错误的认

〔1〕 现为《民事诉讼法》第 108 条。

定，应当综合申请人行为的违法性及申请人主观上的故意或重大过失等因素综合判断。（2017）苏0583民初19352号案件审理过程中，开发区货运公司主张其诉请单月租金6,558,077.4元及庞贝捷公司归还仓库前占有使用费的依据是其持有《国内仓储服务协议（托管）》上有密尔克卫公司原法定代表人陈某河手写的租金标准为"每日40.6"。关于上述手写租金标准，密尔克卫公司、庞贝捷公司存有争议，且密尔克卫公司、庞贝捷公司持有的《国内仓储服务协议（托管）》上载明为"每月40.6"。关于开发区货运公司上述诉请的合理性，法院认为，一方面，开发区货运公司、密尔克卫公司在《国内仓储服务协议（托管）》签订前曾经合作多年，结合此前关于诉争仓库租金的约定及结算情况，开发区货运公司在（2017）苏0583民初19352号案件中按照每日40.6元/平方米诉请的2017年10月单月租金6,558,077.4元及自2017年11月至实际归还日的占有使用费，远超此前租金约定的合理范畴；另一方面，开发区货运公司作为出租方，对周边同地段同类型仓库租金标准应有合理预判，其未就"每日40.6"是否为笔误或字迹潦草所致作相关核实或合理判断即提起巨额租金诉请，未秉持诚实信用原则。综上，开发区货运公司提起巨额租金诉请并据此申请财产保全冻结密尔克卫公司银行账户1000万元，存在重大过失。密尔克卫公司上诉认为开发区货运公司申请财产保全存在错误的观点成立。

关于开发区货运公司申请财产保全过错造成密尔克卫公司损失如何认定。《侵权责任法》第6条第1款[1]规定，行为人因过错侵害他人民事权益，应当承担侵权责任。保全申请人承担赔偿责任的范围应与其过错相适应，与损害事实和侵权行为之间的因果关系相适应。本案中，密尔克卫公司虽向一

---

〔1〕 已失效，现为《民法典》第1165条第1款。

审法院提交了其与母公司密尔克卫化工供应链服务股份有限公司 2018 年 2 月 7 日签订的《股东借款协议》及其母公司密尔克卫化工供应链服务股份有限公司、交通银行股份有限公司上海闵行支行于 2018 年 3 月 12 日签订的《流动资金借款合同》，但上述证据不足以证明密尔克卫公司向其母公司密尔克卫化工供应链服务股份有限公司借款 790 万元的实际归还及支付利息情况。考虑到密尔克卫公司银行账户 1000 万元被冻结期间无法正常使用导致利息损失的事实客观存在，酌情认定由开发区货运公司赔偿密尔克卫公司相应利息损失 433,554.02 元，即以保全金额 6,011,116.16 元为基础，自 2018 年 1 月 22 日起算至 2019 年 1 月 22 日按中国人民银行同期同类贷款利率计算为 261,483.55 元，以保全金额 3,988,883.84 元为基础，自 2018 年 1 月 26 日起算至 2019 年 1 月 22 日按中国人民银行同期同类贷款利率计算为 172,070.47 元。

## 案件解析

本案系保全被申请人以诉中财产保全行为错误为由请求保全申请人承担损害赔偿责任。在司法实践中，对于保全错误行为的性质如何认定、申请人的主观过错程度如何把握以及损害赔偿的责任范围和额度等问题，各地裁判机关的观点不一致。

### （一）保全错误行为的性质：一般侵权行为或特殊侵权行为

诉讼保全是法律赋予申请人的诉讼权利，但申请人行使诉讼保全权利并非可以肆无忌惮，而是须尽到合理审慎的注意义务。如果申请人没有尽到合理审慎的注意义务，滥用诉讼保全权利造成被保全人损失，须承担相应损害赔偿责任。

1．一般侵权行为与特殊侵权行为之区分

在民事法律关系中，债的发生原因包括契约、无因管理、不当得利、侵权行为。侵权行为是行为人侵害他人人身和财产利益并造成损害，违反法定义务，依法应承担民事责任的行为。[1]申请保全错误非契约、无因管理或不当得利行为，而是侵权行为。依据归责原则的不同，侵权行为又可分为一般侵权行为和特殊侵权行为。侵权法以过错责任为原则，以无过错责任、过错推定责任为例外，并以公平原则为补充。适用过错责任的是一般侵权行为，适用无过错责任和过错推定责任的侵权行为为特殊侵权行为。

2．保全错误行为属于一般侵权行为

依法律的体系解释方法，保全错误行为应当属于一般侵权行为。《民法典》第1165条规定："行为人因过错侵害他人民事权益造成损害的，应当承担侵权责任。依照法律规定推定行为人有过错，其不能证明自己没有过错的，应当承担侵权责任。"本条系对侵权归责原则中过错责任和过错推定责任的规定。《民法典》中对于过错推定和无过错责任，均有"依照法律规定""法律规定"等表述，即适用过错推定和无过错责任的情形由法律明确规定。《民法典》中并无保全错误行为适用过错推定或无过错责任的规定。《民事诉讼法》第108条规定："申请有错误的，申请人应当赔偿被申请人因保全所遭受的损失。"其区别于《民法典》中适用无过错责任的法定情形相关条款，如《民法典》第1202条规定的产品缺陷致人损害，即"因产品存在缺陷造成他人损害的，生产者应当承担侵权责任"，只要产品存在缺陷造成他人损害，不问产品生产者有无过错，产品生产者均应向因其生产的产品致损的被侵权人承担责任。但《民事诉讼法》第108条并未规定只要保全行为造成损害就应当承担责任，

〔1〕 参见王利明：《侵权行为概念之研究》，载《法学家》2003年第3期。

仅规定在申请保全错误的情况下，才需要承担责任。因此，在未有法律明确规定的情况下，保全错误行为应适用过错责任。

本案法院亦认为开发区货运公司向密尔克卫公司承担财产保全损害赔偿责任的前提是“申请有错误”，而对于财产保全损害赔偿责任，应当适用过错责任归责原则。只有在保全申请人的财产保全行为存在错误的前提下，保全申请人才需要对保全被申请人的损失承担责任。那么，什么是“申请有错误”？进言之，在什么样的情况下保全申请人的保全行为会被认定为存在主观过错？

（二）保全错误行为的构成要件

作为一般侵权行为的保全错误行为，其构成要件由侵权行为、损害结果、主观过错（故意或过失）和损害与侵权行为之间的因果联系组成。其中，侵权行为的存在、损害结果、损害与侵权行为之间的因果关系为客观要件，故意、过失的存在为主观要件。

1．客观要件

对于保全错误行为，只要诉讼案件中一方向法院申请财产保全，即可认定一方实施了客观行为。但认定保全申请人向法院申请财产保全的行为是否构成侵权，仍需对保全行为进行是否存在违法性的判断。一方申请财产保全的行为未必会造成保全被申请人的损害，即使造成损害，也须进一步判断保全申请人在主观上是否存在过错，是否违反合理审慎的注意义务。

关于损害结果，没有损害，则侵权也无从谈起，所以损害是否实际发生，也是判断保全错误行为是否成立的前提。例如，一方向法院申请财产保全，但由于各种原因（如申请人不能提出担保等）法院并未同意采取财产保全措施，则损害没有发生。又如，一方向法院申请冻结另一方的股权，但被冻结股权的一方在保全期间未计划转让股权，其股东身份和股东权益并未受到影响，那么冻结股权的保全措施对于被申请人而言则无损害。

关于损害与侵权行为之间须存在因果关系，如果损害并非由侵权行为引起，则保全错误无法成立。在认定保全错误行为时，申请保全行为须按照一般社会见解被认定为与损害后果之间存在因果关系，申请人才有可能被法院要求承担责任。例如，在海南智诚达房地产开发有限公司、郑某洪因申请诉中财产保全损害责任纠纷一案〔1〕中，法院认为，土地的开发利用具有一定的周期性；而法院查封行为仅限制土地使用权人不得办理产权变更手续，并不禁止其对土地的开发利用。因此，案涉保全措施与海南智诚达房地产开发有限公司主张的损害后果之间无因果关系。

2. 主观要件

司法实践中，对于如何把握财产保全错误的主观过错，存在一些分歧。有的法院认为申请财产保全行为是否存在违法性仅体现在申请人的诉请是否得到法院支持。但主流裁判观点认为不能仅以诉讼请求是否得到支持作为认定申请人是否存在主观过错的依据，在内江市正达房地产开发有限公司、重庆大雍建设（集团）有限公司因申请诉前财产保全损害责任纠纷一案〔2〕中，最高人民法院认为：由于当事人的法律知识、对案件事实的举证证明能力、对法律关系的分析判断能力各不相同，通常达不到司法裁判所要求的专业水平，当事人对诉争事实和权利义务的判断未必与法院的裁判完全一致。对当事人申请保全所应尽到的注意义务不应过于苛责，不能仅以诉讼请求是否得

〔1〕 参见海南智诚达房地产开发有限公司、郑某洪因申请诉中财产保全损害责任纠纷案，最高人民法院（2020）最高法民终1316号民事判决书。

〔2〕 参见内江市正达房地产开发有限公司、重庆大雍建设（集团）有限公司因申请诉前财产保全损害责任纠纷案，最高人民法院（2021）最高法民申6254号民事裁定书。

到全额支持作为认定保全行为是否错误的依据，否则必然会对善意当事人依法通过诉讼保全维护自己权益造成妨碍，影响诉讼保全制度功能的发挥。

虽然不能仅以原基础纠纷中败诉的结果来认定保全申请人存在主观过错，但基于对保全申请人提起诉讼保全应出于善意的期待，保全申请人在申请保全时应当有合理的依据。在青岛中金实业股份有限公司、滨州市中金豪运置业有限责任公司财产保全损害责任纠纷一案〔1〕中，最高人民法院明确：申请保全人是否存在故意或重大过失，要根据其诉讼请求及所依据的事实和理由考察其提起的诉讼是否合理，或者结合申请保全的标的额、对象及方式等考察其申请财产保全是否适当；申请保全人提起的诉讼合理且申请财产保全适当的，不属于故意或重大过失，否则系存在过错。所以，关于申请人过错的认定，应从当事人的主观过错、行为客观不法性等方面出发，结合案件事实综合判断。从主观因素来看，申请人一般应尽到合理审慎的注意义务，达到一般合理人标准，无故意或重大过失。从客观方面来看，申请人的财产保全申请应有基本的事实依据与法律依据，对其诉讼请求有相应的证据予以支持，不能有显而易见的不法性。具体来说，在认定保全申请人是否存在故意或重大过失上，法院通常关注如下两点：第一，申请人的起诉是否具有事实基础（如合同约定）；第二，申请人保全的财产价值是否明显超出诉讼标的。

本案中，法院认定开发区货运公司存在重大过失，主要出于两点考虑：一方面，开发区货运公司和密尔克卫公司在本案发生前曾有多年的合作，结合此前双方关于诉争仓库租金的约定以及结算情况，每日 40.6 元 / 平方米的租金标准远超双方此前约定租金的合理范畴；另一方面，开发区货运公司作为出租方，对周边同地段同类型仓库的租金标准应有合理判断，其未就“每

〔1〕 参见青岛中金实业股份有限公司、滨州市中金豪运置业有限责任公司财产保全损害责任纠纷案，最高人民法院（2017）最高法民终 118 号民事判决书。

日 40.6”是否为笔误或字迹潦草所致作相关核实或合理判断即提起巨额租金诉请，未秉持诚实信用原则。综上，开发区货运公司提起巨额租金诉请并据此申请财产保全冻结密尔克卫公司银行账户 1000 万元，存在重大过失。

### （三）财产保全错误的损失范围和赔偿责任

损害的实际发生是被申请人要求申请人承担损害赔偿责任的前提条件。在财产保全错误申请中，申请人通常申请法院对被申请人的资金、实物、房产、股权等进行冻结、查封或扣押，由此必然限制被申请人对其所有物的占有、使用、收益、处分，会对被申请人的利益造成一定损害。当然，损害的实际发生不仅仅表现为财物因被查封、冻结无法处置而贬值等财产的减损，也包括本应得到的利益因受到错误保全而未能获得，如流动资金被冻结无法获得相应利息。

不同类型财产的损失计算方法有所差别。在因现金或资金被冻结发生损失的财产保全损害责任纠纷案件中，如果被申请人有合同、资金流水单等证据证明因资金被冻结而融资或借贷并支出利息，应赔偿实际发生的利息损失。在利息损失具体金额无法证明的情况下，法院一般以中国人民银行同期同类贷款利率为基准酌情认定损失范围。

在浙江动一新能源动力科技股份有限公司（以下简称动一公司）、宁波朗辉工具有限公司（以下简称朗辉公司）因申请诉中财产保全损害责任纠纷一案〔1〕中，最高人民法院认为，朗辉公司在宁波银行莼湖支行的存款 200 万元于 2017 年 1 月 16 日被冻结，于 2018 年 8 月 20 日被解除冻结，在上述存款被冻结期间朗辉公司的利息损失应由动一公司赔偿。朗辉公司于 2016 年

〔1〕 参见动一公司、朗辉公司因申请诉中财产保全损害责任纠纷案，最高人民法院（2020）最高法知民终 521 号民事判决书。

12月15日和22日，分别向宁波银行奉化支行借款各100万元，借款期限为1年，借款年利率为5.655%；此利率可以作为至上述两笔借款到期日止朗辉公司被冻结存款利息损失的计算依据，金额为104,268.90元〔1〕。但朗辉公司所借款项为流动资金贷款用于日常经营活动，在款项被冻结期间，朗辉公司支出的全部贷款利息减去被冻结款项活期利息之差额即属朗辉公司的净损失。

本案中，关于开发区货运公司申请财产保全错误造成密尔克卫公司损失如何认定。法院认为，密尔克卫公司虽向法院提交了其与母公司密尔克卫化工供应链服务股份有限公司于2018年2月7日签订的《股东借款协议》及其母公司与交通银行股份有限公司上海闵行支行于2018年3月12日签订的《流动资金借款合同》，但上述证据不足以证明密尔克卫公司向其母公司借款790万元的实际归还及支付利息情况。考虑到密尔克卫公司银行账户1000万元被冻结期间无法正常使用导致利息损失的事实客观存在，酌情认定开发区货运公司赔偿密尔克卫公司按中国人民银行同期同类贷款利率计算的相应利息损失433,554.02元〔2〕。

## 相关法条

**《中华人民共和国侵权责任法》（已失效）**

**第六条** 行为人因过错侵害他人民事权益，应当承担侵权责任。

---

〔1〕 具体计算如下：5.655% ÷ 365 × 333 × 1000000+5.655% ÷ 365 × 340 × 1000000 = 104268.90元。

〔2〕 具体计算如下：以保全金额6,011,116.16元为基础，自2018年1月22日起算至2019年1月22日按中国人民银行同期同类贷款利率计算为261,483.55元，以保全金额3,988,883.84元为基础，自2018年1月26日起算至2019年1月22日按中国人民银行同期同类贷款利率计算为172,070.47元。

根据法律规定推定行为人有过错，行为人不能证明自己没有过错的，应当承担侵权责任。

**《中华人民共和国民法典》**

**第一千一百六十五条第一款** 行为人因过错侵害他人民事权益造成损害的，应当承担侵权责任。

**《中华人民共和国民事诉讼法》（2017年）**

**第一百零五条** 申请有错误的，申请人应当赔偿被申请人因保全所遭受的损失。

**《中华人民共和国民事诉讼法》**

**第一百零八条** 申请有错误的，申请人应当赔偿被申请人因保全所遭受的损失。

**自我思考**

# 计算机网络域名权属、侵权责任认定

张　晓◎

## 律师办案笔记〔1〕

1．**识别法律关系，确定维权方案。**

本案中域名权属证书载明案涉域名的权利人为唐某，是否意味着本案争议法律关系仅仅是域名权属？依瓦塔（上海）精密光电有限公司是否有权要求唐某赔偿？依瓦塔（上海）精密光电有限公司要求唐某赔偿的请求权基础是什么？代理律师对案涉事实进行调查后发现：第一，唐某系依瓦塔（上海）精密光电有限公司的股东之一；第二，唐某实施了修改域名管理员邮箱的行为；第三，唐某将案涉域名交由第三方使用并链接至其他公司网站，用于展示非依瓦塔（上海）精密光电有限公司的产品信息及联系方式。从其行为可以判断，案涉法律关系不仅包含域名权属，还包含侵权、不正当竞争等，仅仅从域名权属角度起诉无法破解

〔1〕1．域名：中国互联网络信息中心（CNNIC）的解释是指互联网上识别和定位计算机的层次结构式的字符标识，与该计算机的 IP 地址相对应。

2．中文域名：指含有中文文字的域名。

3．顶级域名：指域名体系中根节点下的第一级域的名称。

4．域名注册代理机构：指受域名注册服务机构的委托，受理域名注册申请，间接完成域名在顶级域名数据库中注册的机构。

5．域名管理系统：指域名注册管理机构在境内开展顶级域名运行和管理所需的主要信息系统，包括注册管理系统、注册数据库、域名解析系统、域名信息查询系统、身份信息核验系统等。

6．域名跳转：指对某一域名的访问跳转至该域名绑定或者指向的其他域名、IP 地址或者网络信息服务等。

难题，更无法维护依瓦塔（上海）精密光电有限公司的合法权益，故从侵权的角度提起诉讼并立案。

2. **把握案件切入点，突破性地从商标专用权角度帮助法院认定案件事实。**

本案中，虽然案涉域名权属证书上登记的域名为依瓦塔（上海）精密光电有限公司，但该事实不能直接认定唐某持有前述域名权属证书的合法性，更不能否认依瓦塔（上海）精密光电有限公司对案涉域名享有的权利。在此情况下，如何论述职务行为或者寻求其他证据帮助法官判断显得尤为重要。经过深入讨论，代理律师决定从商标专用权切入并结合职务行为进行论证。代理律师始终认为要解决域名权属争议问题，必须突破权属本身，否则会陷入一叶障目，无法从根源上解决问题。结合域名注册是个人行为还是职务行为、商标核心文字与域名名称竞合、域名费用支付等一系列事实、证据加以综合判断，反而能够创造性地解决域名的权属争议问题。

## 案例信息

**原告：**依瓦塔（上海）精密光电有限公司

**被告：**嘉善依瓦塔自动化科技有限公司（以下简称嘉善依瓦塔公司）、唐某

**案号：**（2017）浙04民初7号

## 基本案情

被告唐某原系原告依瓦塔（上海）精密光电有限公司员工。2008年11月，

唐某作为原告代表与北京中搜网络技术有限公司上海分公司（以下简称中搜公司）签订合同，由后者为原告申请注册顶级域名 www.uvata.com 及中文域名 www.uvata.cn。后原告通过唐某个人账户将服务费汇至中搜公司账户。11 月 24 日，上述域名获得注册。

此后，原告就上述域名向相关公司支付了网站及域名服务费、技术服务费等，唐某代为支付的费用也全部在原告处进行了报销。唐某确认上述域名注册后一直由原告用作其官方网站，推广光学仪器等机电产品。另外，中国国家顶级域名证书显示，域名 www.uvata.cn 的注册日期为 2011 年 10 月 11 日。原告就上述域名的注册、维护向相关公司支付了域名费、空间费、年费等。2016 年 11 月 10 日，经原告申请，上海市松江公证处对输入网址 www.uvata.com 后出现的被告嘉善依瓦塔公司的简介及产品展示进行了证据保全。

原告代理人认为，被告唐某未经其同意，将案涉域名注册在自己名下，并用于嘉善依瓦塔公司的经营，给原告造成了损失，故诉至法院，请求确认相关域名为原告所有，并判令两被告立即停止使用并赔偿损失。两被告辩称，注册系争域名是唐某个人行为，系争域名为唐某所有，嘉善依瓦塔公司系经唐某授权正当使用域名。

自 2008 年 10 月，即原告成立之日起，被告唐某便是原告的员工之一。对于前述事实有劳动合同、社保缴纳记录予以佐证。

2008 年 11 月 15 日，原告与案外人中搜公司签订《“企业门户”产品及服务合同》，就注册域名事宜予以约定，唐某作为公司代表在前述协议上签字。2008 年 11 月 24 日，原告成功注册 www.uvata.com 域名。原告将该域名解析，并于 2008 年开始向商标局申请商标，2010 年获得商标局颁发的商标专用权证书。前述证据清楚地显示原告将“uvata”作为自身的核心品牌，用于产品推广及生产，被告唐某对前述事实没有异议。

2010年8月原告与案外人上海九九信息科技有限公司签订《网站/邮箱服务合同》，后者向原告提供域名 www.uvata.com 的网站托管及域名服务，原告支付了相应的域名托管费及域名服务费。2010年11月原告与百度在线网络技术（北京）有限公司上海软件技术分公司签订《百度推广服务合同》，双方就 www.uvata.com 推广事宜进行了约定。自前述服务合同签订之日至2016年6月，一直由原告支付推广费用。2011年10月11日，被告唐某申请注册了域名 www.uvata.cn，该域名对应的公司名称为依瓦塔（上海）精密光电有限公司。

2016年8月，未经原告同意，被告唐某将域名 www.uvata.com、www.uvata.cn 交给被告嘉善依瓦塔公司使用，用于推广光学机电产品。

互联网域名注册全部实行“先申请先注册”原则，申请人注册成功后即取得域名权属证书，之后他人若要主张对相关域名的权利，或通过 CNNIC 授权的中国国际经济贸易仲裁委员会域名争议解决中心解决，或选择法院进行司法救济。本案主要争议焦点在于在公司员工持有域名权属证书的情况下，如何判断域名归公司还是员工所有。

对此，代理律师说服法官，不能仅凭域名权属证书作出认定，还应结合域名注册是个人行为还是职务行为、域名实际使用历史等一系列事实、证据加以判断。

## ▷▷ 争议焦点

1. 持有顶级国际域名证书以及中国国家顶级域名证书就等同于享有案涉域名的所有权

唐某认为，因其本人持有顶级国际域名证书以及中国国家顶级域名证书，且两份证书上均出现唐某的姓名，故系争域名应当归属于他。然而，原告认为唐某持有顶级域名证书之事实并不能直接证明唐某对系争域名享有所有权。

唐某注册域名的行为系职务行为。职务行为是指相关人员在工作时间、工作场所内行使，实施后的法律效果归于公司的行为。唐某作为原告市场部负责人在职责范围内实施的网站注册、市场开拓等业务行为的法律效果当然归于公司。反之，如果原告因唐某的行为对外形成了债权或侵犯了第三人的合法权益，因唐某的行为性质属于职务行为，必然会由原告承担相应债务或者承担赔偿责任。

域名的实际权利人在特定条件下享有否认顶级域名证书指向的权利人之权利。前述两份证书均明确阐明："以下说明与本证书主文一起构成本证书统一整体，不可分割……2. 本证书并不表明域名所属注册机构对本证书所列域名是否存在贬斥、侵害或毁损任何第三人之合法权利……"换言之，一旦有相关证据证明，域名的实际权利人就能直接否认唐某对域名享有的权利。

由此，原告认为唐某的行为系职务行为，在原告有证据证明其为系争域名实际权利人的情况下，原告对系争域名享有所有权。

2. 两被告的行为是否构成共同侵权，是否应当承担损害赔偿责任

据两被告在第一次庭审中的陈述，嘉善依瓦塔公司系原告的关联公司，两被告之前并不相识，唐某只是无偿将网站"借给"嘉善依瓦塔公司使用。然而，原告认为嘉善依瓦塔公司与唐某的行为构成了恶意共同侵权。理由如下：

第一，未经原告同意，唐某擅自决定将属于原告的域名交给嘉善依瓦塔公司使用的行为显属侵权。唐某在一审中明确承认其于 2016 年将案涉域名交给嘉善依瓦塔公司使用，但是属于无偿使用。原告认为，无论嘉善依瓦塔公司是否向唐某支付对价，其行为本身都已经构成侵权。

第二，嘉善依瓦塔公司既然主张其为原告的关联公司，表明其对原告公

司的名称以及经营的产品类型至少是知晓的，在使用域名之前，嘉善依瓦塔公司也应当对域名的来源尽到相应的注意义务。而嘉善依瓦塔公司使用了域名并在网站上宣传推广与原告相似的产品，由此推定嘉善依瓦塔公司为恶意侵权。

第三，原告提交的公证书显示，被侵权网站预留的联系地址为上海市松江区广富林路，与唐某的居住地相吻合。庭审结束后，唐某又将地址变更为嘉善县大云镇创业路。即使嘉善依瓦塔公司在接到法院传票前善意地使用了原告的网站，在第一次庭审后也应当知晓案涉域名存在争议之事实，继续使用势必会侵犯原告的权益。然而，嘉善依瓦塔公司不仅没有停止侵权，反而在唐某的支持下继续使用域名，其行为显属存在主观恶意。

第四，嘉善依瓦塔公司与唐某委托了同一名律师代理本案，间接证明唐某与嘉善依瓦塔公司之间相互勾结，共同实施了侵权行为。

第五，两被告的侵权行为造成的根本后果是，原告无法通过网站的途径接到任何订单，严重影响了其正常经营，特别是境外客户无法知晓其真实的情况，给原告造成的损失是显而易见的。由此，嘉善依瓦塔公司与唐某存在恶意侵权的故意并共同实施了恶意侵权的行为。

## ▶▶ 案件解析

本案的特殊之处在于其创造性地引入了商标专用权来解决域名问题。域名 www.uvata.com 中的“uvata”单词与原告英文商标名称中的主要识别部分“uvata”相符，引证商标系文字商标，其外观与域名基本一致。虽然，其归属不同的法律规定，但从权利人的角度来看，必然最终指向特定的群体。如果原告未援引商标专用权，就无法将商标与域名形成关联，更无法说服法官从商标的角度解决域名的问题。

论述并证明职务行为之存在也是本案原告能够胜诉的关键。唐某系经原告授权从事注册域名 www.uvata.com 的相关工作，费用也由原告报销，结合相关事实足以认定唐某注册域名 www.uvata.com 的行为系职务行为，该域名应归属原告。同理，域名 www.uvata.cn 亦应确认归原告所有。唐某在明知 www.uvata.com 域名由来及真实权属的情况下，还以自己名义注册域名 www.uvata.cn，显属侵权。

侵权事实是连接商标专用权与职务行为的桥梁。系争域名注册后实际由原告使用，用于公司业务拓展、对外宣传。综上，法院认定两个系争域名均应归原告所有。唐某将系争域名交由嘉善依瓦塔公司使用，推广与原告相同或类似的产品，主观恶意明显，其行为构成侵权。嘉善依瓦塔公司使用系争域名，推广与原告相同或类似产品，客观上易使相关公众产生误认，其行为亦构成侵权。据此，法院判决两被告停止使用系争域名，唐某赔偿原告 30,000 元，嘉善依瓦塔公司赔偿原告 10,000 元。

宣判后，唐某、嘉善依瓦塔公司提起上诉。二审法院判决驳回上诉，维持原判。

## 法律分析

计算机网络域名的一个显著特征是其在网络环境下产生了与商标、商号等相类似的一种区别域名使用人及其服务的标识性功能。域名纠纷案件的范围、案由、管辖以及认定侵权的主客观要件都是审查和审理的焦点。域名纠纷侵权案件在实践中时有发生，本文将从办理案件的角度进行解析。

我国对于域名争议目前有两种解决方式：一种是通过有争议的域名投诉，另一种是通过有争议的域名司法诉讼。为了解决国际顶级域名争议，互联网名称与数字地址分配机构（ICANN）在全球范围内建立了统一的域名争议解决机制，并批准了相应的争议解决机构。然而，域名争议仲裁虽然名义上叫作“仲裁”，但它不是仲裁法意义上的法律程序，与诉讼程序相互排斥。域名争议仲裁是一种不排除司法管辖权的民事快速纠纷解决机制。

对于与域名相关的争议纠纷，当事人均可向中国境内有管辖权的人民法院起诉。域名争议诉讼在纠纷来源上可分为两大类型，第一类是权利人直接起诉域名持有人的侵权之诉，第二类是域名争议解决机构裁决注销或转移争议域名，域名持有人不服，向法院提起的确认域名权属或者确认不侵权之诉。

围绕域名注册、使用等而产生的民事纠纷，具有相同的特点和适用法律的一致性。法院受理的域名纠纷案件，是指所有涉及计算机网络域名注册、使用等行为的民事纠纷案件，包括域名与商标、商号、有一定影响商品名称、姓名等权利主体之间的纠纷案件。根据最高人民法院发布的《民事案件案由规定》及司法实践，涉及域名纠纷案件的法律关系以及对应的案由实际上可以分为三大类：第一类是网络域名合同纠纷，包括网络域名注册、转让及许可使用产生的合同纠纷；第二类是网络域名权属、侵权纠纷；第三类是网络域名的注册、使用构成对他人在先权益的侵害引发的纠纷，这也是实践中常见的纠纷。此类纠纷应根据双方当事人争议的法律关系的性质确定案由，如侵犯商标权纠纷或者不正当竞争纠纷。根据《统一域名争议解决政策之规则》第 1 条的定义，交互管辖法域是指注册商主营业机构所在地的法院管辖，或投诉提交争议解决机构之时域名注册信息所显示的域名持有人的地址所在地的法院管辖。

最高人民法院《关于审理涉及计算机网络域名民事纠纷案件适用法律若干问题的解释》第 4 条对域名侵权的构成要件进行了规定。由于该司法解释没有明确规定针对域名注册和使用行为的合法权益类型，实际给了权利人一个相对宽泛的权利主张范围，商标权、著作权、企业字号、域名等各类商业标识所形成的合法权益都可包括在内，前述内容为本案最终赢得胜诉提供了空间。

## 相关法条

**《中华人民共和国侵权责任法》（已失效）**

**第六条** 行为人因过错侵害他人民事权益，应当承担侵权责任。

根据法律规定推定行为人有过错，行为人不能证明自己没有过错的，应当承担侵权责任。

**第七条** 行为人损害他人民事权益，不论行为人有无过错，法律规定应当承担侵权责任的，依照其规定。

**第八条** 二人以上共同实施侵权行为，造成他人损害的，应当承担连带责任。

**第九条** 教唆、帮助他人实施侵权行为的，应当与行为人承担连带责任。

教唆、帮助无民事行为能力人、限制民事行为能力人实施侵权行为的，应当承担侵权责任；该无民事行为能力人、限制民事行为能力人的监护人未尽到监护责任的，应当承担相应的责任。

**第十条** 二人以上实施危及他人人身、财产安全的行为，其中一人或者数人的行为造成他人损害，能够确定具体侵权人的，由侵权人承担责任；不能确定具体侵权人的，行为人承担连带责任。

**第十一条** 二人以上分别实施侵权行为造成同一损害，每个人的侵权行为都足以造成全部损害的，行为人承担连带责任。

**第十二条** 二人以上分别实施侵权行为造成同一损害，能够确定责任大小的，各自承担相应的责任；难以确定责任大小的，平均承担赔偿责任。

**第十三条** 法律规定承担连带责任的，被侵权人有权请求部分或者全部连带责任人承担责任。

**第十四条** 连带责任人根据各自责任大小确定相应的赔偿数额；难以确定责任大小的，平均承担赔偿责任。

支付超出自己赔偿数额的连带责任人，有权向其他连带责任人追偿。

**《中华人民共和国民法典》**

**第一百七十八条** 二人以上依法承担连带责任的，权利人有权请求部分或者全部连带责任人承担责任。

连带责任人的责任份额根据各自责任大小确定；难以确定责任大小的，平均承担责任。实际承担责任超过自己责任份额的连带责任人，有权向其他连带责任人追偿。

连带责任，由法律规定或者当事人约定。

**第一千一百六十五条** 行为人因过错侵害他人民事权益造成损害的，应当承担侵权责任。

依照法律规定推定行为人有过错，其不能证明自己没有过错的，应当承担侵权责任。

**第一千一百六十六条** 行为人造成他人民事权益损害，不论行为人有无过错，法律规定应当承担侵权责任的，依照其规定。

**第一千一百六十八条** 二人以上共同实施侵权行为，造成他人损害的，应当承担连带责任。

**第一千一百六十九条** 教唆、帮助他人实施侵权行为的，应当与行为人承担连带责任。

教唆、帮助无民事行为能力人、限制民事行为能力人实施侵权行为的，应当承担侵权责任；该无民事行为能力人、限制民事行为能力人的监护人未尽到监护职责的，应当承担相应的责任。

**第一千一百七十条** 二人以上实施危及他人人身、财产安全的行为，其中一人或者数人的行为造成他人损害，能够确定具体侵权人的，由侵权人承担责任；不能确定具体侵权人的，行为人承担连带责任。

**第一千一百七十一条** 二人以上分别实施侵权行为造成同一损害，每个人的侵权行为都足以造成全部损害的，行为人承担连带责任。

**第一千一百七十二条** 二人以上分别实施侵权行为造成同一损害，能够确定责任大小的，各自承担相应的责任；难以确定责任大小的，平均承担责任。

**《互联网域名管理办法》**

**第六条** “.CN”和“.中国”是中国的国家顶级域名。

中文域名是中国互联网域名体系的重要组成部分。国家鼓励和支持中文域名系统的技术研究和推广应用。

**第七条** 提供域名服务，应当遵守国家相关法律法规，符合相关技术规范和标准。

**第八条** 任何组织和个人不得妨碍互联网域名系统的安全和稳定运行。

**自我思考**

# 突破“合同相对性”原则，确定真实违约方

彭 俊◎

## 律师办案笔记

上海乙企业一审败诉后，委托本所律师提起上诉。代理律师接受委托后，立即对案件的事实和法律关系进行仔细的核实与研究。在以时间顺序对案件事实进行梳理后，代理律师发现，虽然上海乙企业确实与甲能源公司签订了《风电项目合作服务合同》，但在此之前，甲能源公司与丙能源公司已就合作项目进行了沟通并签订了相同的《风电项目合作服务合同》，且双方已根据在先的合同履行了股权转让、款项支付等合同义务。在前期沟通、项目履行、后续跟进等合同各流程中，上海乙企业均未参与，而是由甲能源公司直接与丙能源公司对接沟通，在此情形下，在后的合同事实上不存在履行可能，该合同不可能是甲能源公司与上海乙企业的真实意思表示。

同时，代理律师研究发现，甲能源公司在与丙能源公司、上海乙企业后续沟通过程中，均以在先的《风电项目合作服务合同》为依据。而甲能源公司明知上海乙企业系受丙能源公司委托，以丙能源公司代理人身份收取合同款项，签署合同与承诺函，合同与承诺函并非上海乙企业的真实意思表示，而是上海乙企业以自身名义，在委托人丙能源公司授权范围内进行的民事法律行为。

诚然，合同相对性原则是《合同法》（已失效）的重要原则之一，

但根据《合同法》第402条[1]的规定，甲能源公司在与上海乙企业签订《风电项目合作服务合同》时明知上海乙企业与丙能源公司的代理关系，此时合同相对性原则不再适用，而应当还原各方的真实意思表示，使《风电项目合作服务合同》直接约束甲能源公司与丙能源公司。

## 案例信息

**原告：** 甲能源公司

**被告：** 上海乙企业

**案号：** （2022）粤0402民初2484号

## 基本案情

甲能源公司与上海乙企业于2019年8月2日就河南某风电项目签订《风电项目合作服务合同》，合同约定双方签署合同后，上海乙企业配合甲能源公司收购项目公司95%股权。股权转让完成后，甲能源公司向上海乙企业支付项目订金*50万元。若河南某风电项目未能取得核准或项目无法实施，上海乙企业应向甲能源公司退还50万元项目订金，甲能源公司向上海乙企业或其指定的第三方转回项目公司95%股权。《风电项目合作服务合同》同时约定，因上海乙企业原因造成项目无法实施或实施困难的，上海乙企业应赔偿甲能源公司损失，退还50万元项目订金，并向甲能源公司支付50万元违约金。

---

〔1〕已失效，现为《民法典》第925条。

* 此处应使用定金，但甲能源公司与上海乙企业约定时，使用的是订金，故在此处说明，后文不一一赘述。——编者注

2019年8月13日、27日，河南省平顶山市及河南省发展和改革委员会分别在官网发布《平顶山市“十三五”分散式风电增补项目公示》《关于调整河南省“十三五”分散式风电开发方案的通知》。前述公示及通知显示，增补项目中未包含案涉项目。甲能源公司要求上海乙企业返还50万元项目订金未果，遂于2020年9月22日将上海乙企业诉至法院，请求判令上海乙企业退还项目订金50万元及支付违约金50万元，合计100万元。

## ▷▷ 争议焦点

本案争议焦点为：被告上海乙企业与原告甲能源公司签订了《风电项目合作服务合同》是否就可以认定案涉合同对双方产生约束力。

本案中，原告认为，被告为案涉合同签署方，且收取了案涉款项，应当认定为项目的实际履行方，从而应当根据案涉合同约定承担违约责任；而被告提出的抗辩事由为，尽管其签署了案涉合同，也收取了案涉款项，但被告系河南某风电项目实际履行方的代理人，诉争《风电项目合作服务合同》应当约束甲能源公司与实际履行方，不应当由其承担违约责任。

本案审理过程中，甲能源公司与项目实际履行方均否认上海乙企业为项目实际履行方的代理人。

## ▶▶ 案件解析

本案由广东省珠海市香洲区人民法院于2021年1月28日作出一审判决，支持原告甲能源公司的诉讼请求，被告上海乙企业不服，遂委托本所律师向广东省珠海市中级人民法院提起上诉。

代理律师接受上海乙企业委托，对案件进行研究后发现，虽然上海乙企业与甲能源公司确实签订了《风电项目合作服务合同》，但上海乙企业实际上系受丙能源公司及丙能源公司的实际控制人曹某某委托与甲能源企业签订合同，上海乙企业与甲能源公司之间没有实际履行案涉合同的真实意思表示。案件详细解析如下。

（一）案件详细事实

丙能源公司系曹某某独资的有限责任公司，股东、法定代表人均系曹某某。2019 年 5 月 10 日，甲能源公司与丙能源公司签订《风电项目合作服务合同》（实质内容与案涉合同一致），合同约定丙能源公司负责完成项目开发、协调、取得核准审批文件等工作。双方签署合同后 5 个工作日内，丙能源公司需配合甲能源公司收购项目公司 95% 股权，股权转让完成后，甲能源公司需在 10 个工作日内向丙能源公司或其指定的财务公司支付项目订金 50 万元。若项目未取得核准或无法实施，丙能源公司应将 50 万元无条件退回甲能源公司，甲能源公司收到退款后 10 个工作日内将项目公司 95% 股权转让给丙能源公司或其指定的第三方。合同违约责任约定，因丙能源公司原因造成项目无法实施或实施困难的，丙能源公司应退还甲能源公司已支付款项，同时赔付甲能源公司 50 万元作为违约金。

上述合同签订后，2019 年 6 月 3 日，项目公司 95% 股权变更至甲能源公司关联公司名下，剩余 5% 股权由曹某某持有。

同日，案外人李某一通过微信向甲能源公司项目经办人李某二发出一份《财务公司授权委托书》，落款处有丙能源公司盖章与曹某某签字，落款日期为 2019 年 5 月 1 日。《财务公司授权委托书》内容包括：“贵方与我方于 2019 年 5 月签订了《风电项目合作服务合同》，现已将项目公司转给贵方。上海乙企业为我方财务公司，现特指定上海乙企业为我方项目服务费收款公司，并履行与贵司代收代缴义务。”次日，李某二向李某一表示“需要先开发票公司才打款”。2019 年 6 月 13 日，李某二通过微信向李某一提出“要把公司和法人修改一下”，“修改成上海的（上海乙企业）”。当日，曹某某微信通知李某一“把合同寄给甲能源公司关联公司”，李某一回复两张图片，图片显示《风电项目合作服务合同》首页服务方为上海乙企业，末页落款处乙方盖有上海乙企业印章及上海乙企业法定代表人印章。落款日期与甲方处为空白。

2019 年 7 月 15 日，曹某某在“河南某风电项目”微信群（群内共四人，分别为李某二、王某某、李某一、曹某某）内要求甲能源公司支付项目订金 50 万元。2019 年 7 月 19 日，甲能源公司向上海乙企业支付了 50 万元。

2019 年 8 月 2 日，甲能源公司与上海乙企业签订了案涉《风电项目合作服务合同》，内容与上述甲能源公司与丙能源公司签订的《风电项目合作服务合同》一致。

2019 年 8 月 13 日、27 日，河南省平顶山市及河南省发展和改革委员会分别在官网发布《平顶山市“十三五”分散式风电增补项目公示》《关于调整河南省“十三五”分散式风电开发方案的通知》。前述公示及通知显示，增补项目中未包含案涉河南某风电项目。

2019 年 8 月 23 日至 9 月 15 日，李某二与王某某在“河南某风电项目”微信群内询问项目核准情况，曹某某两次回复“等消息”“这个星期有结果”。

2020 年 4 月 19 日，李某二通过微信向曹某某发出《关于河南某风电项目的联系函》，受文对象为上海乙企业与曹某某，落款处盖有甲能源公司关联公司印章，联系函内容包括要求上海乙企业在 10 个工作日之内退还 50 万元项目订金。曹某某随即向李某二发送一张承诺函图片，图片显示承诺函受文对象为甲能源公司关联公司，落款处盖有上海乙企业印章及上海乙企业法定代表人印章，落款日期为 2019 年 7 月 1 日。承诺函内容包括："我司承诺：现项目核准已在申报办理中，若因我方原因核准（项目支持性文件）未办理成功，贵司所支付的 50 万元将予以全额退还。"

甲能源公司催要 50 万元款项未果，遂于 2020 年 9 月 22 日将上海乙企业诉至法院。

### （二）案件难点

本案对上海乙企业而言，存在多项不利证据：甲能源公司与上海乙企业签订有《风电项目合作服务合同》；甲能源公司系向上海乙企业支付 50 万元项目订金；上海乙企业向甲能源公司关联公司出具承诺函，承诺若项目核准未办理成功，将退还 50 万元项目订金。

根据合同相对性原则，以上事实在通常情况下足以认定甲能源公司与上海乙企业之间的合同关系成立，上海乙企业应按照《风电项目合作服务合同》之约定向甲能源公司承担违约责任。且审理过程中，原告甲能源公司陈述其与丙能源公司签订的《风电项目合作服务合同》未实际履行，后续由上海乙企业实际履行合同；第三人曹某某陈述其对甲能源公司与上海乙企业之间的《风电项目合作服务合同》不知情，丙能源公司并未委托上海乙企业与甲能源公司签订合同。在甲能源公司与丙能源公司曹某某均不认可上海乙企业系项目实际履行方的代理人的情况下，要使法院认定上海乙企业系丙能源公司的代理人，必须从事实与法律关系出发，还原各方真实意思表示。

### （三）上诉意见

代理律师研究案件及相关事实、证据后，从以下几方面提出上诉意见。

1．甲能源公司与上海乙企业之间并无签订并履行《风电项目合作服务合同》的真实意思表示

以时间顺序对相关事实及证据进行梳理，可以发现：

2019 年 4 月 24 日，甲能源公司与丙能源公司、曹某某在“河南某风电项目”微信群内确认《风电项目合作服务合同》信息。

2019 年 5 月 10 日，甲能源公司与丙能源公司签署了《风电项目合作服务合同》。

2019 年 6 月 3 日，曹某某根据《风电项目合作服务合同》约定，将项目公司 95% 股权转让给了甲能源公司关联公司。同日，李某一通过微信向李某二发出了丙能源公司盖章与曹某某签字的《财务公司授权委托书》，落款日期为 2019 年 5 月 1 日，明确甲能源公司与丙能源公司已于 2019 年 5 月签订了《风电项目合作服务合同》，丙能源公司已将项目公司股权转让给甲能源公司。丙能源公司明确上海乙企业为其财务公司，委托上海乙企业收取项目服务款项。

2019 年 7 月 19 日，甲能源公司向上海乙企业付款 50 万元。同日，上海乙企业在扣除代曹某某向案外人归还的借款后，所余金额全部向曹某某支付。

2019 年 8 月 2 日，甲能源公司与上海乙企业重新签署《风电项目合作服务合同》。

2019 年 8 月 23 日，甲能源公司向曹某某询问河南某风电项目核准情况。9 月期间，甲能源公司亦多次与曹某某沟通项目进展。

从以上内容可以看出，虽然甲能源公司与上海乙企业确实形式上签订了《风电项目合作服务合同》，但在河南某风电项目前期谈判沟通、项目履行（转让项目公司 95% 股权）、项目进展跟进等全流程各阶段中，甲能源公司均是直接与丙能源公司及曹某某沟通，上海乙企业并未参与。

同时，甲能源公司（甲方）与上海乙企业（乙方）签订《风电项目合作服务合同》的时间为2019年8月2日，《风电项目合作服务合同》中约定“甲、乙双方签署本合同后5个工作日内，乙方需配合甲方指定公司收购项目公司95%股权，股转完成后，甲方需在10个工作日内向乙方或乙方指定财务公司支付项目订金50万元整。”而由上述内容可知，早在2019年6月3日，项目公司95%股权即已转让给甲能源公司关联公司，而甲能源公司于2019年7月19日就已支付项目订金50万元。因此，甲能源公司与上海乙企业8月2日再次约定将项目公司95%股权转让给甲能源公司指定公司，事实上已经没有履行可能。甲能源公司与上海乙企业签订的《风电项目合作服务合同》不可能是双方的真实意思表示。

2．上海乙企业系受丙能源公司委托与甲能源公司签署《风电项目合作服务合同》

2019年5月10日甲能源公司（甲方）与丙能源公司（乙方）签署的《风电项目合作服务合同》约定“股转完成后，甲方需在10个工作日内向乙方或乙方指定财务公司支付项目订金50万元整”，而有丙能源公司盖章与曹某某签字的《财务公司授权委托书》亦载明“上海乙企业为我方财务公司，现特指定上海乙企业为我方项目服务费收款公司”。由以上事实可知，上海乙公司实质上系丙能源公司“指定的财务公司”，即丙能源公司系委托上海乙企业代收河南某风电项目订金50万元。上述事实与上海乙企业收到甲能源公司付款当日即向曹某某付款的事实亦能相互印证。

除作为财务公司受托收款外，上海乙企业与甲能源公司签订《风电项目合作服务合同》的行为亦是受丙能源公司委托。尽管丙能源公司与上海乙企业并未就委托事项签署书面文件，但由微信聊天记录可知，曹某某于2019年6月13日通知案外人李某一将上海乙企业单方盖章的合同寄给甲能源公司关联公司，表明上海乙企业与甲能源公司的签约行为是在丙能源公司曹某某授权下完成的，该行为亦与上海乙企业作为丙能源公司指定的财务公司代收项目订金的行为相互印证。

3. 甲能源公司对于上海乙企业系丙能源公司代理人的事实是明知的

2019 年 5 月 1 日，丙能源公司与曹某某出具了《财务公司授权委托书》，明确了两项事实，即甲能源公司与丙能源公司已于 2019 年 5 月就河南某风电项目订立了《风电项目合作服务合同》；上海乙企业系丙能源公司财务公司、项目服务费收款公司。2019 年 6 月 3 日，甲能源公司收到了上述《财务公司授权委托书》。

2020 年 4 月 19 日甲能源公司关联公司出具的《关于河南某风电项目的联系函》中亦明确提及《财务公司授权委托书》，证明甲能源公司对于上海乙企业在河南某风电项目中的丙能源公司代理人身份是明确知悉的，这与甲能源公司述称的上海乙企业是河南某风电项目实际履行方自相矛盾。甲能源公司明知，其与上海乙企业签订的《风电项目合作服务合同》仅用于其付款流程的内部合规需要，且从未就《风电项目合作服务合同》的订立、履行与上海乙企业进行过任何沟通或对接。

4. 上海乙企业与甲能源公司之间的合同并未取代丙能源公司与甲能源公司之间实际履行的《风电项目合作服务合同》

（1）甲能源公司系基于其与丙能源公司之间的《风电项目合作服务合同》受让项目公司 95% 股权。甲能源公司与丙能源公司之间的《风电项目合作服务合同》签订于 2019 年 5 月 10 日；甲能源公司关联公司从曹某某等处受让项目公司 95% 股权是在 2019 年 6 月 3 日。在上述两个时间节点，甲能源公司与上海乙企业之间未发生任何联系。

（2）甲能源公司系基于其与丙能源公司之间的《风电项目合作服务合同》

支付50万元项目订金。甲能源公司与丙能源公司2019年5月10日签订的《风电项目合作服务合同》第3条“费用支付及方式”第2段约定“股转完成后，甲方需在10个工作日内向乙方或乙方指定财务公司支付项目订金50万元整”。项目公司股权转让行为于2019年6月3日发生，同日甲能源公司收到了丙能源公司与曹某某出具的《财务公司授权委托书》。甲能源公司向上海乙企业支付50万元项目订金的时间为2019年7月19日。在上述时间节点，甲能源公司与上海乙企业之间未订立任何协议。

（3）甲能源公司关联公司系基于甲能源公司与丙能源公司之间的《风电项目合作服务合同》要求上海乙企业退还50万元项目订金。甲能源公司关联公司出具《关于河南某风电项目的联系函》的时间为2020年4月19日，联系函亦明确指向2019年5月签订的《风电项目合作服务合同》以及丙能源公司与曹某某出具的《财务公司授权委托书》。在上述时间节点，甲能源公司是在认为河南某风电项目已无法获得核准，无法继续履行合同的背景下出具的联系函，证明此时甲能源公司亦认定其实际履行的是2019年5月10日与丙能源公司签订的《风电项目合作服务合同》。

综上，甲能源公司自始至终均基于与丙能源公司于2019年5月10日签订的《风电项目合作服务合同》履行合同权利义务，其与上海乙企业于2019年8月2日签订的合同从未取代前述合同。

5. 本案应不适用合同主体相对性原则

合同相对性原则是合同法的重要原则，包括合同主体相对性原则、合同内容相对性原则、合同责任相对性原则等。综合本案实际情况，本案不应适用合同主体相对性原则。诚然，合同主体相对性原则是合同纠纷中重要的一项原则，但不是唯一的原则。

根据《合同法》（已失效）第402条之规定：受托人以自己的名义，在委托人的授权范围内与第三人订立的合同，第三人在订立合同时知道受托人与委托人之间的代理关系的，该合同直接约束委托人和第三人，但有确切证据证明该合同只约束受托人和第三人的除外。本案中，上海乙企业系以自身名义与甲能源公司订立了《风电项目合作服务合同》，但根据本案事实与证据，足以认定上海乙企业与丙能源公司之间属于委托代理关系，丙能源公司为委托人，上海乙企业为受托人，况且甲能源公司自始就明知上海乙企业与丙能源公司的代理关系。故本案中，《风电项目合作服务合同》应直接约束丙能源公司与甲能源公司，合同权利义务应直接由丙能源公司承担，合同真实的法律关系与意思表示清晰明确。《合同法》第402条突破了合同主体相对性原则，还原了民事主体真实的意思表示，本案应优先适用《合同法》第402条。

二审法院采纳了代理律师的上诉意见，本案二审发回重审。一审法院另组合议庭开庭审理后认定："在2019年8月2日甲能源公司与上海乙企业签订《风电项目合作服务合同》之前，甲能源公司已于2019年5月10日与丙能源公司签订内容完全相同的《风电项目合作服务合同》，且该合同签订后，2019年6月3日，丙能源公司法定代表人曹某某按合同约定将项目公司的95%股权变更为由甲能源公司指定的关联公司持有，合同已经在履行中。"从审理查明的事实来看，"在上海乙企业受托与甲能源公司签订《风电项目合作服务合同》前后，合同一直是丙能源公司在履行，本案并无证据证明上海乙企业有履行该合同的事实……本院认为，涉案2019年8月2日的《风电项目合作服务合同》系上海乙企业受丙能源公司委托与甲能源公司签订，且甲能源公司在签订合同时知道上海乙企业与丙能源公司之间的代理关系……该合同应直接约束委托人丙能源公司与甲能源公司。被告上海乙企业对此提出的抗辩意见，有事实和法律依据，本院予以采纳"。

最终，广东省珠海市香洲区人民法院判决驳回原告甲能源公司的全部诉讼请求。

## 相关法条

**《最高人民法院关于适用〈中华人民共和国民法典〉时间效力的若干规定》**

**第一条第二款** 民法典施行前的法律事实引起的民事纠纷案件，适用当时的法律、司法解释的规定，但是法律、司法解释另有规定的除外。

**《中华人民共和国合同法》（已失效）**

**第九条第二款** 当事人依法可以委托代理人订立合同。

**第四百零二条** 受托人以自己的名义，在委托人的授权范围内与第三人订立的合同，第三人在订立合同时知道受托人与委托人之间的代理关系的，该合同直接约束委托人和第三人，但有确切证据证明该合同只约束受托人和第三人的除外。

**《中华人民共和国民法典》**

**第九百二十五条** 受托人以自己的名义，在委托人的授权范围内与第三人订立的合同，第三人在订立合同时知道受托人与委托人之间的代理关系的，该合同直接约束委托人和第三人；但是，有确切证据证明该合同只约束受托人和第三人的除外。

**自我思考**

# 伪卡交易情形下发卡行与收单行之间的民事责任认定

朱以林 ◎

## 律师办案笔记

1. **厘清发卡行与收单行之间的法律关系，突破性地以此为切入口以维护客户权益。**

跨行交易涉及主体较多，包括持卡人、发卡行、中国银联股份有限公司（以下简称银联）、收单行、特约商户；而在伪卡交易引发的纠纷之中，还要增加制作伪卡进行交易的犯罪分子等主体，法律关系更加复杂。

最高人民法院在《关于当前商事审判工作中的若干具体问题》（2015年）中提及银行卡纠纷案件之时指出：应注意正确界定各主体之间的法律关系，明确各主体义务，正确确定法律责任。在审理银行卡纠纷案件之时，一般是持卡人为原告，其余主体为被告，因此，在审理此类案件之时，往往是以持卡人为中心来界定持卡人与其他主体之间的法律关系。

在很多情况下，持卡人往往是基于银行卡合同法律关系起诉发卡行。因此，最高人民法院在《关于当前商事审判工作中的若干具体问题》（2015年）中指出："发卡行因第三人制作伪卡构成违约的，应当向持卡人承担违约责任。发卡行承担责任后，有权向第三人主张权利。"这里的"违约"依据的法律关系显然是合同关系。需要指出的是，该段文字中的后一个"第三人"不是特指前面所述的制作伪卡的"第三人"，而是泛指发卡行和持卡人之外的民事主体。鉴于前述规定，发生伪卡盗刷之后，持卡人的权益往往可以得到法院的支持，这样损失就会由发卡行承担。

在盗刷的背景下，发卡行需要甄别特约商户是否存在违规情形以及收单行是否存在管理不当等情形来确定是否向收单行主张资金返还。因此，在厘定收单行和发卡行之间责任时，不能还以持卡人为中心界定各方权利义务关系，而应当单独从发卡行和收单行之间的权利义务关系出发来界定，从而判断各方的责任。因此，需要进一步研判发卡行和收单行之间的法律关系。本案中代理律师围绕这一点展开了深入论辩，最终二审采纳代理律师的意见。

**2. 找准对方证据链缺口，根据举证责任分配原则，提出对方证明不能之处，维护客户利益。**

本案中，在收单行不能证明商户系通过规定程序向收单行领取POS机情形下，由收单行承担举证不能的不利后果；商户违反规定之时，收单行首先代商户承担责任；在发卡行按照银联规则发起退单申请并完成退款之后，收单行没有按照银联规则在规定期限内向银联申请争议处理，视为双方已按银联规则的约定处理完毕。

## 案例信息

**原告：** 陈某

**被告：** 中国工商银行股份有限公司（以下简称工行）

**案号：** （2014）浦民六（商）初字第10836号

## 基本案情

陈某是工行借记卡的持卡人。2014年6月21日23时，他人持有上述卡

的伪造卡在 ×× 皮具厂的 POS 机上刷卡支出 318,190 元。签购单上没有刷卡人签名。

2014 年 6 月 23 日，工行 ×× 支行发起向民生银行 ×× 支行的查询。

2014 年 8 月 18 日，持卡人向上海市浦东新区人民法院对工商银行提起储蓄存款合同纠纷诉讼要求工商银行赔偿全部损失。后上海市浦东新区人民法院以发卡行发行的卡片存在技术缺陷且作为举证能力强的一方举证不能应承担不利后果为由，于 2014 年 10 月 24 日判决工行向持卡人返还 318,190 元。

2014 年 8 月 19 日，工行 ×× 支行向民生银行 ×× 支行发出《关于一次退单的申请》，退单理由为：持卡人坚称没有参与交易并已向警方报警；商户存在非法经营活动等。银联在收到该申请经审核后，将 318,190 元从民生银行 ×× 支行划到工行 ×× 支行。民生银行 ×× 支行没有向银联申请争议处理。该损失金额由民生银行 ×× 支行先行垫付。

随后，民生银行 ×× 支行向广州市花都区人民法院提起诉讼［案号：（2016）粤 0114 民初 2706 号］，要求工行 ×× 支行、×× 皮具厂、陈某连带赔偿其损失 318,190 元及利息。

广州市花都区人民法院认为，工行 ×× 支行作为发卡行其发放的借记卡存在技术缺陷，民生银行 ×× 支行作为涉案 POS 机的收单行对特约客户的资质审核不严，各方过错相当，应各自承担 50% 的责任。工行 ×× 支行，提起向广州市中级人民法院上诉［案号：（2017）粤 01 民终 9573 号］。

2017 年 10 月 19 日，工行 ×× 支行在二审期间，提交《银联卡业务运作规章》用来说明发生欺诈交易后收单机构与发卡机构的权利义务与责任分摊。二审法院认为，此案系委托合同纠纷。民生银行 ×× 支行提供的证据不能证明 ×× 皮具厂通过规定程序领取 POS 机，而且签购单没有刷卡人签名，民生银行 ×× 支行向工行 ×× 支行退款 318,190 元符合银联相关合同条款。且民

生银行 ×× 支行未在 60 日内向银联申请争议处理，应视为双方对涉案款项已按照约定处理完毕，故不支持民生银行 ×× 支行要求工行 ×× 支行赔偿其损失 318,190 元及利息的主张，判决撤销一审判决，驳回民生银行 ×× 支行全部诉请。

2017 年 11 月 16 日，民生银行 ×× 支行向广东省高级人民法院提出再审［案号：（2018）粤民申 868 号］，在持卡人发生资金损失，民生银行 ×× 支行垫付了赔偿款项的情况下，工行 ×× 支行对持卡人伪卡交易所遭受的损失存在重大过错，应依法承担相应责任。银联规则不应作为双方解决争议的依据，法律才是作为双方解决争议的依据。

2018 年 11 月 30 日，再审法院认为二审法院判决并无不当，驳回民生银行 ×× 支行的再审申请。

## 争议焦点

### （一）发卡行和收单行之间系何种法律关系

发卡行和收单行之间系代理和被代理关系，双方存在委托代理合同关系。银联发布的《银联卡业务运作规章》构成双方的合同条款。

### （二）在发生盗刷时如何界定发卡行与收单行之间的责任

广州市花都区人民法院认为：工行 ×× 支行发行的借记卡存在技术缺陷对持卡人发生的借记卡盗刷存在过错；民生银行 ×× 支行作为收单行未能充分履行安全保障的义务，审核不严，对于持卡人借记卡内资金被盗刷，存在过错；据此，广州市花都区人民法院认定发卡机构和收单机构各存在 50% 的过错责任，故各自承担全部损失的 50%，由工行 ×× 支行赔偿 159,095 元给

民生银行 ×× 支行。

广州市中级人民法院认为：在收单行不能证明商户系通过规定程序向其领取 POS 机情形下，由收单行承担举证不能的不利后果；商户违反规定之时，收单行首先代商户承担责任；在发卡行按照银联规则发起退单申请并完成退款之后，收单行没有按照银联规则在规定期限内向银联申请争议处理，视为双方已按银联规则的约定处理完毕。据此，二审法院认定民生银行 ×× 支行要求工行 ×× 支行赔偿 318,190 元依据不足，故撤销原审判决，驳回民生银行 ×× 支行全部诉讼请求。

## ▶▶ 案件解析

### （一）跨行刷卡交易的路径解读

在正常的跨行刷卡交易之中，持卡人和商户之间发生买卖或者服务等合同关系，由商户向持卡人提供商品或者服务，持卡人通过 POS 机进行刷卡签单向商户支付款项完成支付。

但是在简单的刷卡签单表象背后，存在更为复杂的法律关系和参与主体，该笔交易涉及的主体包括：持卡人、发卡行、银联、收单行、特约商户。

其存在的结算路径是：（1）持卡人在收单行的 POS 机上刷卡消费（信息流）；（2）收单行将消费报文发送给银联（信息流）；（3）银联交易系统记录交易数据，将消费报文给发卡行（信息流）；（4）发卡行从持卡人的卡中实时扣费，完成实时结算，并回复报文给银联（资金流）；（5）银联更新交易数据，回复报文给收单行的 POS 机（信息流）；（6）银联在其清算系统完成清分（信息流）；（7）银联通过大额支付系统，完成收单行与发卡行清算账户的资金划拨（跨行清算）（资金流）；（8）银联通过小额支付系统或当地票据交换系统，完成收单行和商户结算账户的资金划拨（收单清算）（资金流）。

需要说明的是：发卡行、收单行以及银联之间的结算都是依照银联的规则进行的，而发卡行和持卡人之间是依据双方的储蓄结算合同，收单行和特约商户之间是依据双方签署的收银结算合同。因此，上述第 7、8 点之间并无先后关系。

### （二）发卡行与收单行之间的法律关系

#### 1．发卡行和收单行之间是否存在书面合同关系

任何一家银行都只有在与银联签订“入网协议”后，才能加入银联网中。而至少需要两家银行加入银联网中，才能实现银联系统下的银行卡跨行交易。进一步来说，每家银行加入银联之时都需要签署一份《中国银联入围成员机构声明》，该声明的主要内容是：承诺作为入网成员应遵循银联颁布的包括《银联卡业务运作规章》在内的各项业务规章及管理办法。

而银联颁布的包括《银联卡业务运作规章》在内的各项业务规章及管理办法实际上包含了发卡行和收单行的一系列权利义务和发生纠纷时的处理流程和规则。因此，银联颁布的包括《银联卡业务运作规章》在内的各项业务规章及管理办法构成发卡行和收单行的书面合同。在本案终审判决之中，广东省广州市中级人民法院据此认定双方之间存在书面合同，合同内容就是银联的相关业务运作规章。这也与现有的诸多案例一致。

广东省高级人民法院在苏某革与中国银行股份有限公司东莞黄江支行、广州农村商业银行股份有限公司棠下支行等借记卡纠纷案［（2016）粤民申136 号］中指出：案涉交易为银联卡 POS 终端交易，加入银联网络的发卡行和收单行在发行或受理银联卡时均应遵守《银联卡业务运作规章》，故《银

联卡业务运作规章》对于广州农村商业银行股份有限公司棠下支行、中国银行股份有限公司东莞黄江支行均具有约束力。

北京市第二中级人民法院在沧州银行股份有限公司（以下简称沧州银行）诉工商银行合同纠纷一案［（2016）京02民终5954号］中也认为：沧州银行和工商银行均系银联的会员，虽然沧州银行与工商银行之间没有直接签署关于信用卡跨行交易的合同，但作为银联的会员，其对银联的《银联卡业务运作规章》及相关规则是予以认可并应遵守的，双方基于银联卡交易所产生的纠纷，应当以银联的规章及相关规则作为处理依据。而银联发布的《关于套现交易纠纷处理要求的说明》是其对《银联卡业务运作规章》相关内容的进一步解释说明，应为《银联卡业务运作规章》的组成部分，对银联及其会员同样具有约束力。

2．发卡行和收单行是何种法律关系

从前述结算路径可以看出，发卡行对应持卡人，收单行对应特约商户，在支付环节上，是持卡人向商户付款。因此，更进一步来说，是持卡人根据双方的储蓄结算合同委托发卡行支付款项，而发卡行受托后通过银联委托收单行办理结算。收单行与特约商户根据双方之间的结算协议结算完毕之后（收单行何时向商户付款取决于双方之间的约定），再通过银联规则与发卡行进行统一结算。由此可以看出发卡行与收单行之间是委托与被委托的关系，更进一步来说，是收单行代理发卡行进行结算的关系。在本案终审判决之中，广东省广州市中级人民法院认定双方系代理和被代理关系，双方之间纠纷系委托合同纠纷，定性准确。

在中国邮政储蓄银行股份有限公司中山市分行与郑某标结算合同纠纷案［（2014）中中法民二终字第70号］中，审理法院在处理特约商户和收单行之间纠纷时就明确指出：对于是否系伪卡交易问题，由于本案系结算合同纠纷，并非银行卡纠纷，交易是否为伪卡交易，交易各方是否存在过错及所应承担的责任比例均不在本案审理范围之内。

（三）在发生盗刷情形时如何界定发卡行与收单行之间的责任

发卡行与收单行之间存在书面合同，该合同就是银联颁布的各项业务运作规则。因此，界定双方之间的责任必须依据银联规则。而一审法院裁判思路却是：在基于合同关系的双方当事人之间进行责任划分之时，没有基于双方的合同来界定双方的责任，而是基于对持卡人损失的过错来进行划分。这种裁判思路实际上依旧是审理银行卡纠纷的裁判思路，是以持卡人为中心来划分其他当事人在造成持卡人损失时承担的过错程度。这种裁判思路混淆了内部责任和外部责任。

持卡人基于储蓄结算合同起诉发卡行，发卡行因为违约予以赔偿；发卡行赔偿之后可以基于委托代理合同向收单行主张赔偿，这也是基于双方之间的合同。不能在审理后一个合同之时，以对方在前一个合同之中有责任为由抗辩自己在本合同之中无违约责任，是否有违约责任，还是应当以本合同为基础进行审查。前一个合同持卡人违约造成的损失恰恰是本合同发生争议的基础，而非免责理由。

在银联规则之中，《银联卡业务运作规章》第五卷第五章第5条“欺诈交易的损失责任承担原则”明确界定：“中国银联仅负责界定发卡机构及收单机构之间的责任划分，并不负责界定发卡机构与持卡人、外包服务商等机构之间，收单机构与商户、专业化服务机构等之间的责任划分，发生欺诈交易损失时，中国银联将按照下述原则在发卡机构与收单机构之间划分责任。5.1：在自助存取设备交易中伪卡及变造卡的欺诈损失由发卡机构承担；5.2：在面对面的生活交易中：收单机构无法提供有效的交易单据及交易凭证的，由收单机构承担损失责任。”而《银联卡业务运作规章》第二卷第一章第 4.5.D 款明确，“除确认收单机构或商户有欺诈行为外，对按收单业务操作规程处理，由收单机构提交并经中国银联转接，取得发卡机构授权同意的交易，因交易完成所产生的风险由发卡机构承担”。

由此可见，在发生欺诈交易之时，发卡行和收单行之间的责任划分有着非常具体明确的合同约定。对于具有欺诈行为的商户，产生的风险由收单机构承担。这正是本案二审法院改判本案的合同依据。

### （四）银联规则之下的退单程序和裁决程序的性质界定

1．退单程序和裁决程序属于合同当事人约定的自治解决纠纷的程序，不属于《仲裁法》下的仲裁。当事人如果没有按照该流程处理，可能会造成对自身不利的后果

《银联卡业务运作规章》对收单机构和发卡机构之间发生的差错争议业务的处理作出了明确的界定，包含了退单程序和裁决程序。当事人一方如果对退单程序有异议的，可以向银联申请裁决，进入裁决程序。同时，《银联卡业务运作规章》对流程时限也进行了限制，并在《银联卡业务运作规章》第四卷第一章第 2.2 条之中规定：本运作规章所规定的时限为最长时限；超过规定的递交或处理时限，入网机构将丧失相应的权利并承担可能产生的经济责任。

由此可知，《银联卡业务运作规章》相关内容实际上构成了双方当事人处理差错争议业务的流程，当事人应当按照流程规定时限进行处理，超出期限没有提出异议的，视为接受同意。进一步说，相当于双方当事人已经就此事达成了结的合意。

因此，在银联规则项下，各方当事人应当按照约定的流程处理，直至最

终申请裁决，得到裁决结果。

2．当事人如果不服银联裁决决定，可以寻求司法救济

由于银联内部设立的争议处理委员会不属于《仲裁法》规定的仲裁机构，其裁决不能排除司法程序。对银联裁决不服应当视为双方约定的内部救济手段已经用尽，一方在不同意裁决结果情况下，可以寻求司法救济。但是如果一方在合理期限内没有寻求司法救济，而是按照裁决结果履行，则应当视为其接受裁决结果，并且履行完毕，其后如果反悔另行起诉，应当予以驳回。

## 相关法条

**《中华人民共和国合同法》（已失效）**

**第八条** 依法成立的合同，对当事人具有法律约束力。当事人应当按照约定履行自己的义务，不得擅自变更或者解除合同。

依法成立的合同，受法律保护。

**第六十条** 当事人应当按照约定全面履行自己的义务。

当事人应当遵循诚实信用原则，根据合同的性质、目的和交易习惯履行通知、协助、保密等义务。

**《中华人民共和国民法典》**

**第一百七十六条** 民事主体依照法律规定或者按照当事人约定，履行民事义务，承担民事责任。

**第五百零九条第一款、第二款** 当事人应当按照约定全面履行自己的义务。

当事人应当遵循诚信原则，根据合同的性质、目的和交易习惯履行通

知、协助、保密等义务。

**《中华人民共和国商业银行法》**

**第六条** 商业银行应当保障存款人的合法权益不受任何单位和个人的侵犯。

**第二十九条** 商业银行办理个人储蓄存款业务，应当遵循存款自愿、取款自由、存款有息、为存款人保密的原则。

对个人储蓄存款，商业银行有权拒绝任何单位或者个人查询、冻结、扣划，但法律另有规定的除外。

**自我思考**